W0189675

HANNS-HEINZ GATOW

VERTUSCHTE SED-VERBRECHEN

Eine Spur von Blut und Tränen

HANNS-HEINZ GATOW

VERTUSCHTE SED-VERBRECHEN

Eine Spur von Blut und Tränen

Mit einem Vorwort von
Joachim Siegerist

Fotos: Archiv des Verfassers sowie
verschiedener Verbände und Organisationen

4. Auflage 1990
Sonderausgabe für WPR, 2 Hamburg 76
3. Auflage 1990
2. Auflage 1990
1. Auflage 1990

© by Verlagsgemeinschaft Berg,
Türmer-Verlag, D-8137 Berg 3
Gesamtherstellung: Ebner Ulm

Inhaltsverzeichnis

Vorwort

Da steht er auf der aus Sargbrettern genagelten „Bühne" im Konzentrationslager Sachsenhausen: Heinrich George, Deutschlands größter Schauspieler. September 1946. Über dem Lagertor wurde die „braune" Fahne durch die rote der Kommunisten ausgetauscht.

Früher war der 2-Zentner-Hüne Heinrich George mit seinen strahlendblauen Augen ein Koloß von Mann. Kaum 90 Pfund wiegt er jetzt. Die Augen ohne Glanz, grauweiße Haut. Vielleicht 150 Zuschauer. Deutsche und sowjetische Wachsoldaten. Gekennzeichnet durch einen roten Stern oder eine rote Armbinde. Der von Schlägen, Hunger und Folter gezeichnete Heinrich George spielt ums nackte Leben. Seine Glanzrolle – den „Postmeister". In perfekter russischer Sprache. Nach Originaltexten des russischen Dichters Alexander Puschkin. Die Russen jubeln vor Begeisterung über den wirrköpfigen und altersschwachen Postmeister, der um Dunja trauert – seine verlorene Tochter. Drei Tage später am 25. 9. 1946 stirbt Heinrich George unter entsetzlichen Schmerzen. „Herzversagen durch Lungenentzündung" steht in der Todesnachricht. Erst Monate später bekommt Bertha Drews diese „Bescheinigung mit Stempel" aus dem Konzentrationslager Sachsenhausen. Bertha Drews, seine geliebte Frau.

Die Wahrheit: Ein Jahr hatten die roten Menschenschinder den großen Schauspieler brutal verhört, geprügelt, gefoltert, ausgehungert. Heimlich konnte Heinrich George Briefe aus dem schrecklichen KZ an seine Frau schmuggeln: „Bitte hol mich hier raus. Ich überlebe es nicht. Es ist furchtbar." Nur durch seine Lagervorstellungen konnte Heinrich George sein Leben ein wenig verlängern. Aber schließlich machte der ausgezehrte Körper nicht mehr mit. Eine letzte „Ehre" erweisen die roten Menschenschinder dem großen Toten. Er wird nicht nackt in ein Massengrab geworfen. Vier Leidensgenossen dür-

Heinrich George als Postmeister. Mit dieser Rolle unterhielt er im KZ-Sachsenhausen seine Peiniger, um sein Leben zu retten. Vergeblich.

fen ihn in einem Sarg aus Fichte auf dem Totenacker Sachsenhausens verscharren.

Das „todeswürdige Verbrechen" Heinrich Georges: Ihm wurde vorgeworfen, im Dritten Reich in Filmen mitgespielt zu haben, die auch das Gefallen von Propagandaminister Goebbels gefunden hatten.

Ich war knapp 16 Jahre alt, als ich Anfang der sechziger Jahre die Gedenkstätte des Konzentrationslagers Sachsenhausen besuchen konnte. Nie vergesse ich die Bilder. Wochenlang wiederholten sich in meinen Träumen nachts die gleichen Bilder: aufgetürmtes Frauenhaar, Kinderschuhe, Bilder der Opfer. Dazwischen große Fotos von Bundeskanzler Konrad Adenauer und dem früheren Bundespräsidenten Theodor Heuss. „Schuldige an Sachsenhausen" hieß es auf Schrifttafeln, die die SED-Banditen unter diese im Grauen stehenden Politiker-Porträts aufpostiert hatten. „Der braune Faschismus geht in der BRD voll weiter" – erklärt die „Lagerführerin". Um meine im Osten wohnenden Freunde nicht in Gefahr zu bringen, schweige ich.

Kein Hinweis darauf, kein Wort davon, daß das KZ-Sachsenhausen von den Sowjets – nach 1945 – voll übernommen und weitergeführt wurde. Auf Vorschlag Walter Ulbrichts. „Ein Gefangenenlager für kriminelle und unbelehrbare Nazis", behauptete der spätere SED-Chef. Eine Lüge. Die SED-Herrscher brachten in diesem Konzentrationslager mindestens 25 000 Deutsche um, deren „Verbrechen" darin bestanden, sich zu SPD, CDU oder zu anderen demokratischen Parteien zu bekennen, die mit dem Kommunisten keine gemeinsame Sache machen wollten. Todeslisten wurden nicht geführt. Nur Schätzungen der Totengräber machten Jahre später die Zahl 25 000 möglich. Das KZ-Sachsenhausen diente den roten SED-Machthabern fast ausschließlich dazu, alle politischen Gegner umzubringen.

Konzentrationslager Sachsenhausen – das war der nahtlose Übergang von einer Diktatur in die andere. KZ Sachsenhausen – dort begann die grauenvolle Schreckensherrschaft der SED. Dort findet man die Anfänge einer langen Spur von Blut und Tränen. Unsere mitteldeutschen Landsleute haben sich davon aus eigener Kraft befreit. Man sollte Gewalt nicht mit Gewalt vergelten. Nationale Versöhnung – das sollte über dem Gedanken der Rache stehen. Aber die Verbrechen der Kommunisten vergessen? Nie. Außerdem: Sie müssen erst einmal publik gemacht werden. Dieses Buch kann dazu nur den Anstoß liefern. Die grauenvollen Verbrechen der SED werden Bände füllen.

Keine Hexenjagd gegen kleine Mitläufer. Aber diejenigen, die während der 40 Jahre währenden blutigen SED-Diktatur wirkliche Verbrechen begangen haben, die gehören vor unsere Gerichte. Es würde neues Unrecht schaffen, wenn ein kleiner Ladendieb verurteilt, aber ein Stasi-Verbrecher, ein Menschenschinder aus Bautzen oder Sachsenhausen, ein Mauermörder oder ein roter Polit-Krimineller straffrei ausgehen würde.

Joachim Siegerist auf einer Demonstration in Leipzig: „SED-Kriminelle dürfen nicht straffrei ausgehen. Das würde neues Unrecht schaffen", so der Vorsitzende der Konservativen.

Die verschlossenen Akten aus der Erfassungsstelle Salzgitter (dort lagern die Akten über SED-Verbrechen) müssen von der Justiz bearbeitet werden. Sie können sicher sein, daß ich bis zur Erfüllung dieses berechtigten Anliegens keine Ruhe gebe. Wir sind es den Toten und den vielen Opfern schuldig, die nicht nach Rache, wohl aber nach Gerechtigkeit schreien.

Joachim Siegerist
Leipzig, im März 1990

PS: Ich habe dieses Vorwort wenige Tage vor der „DDR"-Wahl in Leipzig geschrieben. Dort mache ich seit drei Wochen Wahlkampf für mehrere antikommunistischen Gruppen, die gegen die SED auftreten, die sich heute PDS nennt. Wohl auch deswegen, weil sie glaubt, sich damit ihrer Verantwortung für die Verbrechen der SED entziehen zu können.

Wie Deutschland geteilt wurde

Die Konferenz von Jalta

Am 3. Februar 1945 landete die Maschine des US-Präsidenten Roosevelt um 12.10 Uhr auf dem Flugplatz von Saki auf der Krim. Dort stand der sowjetische Außenminister Molotow bereit, um den hohen Gast aus den USA zu begrüßen.

20 Minuten darauf traf auch Winston Churchill ein. Er verließ nach der Landung seine Maschine und begab sich in die „Number One", da der US-Präsident ja behindert war. Gemeinsam – Churchill zu Fuß, der US-Präsident in einem Jeep – nahmen sie die Front der angetretenen Ehrengarde ab.

Um 18.00 Uhr erreichte der Autokonvoi schließlich den Livadia-Palast, die ehemalige Sommerresidenz von Zar Nikolaus II. Hier trennte sich der US-Konvoi vom englischen, denn Churchill und seine Delegation sollten die Villa Worontzow beziehen, die 12,5 Meilen südlich Livadia lag. Präsident Roosevelt bezog seine Wohnung im Erdgeschoß des Livadia-Palastes, während General Marschall und Admiral King im Obergeschoß wohnten, wo Admiral King im Boudoir der Zarin nächtigte.

Am 4. Februar trafen Marschall Stalin und seine Begleiter ein. Sie waren mit der Bahn aus Moskau gekommen und hatten, auf der Krim angelangt, eine Wageneskorte genommen, die sie zum Palais Koreis brachte.

Die erste Konferenz fand nur mit Beteiligung der US-Delegation statt. Im großen Ballsaal des Palastes trafen sich jene Männer, die die Verhandlungen führen sollten, um alles vorzubesprechen. Es waren Außenminister Stettinius, Botschafter Harriman, Admiral Leahy, General Marshall, Admiral King, General Kuter, General McFarlane, Mr. Matthews, der Direktor des Office of European Affairs des State Department, Mr. Alger Hiss, Spezial-Assistent des Außenministers, und Mr. Bohlen, der Sonderberater Roosevelts.

Vorauszuschicken ist, daß Alger Hiss, Experte von Außenminister Stettinius in sowjetischen und Fernostfragen, seit Jahren als Top-Agent für den sowjetischen Geheimdienst arbeitete. Nunmehr hatte er die große Chance seines Lebens, seinen Außenminister und auch Harry Hopkins zu beraten und noch in der Nacht seinem Boß Berija Meldung zu machen. Daß er auch an der Abfassung des Schlußkommuniques mitwirken konnte, war ein weiterer Glücksfall für Moskau. Durch ihn und die eingesetzten Spionagegruppen des NKWD war Stalin immer auf dem neuesten Stand der Dinge und konnte geschickt Churchill gegen Roosevelt ausspielen. Die Weichen waren gestellt. Hier und jetzt sollte das Schicksal Deutschlands entschieden werden.

Das erste offizielle Treffen der Großen Drei begann am 4. Februar um 17.10 Uhr. Neben der bereits genannten amerikanischen Delegation saß die britische unter Winston Churchills Vorsitz mit Außenminister Anthony Eden, den Feldmarschällen Brooke und Alexander, Luftmarschall Portal, Admiral Cunningham, General Ismay und Major Birse (als Übersetzer) am Verhandlungstisch.

Die sowjetische Delegation setzte sich aus Marschall Stalin, Außenminister Molotow und den Herren Wyschinski, Maiskij, Gousew, Gromyko und dem Sekretär und Dolmetscher Stalins, Pawlow, zusammen. Hinzu kamen schließlich noch Luftmarschall Chudjakow, Generaloberst Antonow und Flottenadmiral Kuznezow.

Roosevelt wies als erster auf die schweren Zerstörungen auf der Krim hin, um fortzufahren, er sei deshalb sehr blutdürstig auf die Deutschen und hoffe, daß Marschall Stalin ebenso blutdürstig sei und abermals – wie in Teheran – einen Toast vorschlagen werde, der auf die „Exekution von 50 000 deutschen Offizieren und Wissenschaftler ziele". Aus den Notizen Bohlens zum ersten Tag sind folgende Sätze bemerkenswert: „Wenn es gelingt, den Deutschen das Ruhr- und Saargebiet zu entreißen und die Russen das schlesische Kohlenrevier in die Hände bekämen und auch noch die deutsche Nahrungsmittelversorgung zusammenbricht, dann muß Deutschland total vernichtet sein, noch bevor die bedingungslose Kapitulation erreicht ist."

Erst in diesem Gespräch kam die Sprache auf die Franzosen, und nach einigen wenig schmeichelhaften Repliken Stalins auf dieselben und auch auf General de Gaulle, kamen Roosevelt und Stalin überein, daß es eine vernünftige Lösung sei, den Franzosen in Deutschland eine eigene Zone zu geben. Diese müsse aus der britischen und amerikanischen Zone ausgetrennt werden. Nach der allgemeinen Lagedarstellung wurde die Sitzung geschlossen.

Auf der zweiten Plenarsitzung, am Nachmittag des 5. Februar im Livadia-Palast, ging es dann zur Sache. Gegenstand der Verhandlungen war Deutschland. Roosevelt überreichte Stalin eine Karte mit der Einzeichnung von drei Besatzungszonen. Stalin erklärte, daß es nicht ratsam sei, den Deutschen vor der bedingungslosen Kapitulation zu sagen, daß ihr Land geteilt werden würde, Churchill erwiderte, daß sie es nicht nötig hätten, überhaupt mit den Deutschen über irgend etwas zu diskutieren. Die bedingungslose Kapitulation gebe ihnen das Recht, die Zukunft Deutschlands zu bestimmen. Er schloß mit den bemerkenswerten Worten: „Wir behalten uns unter diesen Bedingungen alle Rechte über Leben, Eigentum und Tätigkeit der Deutschen vor."

Diesen Satz sollte man zweimal lesen, um genau zu verstehen, was damit gemeint ist. Daß man mit Hitler nicht verhandeln werde, selbst wenn er bedingungslos kapitulieren würde, war klar: „Wir würden unter keinen Umständen mit Kriegsverbrechern verhandeln."

Stalin vertrat in bezug auf die Teilung die Überzeugung, daß man „jeder Gruppe in Waffen, welche die bedingungslose Kapitulation annimmt – wer auch immer dies ist, Generale oder andere – erklärt, daß es unsere Absicht ist, Deutschland zu zerstükkeln. Diese Gruppe muß dann mit ihrer Unterschrift das gesamte deutsche Volk an diese Klausel binden."

Roosevelt stimmte dem Marschall zu, während Churchill noch immer nicht davon überzeugt war, daß dieses Verhalten psychologisch klug sein werde. Roosevelt erklärte, daß er seine Truppen nicht länger als maximal zwei Jahre (!) in Deutschland belassen werde. Danach kam Außenminister Maiskij zur Sache. Er verlas den russischen Plan für Reparationen aus Deutschland. Stalin habe zwei Hauptziele:

„1. Die Entfernung des nationalen Wohlstands aus Deutschland in Gestalt von Anlagen, Maschinen, Werkzeugen und der Walzwerke binnen eines Zeitraums von zwei Jahren nach Ende der Feindseligkeiten.

2. Jährliche Reparationszahlungen über einen Zeitraum von zehn Jahren."

Es bestehe die Notwendigkeit, die deutsche Schwerindustrie um 80 Prozent zu reduzieren. Speziell zu Kriegszwecken errichtete Industrien seien zu 100 Prozent zu vernichten, oder aber abzubauen und nach Rußland oder England zu schaffen. Die Sowjetunion müsse als erstes Land entschädigt werden, weil keine Reparationen seine Verluste würden decken können. Die Sowjetunion betonte, daß die totalen Reparationen und jährlichen Zahlungen, die die UdSSR für sich beanspruche, insgesamt eine Summe von 10 Milliarden Dollar ausmachen müßten.

Winston Churchill erinnerte daran, daß alle Sieger des Ersten Weltkrieges „nur" zwei Milliarden Pfund aus Deutschland herausziehen konnten. Er wollte keine so hohen Reparationen, daß Deutschland dann von ihnen unterstützt werden müßte, und faßte dies bildlich so zusammen: „Wenn Sie ein Pferd wünschen, das den Wagen zieht, wie Sie dies wollen, dann dürfen Sie nicht vergessen, ihm auch Futter zu geben."

Nach diesem hippologischen Zwischenspiel ging es weiter zur Sache: Um das deutsche Vermögen im Inland wie im Ausland, um deutsche Fabriken und um deutsche Arbeitskräfte. Auf der nächsten Sitzung redete Molotow zu Fragen der Wiedergutmachung Fraktur. Er legte dazu einen Bericht vor, der von seinem Stellvertreter Maiskij erläutert und begründet wurde. Maiskij erklärte: „The Soviet authorities had come to the figure of 20 Billion Dollars. Ten Billion Dollars of property to be removed immediately after the war, and ten Billion Dollars of Reparations to be paid in kind over a period of ten years."

Man wollte also 20 Milliarden (im Amerikanischen gibt es die Zahl Milliarden nicht, Billion bedeutet dort Milliarden). Davon zehn Milliarden sofort und weitere zehn Milliarden im Ablauf von zehn Jahren. Die zehn Milliarden Sofortleistungen seien aus dem noch vorhandenen Vermögen des Dritten Reiches in Höhe von 75 Milliarden Dollar zu zahlen. Der Rest von jährlich einer Milliarde könne von Deutschland aus dem jährlichen Nationaleinkommen von 18 bis 20 Milliarden geleistet werden. Die Reparationskommission wurde aufgestellt und Moskau zu ihrem Standort bestimmt. Von diesem Tage an versanken die Reparationen ins „top secret", denn: „Die Tätigkeit der Kommission ist streng geheimzuhalten."

Hier wurde bereits der Grundstein zur endlosen Ausplünderung der sowjetischen Besatzungszone an Geld, Waren und Menschen gelegt, wie die zum Schluß vorgelegten Daten zeigen sollen.

Die heißen Eisen der vierten Plenarsitzung vom 7. Februar waren die „Zerstückelung Deutschlands", die „Polenfrage" und die „Frage der Schaffung einer Besatzungszone für Frankreich". Zur polnischen Frage wurde vereinbart, „daß die Curzonlinie die östliche Grenze Polens sein werde. Die westliche Grenze Polens solle von der Stadt Stettin aus, die polnisch werden würde, weiter nach Süden entlang der Oder und später entlang der westlichen Neiße verlaufen." Churchill erklärte, daß er die Verschiebung der polnischen Westgrenze nach Westen „immer unterstützen" werde.

Die Richtlinien in Sachen Reparationen, die am 10. Februar von Großbritannien eingebracht wurden, lauteten im Kern:

„A) Innerhalb von zwei Jahren nach der Kapitulation Deutschlands oder der Einstellung eines organisierten Widerstandes werden Teile des deutschen Volksvermögens fortgeschafft, das sich im Gebiet Deutschlands selbst sowie auch außerhalb der deutschen Grenzen befindet.

B) Jährliche Lieferungen aus der deutschen Produktion für einen noch zu erwägenden Zeitraum.

C) Verwendung deutscher Arbeitskräfte und Lastwagen."

Auf der letzten Vollversammlung am Sonntag, dem 11. Februar 1945, wurde das Abschlußkommunique besprochen. Man kam überein, „die Frage des Schicksals der deutschen Kriegsgefangenen nicht in das Kommunique aufzunehmen und sie in keinem anderen Kommunique jemals zu nennen".

Dies bedeutete, daß man Kriegsgefangene nicht nach der Genfer Konvention behandelte, daß man sie als Sklaven an die UdSSR verschacherte und für jeden einzelnen „gelieferten"

Mann der UdSSR 200 Dollar erhaltener Reparationsleistungen anrechnete. Daß deutscherseits diese Frage noch nie auf den Tisch gelegt wurde, kennzeichnet die Lage beider Vasallenstaaten.

Im Schlußkommunique wurde unter Absatz 2 auch „die Frage der Benutzung von deutschen Arbeitskräften als Wiedergutmachung beiseite gestellt". Auch in dieser Hinsicht sollte für immer vertuscht werden, daß Sklavenarbeit gemeint war und daß man sich scheute, dies auch offen auszusprechen. Die Wirklichkeit in der Sowjetzone, der späteren DDR, wird unter Beweis stellen, wie dies vor sich ging. Dieses Kommunique wurde der Presse übergeben, die die offen zutage tretenden Diskrepanzen und die fehlenden Informationen nicht hinterfragten, sondern das Papier bejubelten und im Wortlaut veröffentlichten.

Jalta hatte das von den Alliierten gewünschte Ergebnis gebracht. Die Einigung darüber, daß Deutschland vernichtet werden müsse und daß eine Zerstückelung Deutschlands und damit verbunden die Vertreibung von 12 Millionen deutscher Menschen notwendig seien.

Die polnische Exilregierung in London war aus dem Rennen geworfen, denn die Russen hatten der Lubliner Regierung den Vorzug gegeben. Das, wofür Frankreich und England vorgeblich angetreten waren, die Erhaltung Polens, war ins Gegenteil verkehrt worden. Die polnische Exilregierung nannte dieses denn auch am 13. Februar 1945, als das Ergebnis der Konferenz von Jalta bekannt geworden war, „die fünfte Teilung Polens". Das beinhaltete allerdings nicht die ganze Wahrheit. Diese Sprache durfte Moskau nicht länger dulden. Am 27. März 1945 wurden 16 führende Vertreter der polnischen Untergrundbewegung und der Exilregierung, darunter deren stellvertretender Ministerpräsident Jankowski und der letzte Befehlshaber der polnischen Heimatarmee, Okulicki, nach Polen eingeladen. Sie sollten sich angeblich mit Marschall Schukow treffen. Aber sie landeten in einer Falle, wurden verhaftet und in die UdSSR geschafft, wo sie wegen „zersetzender Tätigkeit im Rücken der Roten Armee" zu hohen Freiheitsstrafen verurteilt wurden.

Mit der Unterzeichnung des Vertrages über „Freundschaft, Zusammenarbeit und gegenseitigen Beistand" zwischen Polen und der UdSSR vom 21. April 1945 war ganz Polen fest in sowjetischer Hand.

Die Sonderkommissionen der UdSSR

Ebenso wie im Westen spannte man auch im Osten noch während der Kampfhandlungen ein dichtes Netz, um die deutsche Beute sicherzustellen, bevor sie weggeschafft wurde. „Dem Sieger gehört die Beute!", nach diesem Motto aus der Steinzeit waren auch die „Befreier" angetreten. So reisten die Mitglieder der amerikanischen ALSOS-Kommission ebenso nach Deutschland ein wie diejenigen der Sonderkommandos des britischen Geheimdienstes.

Marschall Stalin ließ ebenfalls lange Zeit vor Kriegsschluß Sonderkommissionen zusammenstellen, die der Roten Armee auf dem Fuße folgten. Stalins Direktive an den Vorsitzenden des Komitees für den „Wiederaufbau der im Krieg zerstörten Gebiete" lautete: „Schlagartige Inbesitznahme aller deutschen Rüstungswerke vor ihrer Zerstörung. Aushebung aller wissenschaftlichen Forschungsinstitute, Festnahme aller Wissenschaftler, Abbau aller Fabriken, Forschungsstätten und Institute und ihre Verbringung in die UdSSR. Sicherstellung von Maschinen und Instrumenten, Geräten, Dokumentensammlungen und Patenten. Alle Menschen, die fähig sind, diese wichtigen Maschinen und Geräte zu bedienen, oder in den Forschungsstätten und Instituten zu arbeiten, sind zu sammeln und zu gegebener Zeit in die UdSSR zu verbringen." (Siehe Klimow, Gregory: Berliner Kreml)

70 000 sowjetische Agenten und Offiziere, größtenteils Wissenschaftler und Ingenieure, die man in Offiziersuniformen der Roten Armee gesteckt hatte, überschwemmten unmittelbar nach den russischen Kampftruppen die besetzten deutschen Gebiete. Übrigens taten die Sowjets dies nicht selbstherrlich.

Die eigens für solche Raubzüge im November 1944 zusammengestellte European Commission der drei großen Alliierten hatte Absprachen getroffen, wo welcher Staat sich am Raubzug beteiligen durfte. Allerdings war bei allen Beteiligten die Gier größer als die Bindung an diese Vereinbarungen. Als die deutsche Beute wohlfeil vor den Siegern lag, da schlugen sie zu, wo immer sie konnten. Jeder versuchte, dem anderen den größten Happen der Beute wegzuschnappen, den ehemaligen Kampfgefährten über das Ohr zu hauen und zu betrügen.

Das Hauptquartier des MWD-Generals Swerow, anfangs Mai 1945 nach dem Einrücken der Roten Armee in die Reichshauptstadt in Potsdam, Zeppelinstraße 80–82, eingerichtet, erhielt alle Befehle zur Weiterleitung an die sowjetischen Sonderkommandos. Sowjetische Spezialeinheiten räumten das Kaiser-Wilhelm-Institut aus. Sie durchkämmten die Großlabors der Reichspost und nahmen die Forscher, die dort arbeiteten, gleich mit. Diese verschwanden – oft auf Nimmerwiedersehen – irgendwo in den Weiten Rußlands. Sie brachten sich in den Besitz aller wichtigen Unterlagen und Geräte der Auerwerke und verfrachteten sie – gleich mit den dazu gehörenden Wissenschaftlern – in die UdSSR.

Dreiviertel der deutschen Flugzeugproduktion lag in der sowjetischen Besatzungszone. Fangkommandos der russischen Sonderkommissionen versicherten sich ihrer Konstrukteure, Ingenieure und Techniker und verschleppten sie in die Sowjetunion. Alles dies aufgrund jenes „top secret" gehaltenen Geheimabkommens über die „Benutzung deutscher Arbeitskräfte".

Hier der Report dieser Maßnahmen aus der Sicht der seinerzeit Beteiligten, die für viele Jahre nach Sowjetrußland deportiert wurden.

Reparationsobjekte: deutsche Wissenschaftler

Ende Januar 1945 versammelten sich in einem Bauernhaus in Pommern die führenden Wissenschaftler und Ingenieure der deutschen Heeresversuchsanstalt Peenemünde. Sie waren mit der Entwicklung, Konstruktion und dem Bau deutscher „Vergeltungswaffen" befaßt. Professor Wernher von Braun hatte zu dieser Besprechung eingeladen. Er eröffnete sie mit den Worten: „Deutschland hat den Krieg verloren. Wir müssen noch heute entscheiden, was wir tun wollen. Jede der Siegermächte wird unsere Kenntnisse und unsere Erfahrungen für sich besitzen wollen. Welchem Land aber wollen wir unser Erbe anvertrauen?" (Siehe Kurowski, Franz: Alliierte Jagd auf deutsche Wissenschaftler)

Die Anwesenden waren sich darüber einig, daß sie sich nicht in Peenemünde von der Roten Armee überrollen lassen wollten. Einstimmig wurde beschlossen, sich zu gegebener Zeit abzusetzen. Allen schwebte zunächst das Absetzen in den Großraum Bleicherode vor. Dorthin war ab Mitte Juli 1943 das Zentrum der deutschen Rüstungsindustrie verlegt worden. Hier – im Raume Nordhausen – standen ihr riesige unterirdische Lagerräume der Wirtschaftlichen Forschungsgesellschaft zur Verfügung.

Diese unterirdischen Lager schienen geeignet, die V2-Fertigung sicher zu machen. Auch andere Raketenwaffen sollten hier erprobt und schließlich zur Verwendung vorbereitet und in Massen hergestellt werden. Ende Dezember 1943 waren in Nordhausen bereits die ersten V2-Raketen vom Band gelaufen. Hier wurden seit April 1944 die Hallen 0 bis 20 für die Produktion von Flugzeugmotoren freigegeben. Die Firmen Junkers AG in Dessau, Leipzig und Magdeburg, Köthen und Langensalza wurden in die unterirdischen Anlagen bei Niedersachswerfen und Rottleberode verlegt. Hier wirkten im Frühjahr 1944 bereits 80 000 Arbeiter. Weitere Fabrikationsbetriebe wurden in diesem Raum angesiedelt. Und zwar überwiegend in den stillgelegten Kaligruben, die rasch zu Fertigungshallen ausgebaut werden konnten.

Am Morgen des 27. Februar 1945 begann man schließlich in Peenemünde mit der Verlegung des gesamten Materials nach Bleicherode im Harz. Die ersten 525 Angestellten und Ingenieure des Entwicklungswerkes Peenemünde fuhren an diesem Tag mit dem Zug nach Mitteldeutschland. Weitere Züge folgten in den nächsten Tagen und Wochen.

Das gesamte Unternehmen wurde „Vorhaben zur besonderen Verwendung" genannt. Wernher von Braun war Anfang Februar bereits nach Nordhausen geflogen. Er kehrte am 27. Februar nach Peenemünde zurück und erklärte, daß Nordhausen optimal ausgerüstet sei und daß man hier die Raketenproduktion unbegrenzt würde fortsetzen können. Am 2. März brachen die letzten führenden Herren Peenemündes im eigenen Wagen nach Nordhausen auf. Auf dieser Fahrt kam der Wagen Wernher von Brauns von der Straße ab, prallte gegen eine Böschung und blieb liegen. Von Braun erlitt einen doppelten Armbruch und Schnittwunden.

Die Arbeit an kriegswichtigen Waffen ging weiter. Raketen des Typs A4 und A4b, die Rakete „Wasserfall" und jene des Typs „Taifun", wurden hier zur Serienreife gebracht. Die Raketenfertigung Peenemünde war bereits am 25. August 1944 bombardiert worden. Am 3. April 1945 griffen 225 Bomber der Royal Air Force auch Nordhausen an. Im Bombenhagel fanden Hunderte Arbeiter – überwiegend Häftlinge des Konzentrationslagers Buchenwald – den Tod. Die in der Boelcke-Kaserne eingerichtete Tuberkulosestation erhielt einige Volltreffer. Hier starben 450 Kranke. Insgesamt gab es einige tausend Tote.

Keine 24 Stunden darauf erfolgte der zweite Angriff, der die Stadt Nordhausen voll traf. 2150 der 4500 Wohnhäuser der Stadt wurden vernichtet. Von den 60 000 Einwohnern fanden 8800 den Tod. Neben der einheimischen Bevölkerung auch Evakuierte aus dem Ruhrgebiet und abermals einige tausend Häftlinge. Der zweite Angriff auf die Boelcke-Kaserne beispielsweise forderte abermals 1000 Häftlingstote. Noch während Nordhausen in Flammen gehüllt war, begann die Evakuierung der Menschen. Die Raketenfertigung unter dem Kohnstein wurde eingestellt. V2 wurden gesprengt, Unterlagen verbrannt. Am 10. April näherten sich die US-Truppen dem Raume Bleicherode. Der Kampf war in diesem Raum zu Ende.

Die Peenemünder Fachleute – insgesamt 500 – hatten Anfang April 1945 bereits von SS-Obergruppenführer Kammler Weisung erhalten, sich unter der Führung von Prof. Wernher von Braun im „Vergeltungsexpreß" nach Oberammergau zu begeben. Damit würden sie dem russischen Zugriff entzogen. Was aber war mit den übrigen Fachleuten geschehen, die sich noch in der „Festung Harz" befanden?

Die Amerikaner, die Nordhausen zunächst in Besitz nahmen, stießen als erste im Dorf Niedersachswerfen auf den Eingang eines Tunnels, in den neben einer Straße auch Bahngeleise hineinführten. Auf einem Abstellgleis fand der Zug unter Fw. Frank Woolner eine Menge V2-Raketen, die zum Abtransport bereitstanden. Sofort wurde der G 2 der 3. US-Panzer-Division, Oberst Castillo, herbeigeholt. Dieser drang mit einigen Helfern in das Stollensystem ein und fand Fließbänder, auf denen noch Teile der V2-Raketen lagen oder standen. Auch ganze Raketen wurden gefunden. Man hatte die große unterirdische „Waffenschmiede des Deutschen Reiches" entdeckt.

Das alliierte Hauptquartier in Paris wurde benachrichtigt, ebenso das Hauptquartier des Ordnance Technical Intelligence Service, das hinter der Front nach solchen Geheimnissen suchte. Oberst Toftoy, Leiter des Technischen Nachrichtendienstes der US-Army in Europa, beorderte sofort seinen Mitarbeiter Major Hamill nach Nordhausen. Dieser sollte so schnell wie möglich handeln und alles, was er erraffen könne, fortschaffen lassen. Immerhin hatte Roosevelt diesen Teil Deutschlands seinem Freunde „Joe" Stalin zugesprochen, was bedeutete, daß sich die Amerikaner wieder aus diesem Raum zurückziehen mußten.

Major Hamill erhielt Weisung, mindestens 100 Raketen aus Nordhausen noch vor den Russen fortzuschaffen. In hektischer Betriebsamkeit gelang es, die geforderten 100 Raketen und einen Teil der Unterlagen sicherzustellen. Zwei Spezialzüge mit Raketentreibstoff kamen hinzu. Alles lief in Richtung Antwerpen und wurde von dort auf 16 Schiffen in die USA geschafft.

Die Engländer hatten von dieser Aktion Wind bekommen. Sie jagten ihre Zerstörer hinter dieser Beuteflotte her, stellten sie in der Biskaya und forderten „ihre" 50 Raketen. Doch die Schiffe liefen weiter, und die 100 deutschen Raketen wurden im Hafen von New Orleans ausgeladen. Daß man damit die Russen betrogen hatte, scherte die Amis nicht im geringsten.

Die Rote Armee in Nordhausen

Am 1. Juli 1945 besetzte die Rote Armee ihr Zonengebiet. Aber noch vor ihnen waren auch die Engländer dort gewesen. Sie hatten mit ihrem Suchteam 163 unter der Führung von Colonel W. R. J. Cook Weisung erhalten, die Anlagen im Raume Nordhausen zu untersuchen. Die 1. US-Army stellte diesem Team Transportraum und Pässe zur Verfügung, welche die Männer berechtigte, sich frei im US-besetzten Ostraum zu bewegen.

Das Team ging am 6. Mai 1945 in Nordhausen an die Arbeit. Auch die Engländer fanden nach den Amerikanern immer noch genügend Material, das ihr blankes Erstaunen hervorrief. Beispielsweise einen Satz vollständig gefüllter Taifun-Raketen. Ebenso die Flakraketen „Schmetterling", mit der offiziellen Bezeichnung Hs 117. In mehr als zwei Dutzend weiterer teils unterirdischer Werke wurden Unmengen an technischen Entwicklungen gefunden, die einfach unvorstellbar waren. Von der A1 bis zur A10; zweistufigen Fernraketen, waren diese allerdings erst im Projekt vorhanden. Leitstrahlgesteuerte Panzerabwehrraketen mit Hohlladungen, Boden-Luft-Raketen, Luft-Luft-Raketen, Luft-Boden-Raketen und viele andere technische Wunderwerke waren die Beute. Das Team 163 brachte ebenfalls noch vor den Russen reiche technische Ernte ein.

Die Rote Armee war von ihrer Führung davon in Kenntnis gesetzt worden, daß sie alles sicherstellen müsse, was zu finden war. Die sowjetische Sonderkommission unter Stalins ehemaligem Sekretär Georgij Malenkow, Mitglied des Obersten Verteidigungsrates, richtete sich nach dem endgültigen Fall von Berlin am 2. Mai mit einer Abteilung unter ihrem Chef Oberst Schostock in Berlin ein. Es gelang ihr, in der ehemaligen Reichshauptstadt eine Reihe bekannter Wissenschaftler festzunehmen und sich ihrer Forschungsstätten zu bemächtigen. Aus dem Stabsquartier des MWD-Generals, dem diese Kommission formell unterstand, wurden die Generallinien ausgegeben. Spezialeinheiten der Sowjets räumten das Kaiser-Wilhelm-Institut aus. Hier fanden sie das große Zyklotron. Die Anlage wurde abgebaut und in die UdSSR geschafft.

Ebenso erging es dem Lichterfelder Institut, dem Großlabor

des jungen Wissenschaftlers Dr. Manfred von Ardenne. Wochenlang durchkämmten Fangkommandos den Raum und forschten nach den deutschen Wissenschaftlern, die hier gearbeitet hatten. Es gelang ihnen, das unterirdische Werk „Weser" unzerstört in Besitz zu nehmen. Dort wurden mehrere Rümpfe der V2 und eine Menge Konstruktionsunterlagen gefunden. In einer unterirdischen Werkstätte wurden dort große Zyklotrone hergestellt.

Ingenieure, Techniker und Arbeiter des Weserwerkes nahmen am 7. August 1945 ihre Arbeit wieder auf. Es sollten Zyklotrone hergestellt werden, die für die Weiterarbeit der gekidnapten drei deutschen Atomwaffenforscher notwendig waren, die man in die UdSSR verschleppt hatte. Das Raketenprogramm sollte auf russischem Boden ebenso vorangetrieben werden wie der Bau der geplanten deutschen Überschallflugzeuge, von denen Prototypen und Baumuster erbeutet worden waren. Die dazugehörenden Flugzeugkonstrukteure waren bereits in die UdSSR expediert worden.

Das ominöse „Mittelwerk" – die Waffenschmiede des Reiches – wurde von Oberstleutnant Wladimir Shabinskij Anfang Juli 1945, einen Tag nach dem Abzug der Amerikaner, gefunden. Oberst Shabinskij meldete seinen aufsehenerregenden Fund, und der Standortkommandant von Bleicherode ließ sofort den Bürgermeister von Nordhausen in sein Quartier rufen. Dieser gab den Bericht über die unterirdischen Werkstätten. Am nächsten Tag fuhren die Russen in das V-Waffen-Werk ein. Unter dem 300 Meter starken Felsen des Kohnsteins fanden sie mehr als 1000 Maschinen. Alles war vollständig erhalten. „Es sah so aus, als habe die Belegschaft des Werkes soeben Schichtschluß gemacht, um ihre Arbeit am nächsten Morgen fortzusetzen." (Siehe Shabinskij, Wladimir: How I found the Nazi missile secrets) „Die Materiallager", so Shabinskij, „waren bis unter die Decke angefüllt mit Raketenteilen. Hier gab es Edelstahl in Mengen, Kupferfolien in dicken Rollen und komplizierte Funk- und Radiogeräte für die Fernsteuerung dieser Waffen."

Einer der Offiziere der Besichtigungsgruppe meinte schadenfroh: „Wir haben den Westalliierten bei unserem Auszug aus den drei Westsektoren von Berlin nicht einmal die Betten zum

Schlafen zurückgelassen. Und sie lassen uns hier ein riesiges Arsenal voller V-Waffen zur freien Verfügung. Entweder sind sie völlig übergeschnappt, oder sie glauben immer noch, daß wir ihnen nicht über kurz oder lang an die Gurgel gehen werden. Spätestens in fünf Jahren werden sie toben, dann fliegen nämlich unsere Raketen zu ihnen über den Ozean." (Siehe Shabinskij, Wladimir: a. a. O.)

Da sich die meisten Wissenschaftler und Techniker der V-Waffen-Herstellung bereits in den Händen der Westalliierten befanden, holten die Russen die Werkmeister und Arbeiter der Firmen heran. Diese mußten Skizzen jener Teile erstellen, an denen sie gearbeitet hatten. Aus dem Rohmaterial, den halbfertigen Teilen, den Versuchsanlagen und Laboratorien wurde mit einem großen Arsenal untergeordneter Techniker und Ingenieure, welche die Amerikaner nicht mitgenommen hatten, die Rekonstruktion der V2 begonnen.

Das Gerangel um die Rücklieferung aller Unterlagen, welche die Amerikaner mitgenommen hatten, wurde lange vergeblich und ohne Erfolge betrieben. Dennoch: bevor die Amerikaner aus der V2 ihre Nike-Rakete entwickelt hatten, war es den Russen bereits gelungen, ihre Raketen zusammenzubasteln. Nachdem sie an den Kais von Lübeck und Magdeburg große Flußkähne mit Raketen und Raketentreibstoffen gefunden hatten, starteten die V2 der Russen, während man in den USA noch mit dem Sichten der Tonnen von Unterlagen beschäftigt war.

In Halle erbeuteten die Russen die Siebel-Flugzeugwerke mit weiterem technischem Material und Konstruktionsunterlagen. In Warnemünde und Oranienburg konnten alle Dokumente der Heinkelwerke zusammengerafft werden. Junkers in Dessau, das Raketeninstitut Rabe und die Messerschmittwerke in Wiener-Neustadt kamen hinzu. Die Aradowerke in Babelsberg, Dornier in Wismar, Henschel in Erfurt und Berlin: Zwei Drittel der deutschen Flugzeugindustrie fielen den Russen in die Hände. Die russische Sonderkommission fand schließlich den Ingenieur Hans Kuhl in Jüterbog. Dieser hatte bei Telefunken in Berlin das Ressort elektronische Raketensteuerung und Kontrollapparate geleitet. Kuhl erhielt in Hohen-Schönhausen, vor den Toren der Reichshauptstadt, eine hübsche Villa. Wenig später trafen dort auch die von ihm benannten Ingenieure und Techniker ein und gingen an die Arbeit. Kuhl fuhr mit den Russen nach Peenemünde und holte die dort noch befindlichen wichtigen Meßapparate und Geräte ab, die er wasserdicht hatte verpacken und vergraben lassen.

Hohenschönhausen wurde zum Treffpunkt vieler Wissenschaftler. Sie kamen aus den Gefangenenlagern und Verschlepptenunterkünften, aus den russischen Konzentrationslagern und aus der ganzen sowjetischen Besatzungszone. Schließlich fanden die Russen noch den Assistenten von Dr. Ernst Steinhoff, einem führenden Elektroniker Peenemündes, der von den Amerikanern mit Beschlag belegt worden war. Der Ingenieur Gröttrup war von den Amerikanern nicht für „würdig" befunden worden, mit in die USA zu reisen. Er wurde von einem sowjetischen Vermittler in der Westzone aufgesucht und für die Leitung der Mittelwerke im Harz, die von den Sowjets „Zentralwerke" genannt wurden, abgeworben. Ihm garantierte man, daß er nicht deportiert werden würde. Gröttrup baute mit seinen Mitarbeitern, die sich um ihn sammelten, darunter einige hervorragende Wissenschaftler, beispielsweise Dr. Waldemar Schierhorn, Dr. Albring und Jochen Umpfenbach, Fachmann für Düsenantrieb, die Fertigung der V-Waffen auf.

Dr.-Ing. Oswald Putze, der im August 1945 von „deutschen Volksgenossen in das Konzentrationslager Buchenwald eingeliefert" wurde, weil er Direktor der Firma Linke-Hofmann-Werke in Breslau gewesen war, die Heckteile der V2-Raketen gefertigt hatte, wurde von der sowjetischen technischen Sonderkommission aus dem Lager herausgeholt, nach Bleicherode gefahren, um dort die wiedereröffnete Firma Montania zu führen.

Die Werkhallen unter dem Kohnstein waren von sowjetischen Pionieren wieder instand gesetzt worden. Die Geschichte des Zentralwerkes begann und wurde zur Ausgangsstätte der sowjetischen Raketenindustrie. Bis Ende Dezember 1945 war die Belegschaft der Werke unter Gröttrup auf 5000 Mann angewachsen. Im Sommer 1946 steigerte sich die Zahl der Mitarbeiter auf 7000. Westdeutsche Fabrikanten, aus Siegen und anderswo, die noch immer Einzelteile der V2-Fertigung auf Lager hatten, verkauften diese an die russischen Einkäufer in Zivil und bekamen dafür Naturalien geliefert: Aus ehemaligen Wehrmachtslagern entnommenen Branntwein, Schmalzfleisch und Schoka-Kola, aber auch Wodka und Kaviar, Tabak und andere Raritäten. Alles dies wurde in nächtlichen Fahrten über die grüne Grenze geschafft.

Der Sowjetgeneral Gadaikow, Chef des Zentralwerkes, und seine Helfer, so der Werkleiter Major Tschertok im Institut Rabe, und Oberst Kutnikow im Zentralwerk, nahmen die Fäden in die Hände. General Kutschnik leitete die hier residierende sowjetische Sonderkommission. Nach seinem tödlichen Unfall wurde General Daidaikow sein Nachfolger. Er richtete sich in Bleicherode ein.

Bis Ende Oktober 1946 war es dem Zentralwerk gelungen, die vollständige Rekonstruktion der V2 und die zu ihrer Fertigung benötigten Taktstraßen und Bänder zu schaffen. Das Gerücht ging um, daß das Zentralwerk nunmehr geschlossen werden sollte. Doch die Sowjets hatten etwas ganz anderes vor. Sie wollten das Werk mitsamt allen Arbeitern, den Angestellten und führenden Persönlichkeiten nach Rußland deportieren. Dazu war ein raffinierter Schlachtplan ausgearbeitet worden.

Am Abend des 21. Oktober 1946 hatte General Dadaikow, der Chef des Zentralwerkes, alle 200 führenden Mitarbeiter zu einem rauschenden Fest eingeladen. Es wurde gesungen und getrunken. Um 3.00 Uhr des 22. Oktober klingelten bei den Ehefrauen der 200 führenden Mitarbeiter die Telefone. Die aufgeschreckten Frauen erhielten folgende Mitteilung: „Ihr Mann geht morgen früh in die Sowjetunion. Packen Sie alle notwendigen Sachen. Machen Sie rasch, wir holen Sie in einer Stunde ab."

Doch wenige Minuten später bereits klopften die Abholkommandos an die Türen. Die Frauen erhielten die versprochene Stunde Zeit. Dann wurden sie mitsamt ihrer Habe auf Lastwagen gepackt und abgefahren. Ihre Männer erlebten um 4.45 Uhr im Festsaal ihre große Überraschung, als sie plötzlich umringt und von sowjetischer Militärpolizei zu den bereitgestellten Wagen gebracht wurden. Sie fuhren nach Kleinbodungen, wo ein Zug mit 60 Waggons bereitstand, fanden dort ihre Familien vor und mußten zu ihnen einsteigen. Ihr Weg nach Rußland begann mit diesem Handstreich.

Der gleiche Handstreich wurde in allen übrigen Zentren der ostdeutschen Industrie, in denen deutsche Wissenschaftler arbeiteten, ebenfalls bei Nacht und Nebel durchgeführt. In Berlin und Gotha, in Peenemünde und Dessau und in vielen weiteren Städten und Werken wurden Menschen in bereitstehende Züge geschleppt und zur Zwangsarbeit nach Rußland expediert.

Insgesamt verschleppten die Russen in dieser Nacht-und-Nebel-Aktion 20 000 hochqualifizierte Wissenschaftler und Techniker aus der sowjetischen Besatzungszone. Keiner wurde vorher gefragt. Proteste halfen nicht. Deutsche waren – und das durch einen Geheimbefehl aller Alliierten – zu den modernen Sklaven des 20. Jahrhunderts geworden. Hier führte man nur einen aus Moskau kommenden Befehl aus, der von Marschall Stalin unterzeichnet war.

In den nächsten Tagen berichteten zwar alle großen Zeitungen in Westdeutschland und Westberlin über diese Deportationen. Die Zeitungen in der sowjetischen Besatzungszone aber nannten diese Meldungen „gehässige Verleumdungen". Sie wiesen darauf hin, daß der Westen bereits Tausende deutscher Wissenschaftler vereinnahmt habe. Ihre Arbeiter aber hätten vorher entsprechende Verträge erhalten und seien absolut freiwillig in die UdSSR gereist. Warum denn dann alles bei Nacht und Nebel erfolgt sei, wußte man nicht zu erklären. Die Anlagen des Zentralwerkes wurden im Frühjahr 1947 abgebaut, selbst die Gleisanlagen wurden mitgenommen, ebenso die Hochspannungsleitungen.

Was war eigentlich noch in der SBZ möglich? Was hatte es mit der Wiedererrichtung der nazistischen Konzentrationslager auf sich?

Die Handlanger der Sowjets

Wer sie waren – woher sie kamen

Die Gruppe Ulbricht, die am 30. April 1945 in Berlin eintraf, bestand aus Ulbricht selber und zehn Mann seines engsten Kreises. Ulbricht hatte zwar 1939 publizistisch den Stalin-Hitler-Pakt begrüßt, sich dann aber nach dem Angriff Deutschlands gegen Sowjetrußland in der UdSSR am Aufbau des Nationalkomitees Freies Deutschland beteiligt. Als Vertrauensmann Stalins kehrte er am 30. April 1945 nach Deutschland zurück. Sein Auftrag lautete: Wiederaufbau der KPD und Erringung einer Schlüsselposition in der Berliner Stadtverwaltung. In seinem Gefolge befanden sich jene in Moskau ausgebildeten Altstalinisten und Altkommunisten, die Deutschland bereits seit 1933 verlassen hatten.

Als zweite Gruppe folgte am 1. Mai die Gruppe Ackermann nach, während die Gruppe Sobottka am 6. Mai auf der Berliner Bildfläche erschien. Das Nationalkomitee Freies Deutschland, eine Organisation, die sich nach der deutschen Niederlage in Stalingrad unter sowjetischem Patronat gebildet hatte, war von den deutschen Emigranten ins Leben gerufen worden. Neben Ulbricht waren dies noch W. Pieck, H. Matern, A. Ackermann, Rudolf Herrnstadt, Johannes R. Becher und Erich Weinert.

Als die Rote Armee Ende April 1945 in Berlin einrückte, übernahmen die aus dem Untergrund auftauchenden Mitglieder der KPD ebenfalls führende Positionen in der sowjetischen Besatzungszone. Diese Männer schlossen sich mit jenen Agenten, Saboteuren und Attentätern zusammen, die bereits während des Krieges in russischem Dienst vor allem in Ostdeutschland und im Raume Berlin ihrer subversiven Tätigkeit nachgingen und Verrat nicht nur an einzelnen Menschen – darunter auch eigenen Kameraden –, sondern vor allem auch an Deutschland verübten.

Prominenteste Mitglieder dieser letzten Gruppe waren die mit dem Fallschirm abgesetzten Mitglieder des roten Untergrunds, Arthur Hofmann und Josef Kiefel. Während Hofmann es in der DDR zum Innenminister von Sachsen brachte und später Mitarbeiter der Abteilung Sicherheitsfragen im Zentralkomitee der SED wurde, avancierte Kiefel zum Abteilungsleiter im Ministerium für Staatssicherheit, deren Hauptabteilung Gegenspionage er 1965 leitete. Sie gehörten jener Partisanenbrigade an, die hinter der deutschen Front Anschläge auf deutsche Soldaten verübten.

Im September 1944 waren weitere Partisanen bei Tri Dubny abgesprungen. Unter ihnen Martin Weikert, Karl Linke und Hans Schilda. Weikert war Funker im Hauptstab der dort eingesetzten Partisanenbewegung. In ihren Reihen kämpfte auch der 1941 zur Roten Armee übergelaufene Franz Gold und der Altkommunist Josef Schütz, der in der Tschechoslowakei wegen Fahnenflucht zum Tode verurteilt war, aber entkommen konnte. Es waren insgesamt über 200 Deutsche, die sich für diesen Einsatz in Tücke und Mord verpflichteten und dafür reiche Belohnung erhofften.

Diese blieb denn auch nicht aus, was beispielsweise Martin Weikert angeht. Er brachte es im DDR-Staatssicherheitsdienst bis zum Generalleutnant. 1976 wurde er Leiter der Bezirksverwaltung Erfurt dieses Dienstes. Unter seiner Regie wurden Menschen verhaftet, eingesperrt und mißhandelt. Karl Linke wiederum wurde bereits 1952 Chef der „Verwaltung 19", des Nachrichtendienstes der Truppe der NVA, und 1956 zum General befördert.

Josef Schütz blieb bis 1946 in der Tschechoslowakei, danach wurde er in den Dienst der NVA der DDR übernommen und war als Oberst Leiter der Abt. Ausland im Ministerium für Nationale Verteidigung. Der „bewährte Partisan" Franz Gold, ausgezeichnet mit einer Reihe hoher Orden der Roten Armee, führte zunächst das sowjetische Nachrichtenbüro in Ostberlin, bevor er seine Spezialtätigkeit dem SSD der DDR verschrieb und bis zum Generalleutnant avancierte. Er war seit 1942 Träger des „Roten Sterns" und erhielt 1965 den „Vaterländischen Verdienstorden der DDR in Gold" für seine landesverräterischen, fluchwürdigen Einsätze gegen seine eigenen Brüder.

Bruno Erdmann, der zur Roten Armee übergelaufene und zum NKFD gelangte Spitzel, wurde im Februar 1945 bei Stüstrow mit dem Fallschirm abgesetzt. Er berichtete über Funk der Roten Armee über Stärken und Bewegungen deutscher Truppen. Dafür wurde er als hauptamtlicher Funktionär der SED mit reichen Pfründen ausgestattet und erklomm bis 1960 die Stufenleiter zum 1. Sekretär der SED-Kreisleitung Ueckermünde.

Das Nationalkomitee Freies Deutschland war am 12. und 13. Juli 1943 in Krasnogorsk gegründet worden. Seine Führungskader ließen sich zum Dienst in der Roten Armee anwerben und machten für diese die Drecksarbeit. Zu den Gründern gehörten neben Pieck und Ulbricht auch noch H. Matern, A. Ackermann, R. Herrnstadt, E. Weinert und J. R. Becher. Sie waren vor allem dazu ausersehen, nach dem Einrücken der Roten Armee in Deutschland führende Positionen in der sowjetischen Besatzungszone zu übernehmen. So fanden sie sich also: die Spanienkämpfer und Deserteure, die Antifa-Kämpfer und Agenten. Hinzu kamen ferner Theo Winter, Schwiegersohn von Wilhelm Pieck, und Bruno Kühn, der Schwager von Walter Ulbricht, ebenso der Sohn von Wilhelm Pieck und Heinrich Koehnen, Sohn eines deutschen Reichstagsabgeordneten.

Aus den deutschen Widerstandsgruppen stießen weitere Männer und Frauen zu dieser „Führungselite". So auch Grete Kuckhoff, die später lange Jahre Präsidentin der Notenbank der DDR wurde und mit dazu beitrug, daß die DDR zum Armenhaus wurde. Ebenso wie der Strumpfwirker Ackermann, der sich zum Parteiideologen emporstilisierte und die These vom „besonderen deutschen Weg zum Sozialismus" erfand.

Becher als Präsident des Deutschen Kulturbundes und Minister für Kultur, die durch die sowjetische Militäradministratur eingesetzte Staatsanwältin Hildegard Benjamin, die später als „Bluthilde" bekannte Ministerin für Justiz, der Friseur und spätere Bergarbeiter bei Wismut AG, Horst Dahluns, das Mitglied des Politbüros, der Schneider Oskar Fischer, der Minister für Auswärtige Angelegenheiten wurde, und der Buchdrucker Grotewohl sollten einen Staatsteil Deutschlands aus den Niederungen der Nachkriegszeit emporführen. Sie waren damit ebenso überfordert wie der Maschinenschlosser Keßler als Armeegeneral und Minister der Nationalen Verteidigung, und der Elektriker Günther Kleibert als Minister für Allgemeinen Maschinen-, Landmaschinen- und Fahrzeugbau.

Die Schneiderin Ingeburg Lange als Vorsitzende des Ausschusses für Arbeit und Sozialpolitik der Volkskammer hatte dafür ebensowenig die geringste Qualifikation, wie der Gerber Hermann Matern für die Tätigkeit als Mitglied des Politbüros des ZK. Der Expedient Erich Mielke, der selbsternannte „größte Tschekist der DDR", war als Expedient genau der richtige Mann, um gemeinsam mit Wilhelm Zaisser die politische Partei des SED-Staates aufzubauen. Mielke, der von 1940 bis 1948 in der Roten Armee diente, brachte es bis 1959 zum Generaloberst in der NVA.

Der Eisenbahner Günter Mittag als Stellvertreter und Vorsitzender des Staatsrates der DDR, der Schlosser Erich Mückenberger als Mitglied des Präsidiums des Nationalrates der Nationalen Front und Vorsitzender der SED-Fraktion in der Volkskammer, sie alle brachten die gleiche Qualifikation mit: Sie hatten sich seit Jahren und Jahrzehnten in den verschiedensten Formen *gegen Deutschland* gestellt. Sie hatten deutsche Soldaten insgeheim bekämpft und dem deutschen Staat soviel Schaden wie möglich zugefügt. Nun sollten sie dem Teilstaat Deutschlands, der DDR, dienen. Was aber konnten sie anderes, als das Volk zu drangsalieren? Also machten sie dort weiter, wo sie einmal aufgehört hatten. Die Folgen sollen in einem späteren Abschnitt schonungslos dargelegt werden. Der Schleier des Vergessens, des Nicht-daran-Rührens, muß fortgerissen werden. Es soll auch in dieser Hinsicht die Erkenntnis vermittelt werden, daß ein Staat von einer Bande von Saboteuren, Verbrechern, einer Schar Unfähiger, von politik- und wirtschaftsunfähigen Linientreuen weder geführt noch erhalten werden konnte.

Das haben die Bürger der DDR bereits sehr früh erkannt. Sie haben sich nicht nur am 17. Juni 1953 gegen dieses Terrorregime der Unfähigen empört, sondern dies zu *allen* Zeiten getan, bis zum November 1989, da sie die Ketten sprengten, die ihnen von diesem SED-Staat und seinen Schergen angelegt worden waren.

In diese Reihe der Unfähigen und Hundertfünfzigprozentigen reihte sich auch die Traktoristin Margarete Müller ein, die als Mitglied des Rates für landwirtschaftliche Produktion zum Niedergang der DDR-Landwirtschaft beigetragen hat. Der Tischler Alfred Neumann, im „spanischen Bürgerkrieg bewährt", der 1951–1953 Oberbürgermeister von Berlin-Ost wurde und schließlich Minister und Vorsitzender des Volkswirtschaftsrates der DDR, reiht sich würdig in diese Phalanx der Verderber des Staates ein, als deren erster Mann sich der ehemalige Tischler Wilhelm Pieck – der ebenfalls im Mai 1945 nach Berlin zurückkehrte – als Vorsitzender der SED und seit 1949 als Präsident der DDR firmierte. Der Maurer Willi Stoph, bereits von der SMA im Jahre 1945 als Leiter der Abteilung Baustoffindustrie und später der Hauptabteilung Grundstoffindustrie, der deutschen Zentralverwaltung für Industrie, eingesetzt, wurde schließlich Minister des Innern, Vorsitzender des Ministerrates, Minister für Nationale Verteidigung, Armeegeneral und Vorsitzender des Staatsrates. Immerhin war er wenigstens in der deutschen Wehrmacht Stabsgefreiter gewesen.

Der Bauschlosser Harry Tisch wiederum wurde Sekretär für Wirtschaft der SED-Bezirksleitung Rostock, Mitglied des Politbüros, Vorsitzender des Bundesverbandes des FDGB und Mitglied des Generalrates und des Büros des Weltgewerkschaftsbundes. Seine Meriten für das Wohl des Arbeiters bestanden darin, daß er als hauptamtlicher Gewerkschaftsfunktionär die Normenerhöhungen der Regierung in den frühen fünfziger Jahren mittrug und somit zum Auslöser des Volksaufstandes wurde. Darüber hinaus setzte er 100 Millionen Mark Gewerkschaftsgelder zweckentfremdet ein und zweigte satte 4 Millionen Arbeitergelder für sein „Jagdhaus" ab.

Bliebe der Möbeltischler Walter Ulbricht, Mitbegründer des NKFD, erster Parteivorsitzender und Mitglied des Zentralrates der SED, deren Generalsekretär er bis 1953 war, um seit 1960 Vorsitzender des Staatsrates, des Nationalen Verteidigungsrates und erster Sekretär des Zentralkomitees der SED zu werden.

Seit seiner Ablösung durch Honecker 1971 fungierte er als ehrenamtlicher Vorsitzender der SED.

Diese Auflistung ließe sich beliebig fortsetzen. Und alle diese durchaus honorigen Handwerker wären nicht zu beanstanden gewesen, wenn es sich nur um das Einseifen zum Zwecke des Rasierens oder des Hobelns zum Zwecke der Holzverarbeitung gehandelt hätte. In bezug auf die Führung einer Volkswirtschaft oder gar der Praktizierung einer Politik, die zum Wohle des Volkes eingesetzt wurde, waren sie völlig fehl am Platze. Als Schergen und ausführende Organe eines Gewaltregimes aber waren sie die richtigen Leute, weil ihnen das Wohl ihrer Mitbrüder und Mitschwestern völlig gleichgültig war, wie die Fakten dies in den folgenden Abschnitten unter Beweis stellen.

Die Scheffler, Hentschke, Thiele, Scholz und Gutsche aber, die Saboteure gegen Deutschland waren, nach dem Kriege umsattelten, um im Ministerium für Staatssicherheit „dem Volke zu dienen", die Mauermorde einzuleiten und die Foltermethoden in den Zuchthäusern der DDR zu vervollkommnen, sie waren das Verderben des Volkes. Ebenso der einzige deutsche Agent im Solde Moskaus, der den Krieg überdauerte, Vinzenz Porombka, der ebenfalls Mitglied des Zentralkomitees der SED wurde.

Sie alle stürzten sich auf die Posten, die es bereits 1945 zu verteilen galt. Und in ihren neuen Eigenschaften wurden sie zu Nazijägern, zu Leichenfledderern am Volk, zu den Enteignern der „Junker" und den Zuchthausaufsehern des größten Zuchthauses der Welt, das sich DDR nannte. Sie haben im anderen Teil unseres Vaterlandes Verbrechen über Verbrechen auf sich gehäuft. Sie haben jenseits der Elbe seit 1945 den unter unsäglichen Opfern, mit leidenschaftlichem Einsatz getragenen Kampf des Volkes für seine Freiheit und für die Wiedervereinigung mit Westdeutschland niedergeknüppelt. Sie haben Freiheit, Menschlichkeit und Gerechtigkeit mit Füßen getreten und unsere Brüder und Schwestern im Osten unseres Vaterlandes systematisch versklavt.

Wenn heute die Mauermorde, die Morde in der Elbe und auf der Ostsee unter den Teppich gekehrt werden sollen, wenn die entschädigungslosen Enteignungen und die Vermögenseinziehungen bei Bestrafungen aller Art einfach nicht zur Kenntnis genommen werden, dann sollen sie an dieser Stelle, in diesem Werk ans Licht gebracht werden.

Alle strafbaren Handlungen der DDR und auch die ihrer heutigen Führung sollen nicht in der Zone des Schweigens verschwinden. Die menschenverachtenden Maßnahmen dieser Regierung, die sich noch am hungernden Volk bereicherte und in Saus und Braus lebte, das SED-Regime, ein Instrument zur Festigung der Macht und Willkür eines durch und durch verlogenen Staatsapparates, wird dargestellt, wie es war und noch immer zu sein scheint.

Vierzig Jahre haben sie ein Volk bis aufs Blut gequält, so sehr gequält, daß es – unter Verzicht auf alles, was sie in Jahrzehnten und unter härtesten Entbehrungen aufgebaut und erworben haben – alles zurückließ, nur um mit nackten Haut dem Terror dieses Regimes zu entkommen. Freiheit – Menschlichkeit – Gerechtigkeit. Diese unverzichtbaren Werte eines jeden Menschen waren für den SED-Staat nichts als Worte.

Alle Bürger der SBZ und der DDR hatten sich nach dem Kriege mit aller Kraft am Wiederaufbau beteiligt. Dann aber lernten sie erkennen, daß aller Einsatz nicht zur Wiederbelebung ihrer eigenen Republik getan wurde, sondern für jenen Feind, der schändend und mordend, und damit immer der Gifthetze eines Ilja Ehrenburg folgend, über Ostdeutschland hergefallen ist. Die Anweisung Moskaus an die Gruppe Semjonow, nun die menschliche, freundliche Seite zu zeigen, konnte nicht durchgesetzt werden. Wie sagte doch Lew Kopelew, der selber die Greuel seiner eigenen Mitsoldaten an deutschen Frauen und Kindern erlebt und in erschütternden Worten dargestellt hatte: „Der Geist von Tauroggen und Rapallo war im geschändeten, hungernden, erniedrigten Mitteldeutschland des Jahres 1945 nicht lebendig." (Siehe Kopelew, Lew: Aufbewahren für alle Zeit)

Augenzeugenberichte

Als die Gruppe Ulbricht in Stärke von zehn Mann in Berlin eintraf, war im Gefolge der zweiten Gruppe auch der erst 24 Jahre alte Wolfgang Leonhard. Er schilderte die Zustände, die sie in Berlin antrafen, folgendermaßen: „Am 2. Mai kamen wir von Osten her in einer Wagenkolonne in Berlin an und sahen ein dramatisches Bild: Brennende Häuser, umherirrende Menschen, versprengte deutsche Soldaten, jubelnde und siegestrunkene und betrunkene russische Rotarmisten." (Siehe Zimmer, Dieter: Auferstanden aus Ruinen)

Diese Gruppe war am 30. April in Moskau aufgebrochen und zunächst bis Frankfurt/Oder geflogen. Leonhard berichtete, daß sie bereits bei ihrer Ankunft in der zertrümmerten Reichshauptstadt deutsche Kommunisten vorfanden. Es waren am Anfang 12 Männer, die von Ulbricht sofort für den ersten Dienst eingeteilt wurden, ohne daß sie in die Lage gekommen wären, über ihr Schicksal in Deutschland seit 1933 zu berichten. Das interessierte Ulbricht offenbar nicht.

Die wie Pilze aus dem Boden wachsenden antifaschistischen Komitees sorgten sich um den Wiederaufbau. Sie versuchten, die Lebensmittelknappheit zu bewältigen, die Wasserleitungen wieder zu reparieren und die Verkehrsbetriebe in Gang zu setzen. Alles Dinge, die für die überlebenden Bürger in der Stadt lebensnotwendig waren. Ihr Bemühen um die Bewohner der Stadt war aufrichtig.

Ulbricht ließ diese Gruppen durch seine willigen Moskauer Helfer auflösen. Damit würgte er jede spontane antifaschistische Hilfe, die für den Nachbarn getätigt wurde, radikal ab. Wie stand es aber um die russischen Soldaten? Über sie sagte ihr Oberbefehlshaber, Marschall Schukow: „Unsere Soldaten schenkten den Kindern und Frauen alles, was sie an Brot und Zucker, Konserven und Zwieback hatten. – Wie herzensgut sind doch unsre Soldaten, dachte ich." (Siehe G. K. Schukow: Erinnerungen und Gedanken, Bd. II, S. 368)

Die Wirklichkeit sah völlig anders aus. Sie wurde beispielsweise von Wolfgang Leonhard, einem der ihren, verschämt geschildert: „Ein Problem waren die Übergriffe der Roten Armee, die es in großem Ausmaß gab. Wir hatten seit dem 13. Mai neben dem Büro der Gruppe Ulbricht in der Prinzenallee 80, heute Einbecker Str. 41, Bezirk Lichtenberg, ein größeres Lokal bezogen. Dort trafen sich immer 100 bis 120 Berliner Kommunisten, also richtige Kommunisten aus Deutschland, und Ulbricht gab hier die Direktiven aus. Mehrmals sagten die Berliner Kommunisten: Unsere Frauen sind vergewaltigt worden, wir müssen das Recht auf Abtreibung haben, wir müssen dies alles bei unseren sowjetischen Freunden zur Sprache bringen. Aber Ulbricht lief rot an und sagte: ,Ich dulde keine solche Diskussion!' Die Kommunisten haben gemurrt und sich dann der Linie Ulbrichts gebeugt."

Am 10. Mai verbündeten sich einige Kommunisten mit diesen drei deutsch-sowjetischen Gruppen. Sie waren auf drei Lastwagen aus dem Zuchthaus Brandenburg herausgeholt worden, wo sie eingesperrt gewesen waren. Einer dieser Männer hieß Erich Honecker. Von diesem Tage an war dieser 33jährige Mann nicht mehr aus der Bewegung, die sich sehr bald bildete, wegzudenken. Ein parteitreuer Funktionär, der alles getan hätte, wenn es ihm von der Parteiführung befohlen worden wäre.

Die sowjetischen Kriegsräte, die sich in Berlin eingenistet und die Führung übernommen hatten, zogen zur Arbeit in den von ihnen errichteten Bezirksämtern alle Kommunisten heran, die sie in Berlin vorfanden. An die Spitzen aber setzten sie jene, die ihnen aus Moskau geschickt worden waren. „Mit ihnen erhielten wir", so Marschall Shukow, „sofort freundschaftlichen Kontakt."

Erster Stadtkommandant von Berlin war Generaloberst Nikolai Erastowitsch Bersarin geworden, dessen 5. Stoßarmee die deutsche Hauptstadt erobert hatte. Sowohl er als auch sein Oberbefehlshaber Shukow lernten in Wilhelm Pieck, Walter Ulbricht, Otto Grotewohl und anderen Funktionären die richtigen Männer kennen, denen sie die Führung in Berlin und später auch in der gesamten sowjetischen Zone würden anvertrauen können. Mit Otto Grotewohl, dem Vorsitzenden des Zentralausschusses der SPD, „arbeitete ich eng zusammen, um die Folgen des Faschismus zu überwinden". (Siehe Shukow: a. a. O.)

Im Befehl Nr. 1 des sowjetischen Militärkommandanten von Berlin war den Einwohnern der Stadt verkündet worden, daß die NSDAP aufgelöst sei. Die 20 Bezirksmilitärkommandanturen wurden mit sowjetischen Wirtschaftsspezialisten, Ingenieuren und Technikern besetzt. Die Politabteilung der Roten Armee unter Oberst A. I. Jelisarow leistete im Sinne Stalins gute Arbeit.

Mitte Mai wurde vom Kriegsrat der Front zu einer Beratung befohlen. Alle Vertreter der deutschen Öffentlichkeit – lies alle Kommunisten und Helfer Moskaus – wurden geladen. Gemeinsam mit den Offizieren der Militärkommandantur berieten sie die Fragen der Industrieentwicklung, der Verkehrsbetriebe, der Kulturinstitutionen. Anwesend war auch der Stellvertreter des Vorsitzenden Rates der Volkskommissare der UdSSR, A. I. Mikojan, und der Sekretär des ZK der KPD, Walter Ulbricht. Hinzu kamen eine Reihe weiterer Parteifunktionäre.

Hier wurde beschlossen, daß der soeben neu zusammengestellte Berliner Magistrat am 19. Mai die erste Tagung abhalten werde. Generaloberst Bersarin hielt ein Referat über die „Politik der sowjetischen Behörden in Berlin". Oberbürgermeister Dr. Werner stellte die Magistratsmitglieder vor: „Alles aufrechte Deutsche, die für ihre frühere antifaschistische demokratische Tätigkeit bekannt waren." (Siehe Shukow: a. a. O.)

Am 25. Mai nahmen das Stadtgericht und die Staatsanwaltschaft in Berlin ihre Arbeit auf. Chef der Berliner Polizei wurde das Führungsmitglied der Organisation „Nationalkomitee Freies Deutschland" Paul Markgraf. Bereits am 13. Mai hatte der Berliner Rundfunk seine Sendungen aufgenommen. Am folgenden Tag wurden die Intendanten des Deutschen Theaters in Berlin zur Stadtkommandantur gebeten. Dort traten an: Gustav Gründgens, Ernst Legal und Staatsschauspieler Paul Wegener. Sie wollten der Kommandantur Vorschläge über die Neueröffnung der Berliner Bühnen machen. „Am 15. Mai erschien die „Tägliche Rundschau". Sie hatte laut Marschall Shukow „die Aufgabe, dem deutschen Volk wahrheitsgetreu über die Sowjetunion und die Rote Armee zu berichten".

Am 10. Juni wurde die Gründung antifaschistischer Parteien in der sowjetischen Besatzungszone durch den Befehl Nr. 2 der

Sowjetischen Militäradministration erlaubt. Der Gründungs-aufruf der KPD erfolgte am nächsten Tag. Darin wurde die „Li-quidierung des Grundbesitzes der Junker" ebenso wie „die völ-lig ungehinderte Entfaltung des freien Handels und der privaten Unternehmerinitiative auf der Grundlage des Privateigentums" proklamiert. Unterschrieben war dieser Aufruf von jenem „Führer des Volkes" Walter Ulbricht, der wenig später damit begann, das Privateigentum zu beschneiden, den freien Handel zu unterbinden und jede Unternehmerinitiative abzuwürgen.

Im selben Aufruf wurde die Neugründung der SPD, der Zen-trumspartei und anderer Parteien anerkannt. Die Christdemo-kraten unter Andreas Hermes hatten bereits durch Mikojan die Bestätigung erhalten, daß sie als bürgerliche Partei zugelassen werden würden. Das war bereits am 9. Mai gewesen. Einen Monat darauf wurde die LDPD und die CDU gegründet. Ge-neral Semjonow nahm an den entscheidenden Besprechungen der Liberaldemokraten und der Christdemokraten teil und ver-sicherte diesen das große Interesse der Sowjetunion an der Er-haltung der deutschen Einheit.

Der Kulturbund der demokratischen Erneuerung Deutsch-lands konstituierte sich am 8. August 1945 ebenfalls in Berlin. Es war Johannes R. Becher, Mitglied der Moskauer Gruppe Ulbrichts, gelungen, die in Mitteldeutschland ansässige Elite deutscher Dichtung, Kunst und Kultur für diesen Kulturbund zu gewinnen. Sie, die Repräsentanten des deutschen Humanis-mus und der nationalen Einheit, die „Garanten der Erneuerung einer deutschen Kultur- und Staatsnation", fanden nichts dabei, daß Hunderte ihrer Brüder und Schwestern verschwanden, ihrer Habe beraubt oder eingekerkert wurden. Sie hinterfragten nicht die Gerüchte von der Drangsalierung unzähliger Men-schen.

Auch die später auftauchende Frage, was nun in Wahrheit mit Heinrich George geschehen sei, der am 26. September 1946 in dem Konzentrationslager Sachsenhausen „an einer Blinddarm-operation und anschließender Herzschwäche gestorben" sein sollte, war ihnen gleichgültig. Andere Stimmen, daß er infolge der miserablen Lagerkost elendig zugrunde gegangen ist, störte diesen „Kulturbund" nicht. Es gab auch damals bereits andere

Stimmen, nämlich daß Heinrich George „von der glorreichen Roten Armee durch einen brutalen Willkürakt in das KZ Sachsenhausen bei Berlin verschleppt und dort nach mehr als einjähriger Quälerei einfach totgeschlagen wurde".

Der berühmte Literat und Kritiker Friedrich Luft berichtete in seiner Besprechung der Erinnerungssendung im ZDF über Heinrich George vom 8. August 1984: „Die Russen setzten ihn nach der Eroberung von Berlin gefangen. Er ist elendig in einem ihrer Lager gestorben." Er war nicht der einzige. Auch die Schauspielerin Marianne Simson verschwand im selben Lager spurlos.

Die Mitglieder dieses Kulturbundes waren Paul Wegener, Eduard Spranger, Bernhard Kellermann, Ehm Welk, die Tochter Hermann Sudermanns, die bildenden Künstler Karl Hofer und Renee Sintenis. Ehrenpräsident wurde Gerhart Hauptmann, der sich dann doch aus diesem Kreis zurückzog, als ihm die ganze Verlogenheit desselben aufging. Ricarda Huch war die Ehrenvorsitzende des Kulturbundes in Thüringen. Der Schlesier Gerhart Hauptmann hatte sich durch Versprechungen der Gruppe Ulbricht gewinnen lassen. Er wurde zur Symbolfigur, um ein Jahr später – nach einer Reihe seltsamer Vorkommnisse – am 6. Juni 1946 im Haus Wiesenstein zu Agnetendorf zu sterben.

Interessanterweise drängten die Russen im ersten Jahr der Besetzung Deutschlands auf eine einheitliche Zentralregierung Deutschlands. Immer wieder verlangte Außenminister Molotow auf den Außenministerkonferenzen der Jahre 1945 bis 1946 die Errichtung einer deutschen Zentralregierung. Die UdSSR hoffte, Deutschland von Osten her aufrollen und in ihr Lager ziehen zu können. Es war unter dem wirtschaftlichen Chaos der Demontagen auch in den drei Westzonen, vor allem in der französischen Zone, keine Unmöglichkeit, daß die Deutschen „einfach aus Verzweiflung den russischen Lockungen auf die Dauer erliegen könnten", wie Theodor Eschenburg dies später formulierte. Die Furcht vor der russischen Besetzung von ganz Deutschland war übermächtig. Ein wiedervereinigtes Deutschland im Bündnis mit der UdSSR würde das Ende des Gleichgewichtes in Europa bedeuten.

Mit ihrer Forderung nach einer einheitlichen deutschen Regierung standen die Russen durchaus im Einklang mit den auf der Potsdamer Konferenz getroffenen Beschlüssen. Dort hieß es zu diesem Punkt:

„Entsprechend der Übereinkunft über das Kontrollsystem in Deutschland, wird die höchste Regierungsgewalt in Deutschland durch die Oberbefehlshaber der Streitkräfte der Vereinigten Staaten von Amerika, des Vereinigten Königreiches Großbritannien, der Union der Sozialistischen Sowjetrepubliken und der Französischen Republik nach den Weisungen ihrer Regierungen ausgeübt.

2. Soweit dies praktisch durchführbar ist, muß die Behandlung der deutschen Bevölkerung in *ganz Deutschland gleich* sein. Die Ziele der Besetzung Deutschlands, durch welche der Kontrollrat sich leiten lassen soll, sind:

II Völlige Abrüstung und Entmilitarisierung Deutschlands und die Ausschaltung der gesamten deutschen Industrie, welche für eine Kriegsproduktion genutzt werden kann.

III Die nationalsozialistische Partei mit ihren angeschlossenen Gliederungen und Unterorganisationen ist zu vernichten.

IV Die endgültige Umgestaltung des deutschen politischen Lebens auf demokratischer Grundlage und eine eventuelle friedliche Mitarbeit Deutschlands am internationalen Leben sind vorzubereiten.

VI Nazistische Parteiführer, einflußreiche Nazianhänger und die Leiter der nazistischen Ämter und Organisationen und alle anderen Personen, die für die Besatzungstruppen und ihre Ziele gefährlich werden können, sind zu verhaften und zu internieren.

Alle Mitglieder der nazistischen Partei, welche mehr als nominell an ihrer Tätigkeit teilgenommen haben und alle anderen Personen, die den alliierten Zielen feindlich gegenüberstehen, sind aus öffentlichen und halböffentlichen Ämtern und von ihren Positionen in wichtigen Privatunternehmen zu entfernen. –

14. Während der Besatzungszeit ist Deutschland als eine wirtschaftliche Einheit zu betrachten."

Zu der Frage der polnischen Westgrenze sei noch einmal

In Jalta wurde Deutschland geteilt und die Höhe der Reparationen festgelegt. Von links: Molotow, Marschall Josef Stalin und Anthony Eden.

Die deutsche Führung, die bis zum 23. Mai 1945 amtierte, wird unter Arrest genommen. Von links: Reichsminister Albert Speer, Großadmiral Karl Dönitz der letzte deutsche Staatschef, Generaloberst Alfred Jodl, Chef des Wehrmachtsführungsstabes. Von ihnen wurde Jodl vor dem Nürnberger Tribunal am 1. 10. 1946 zum Tode verurteilt.

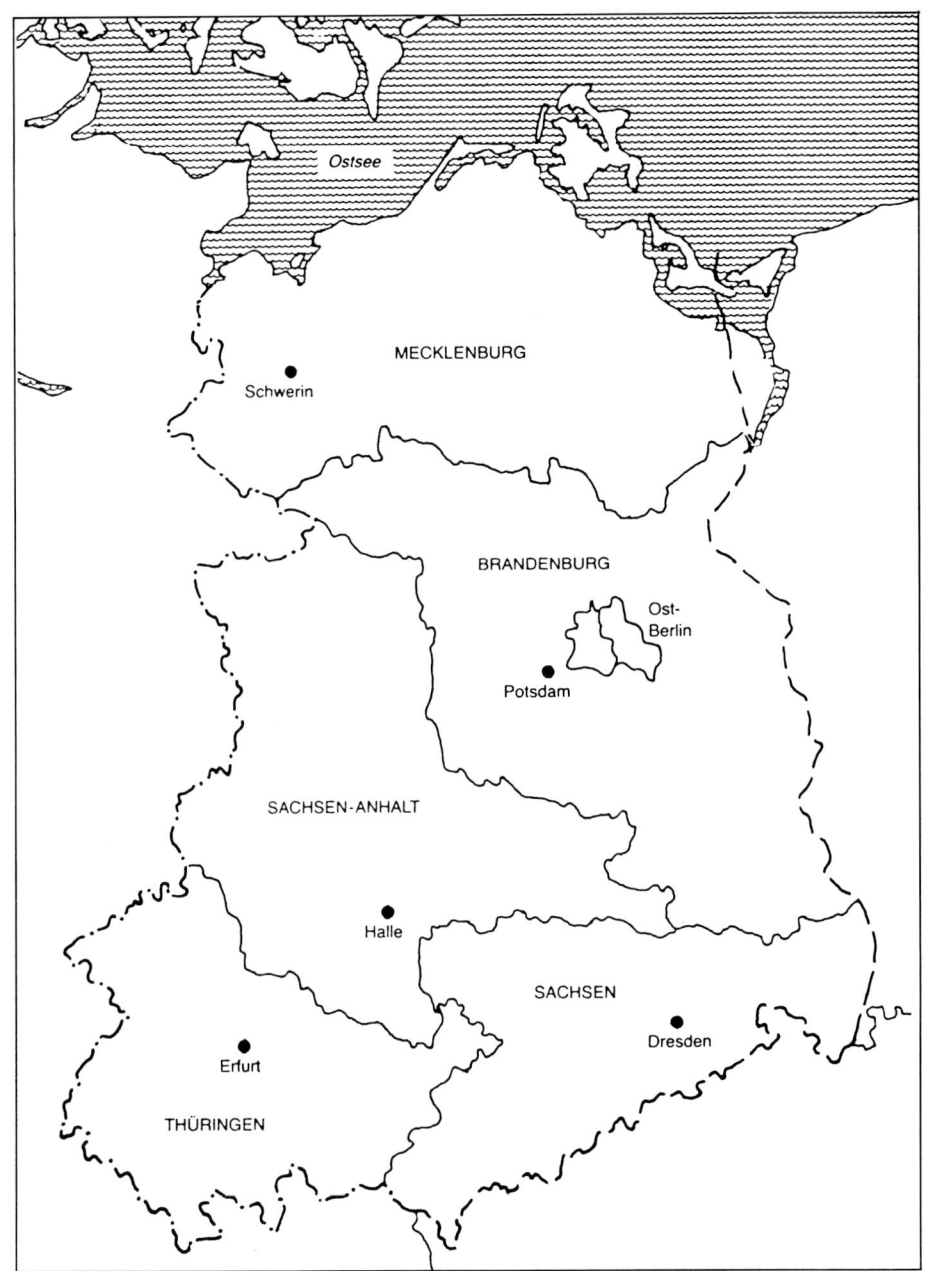

*Die Sowjetische Besatzungszone und (seit 1949) die Deutsche De-
mokratische Republik mit den alten Ländergrenzen, sowie Berlin-
West und Ost.*

KPD und SPD: Pieck und Grote-
wohl laden gemeinsam zur Kund-
gebung am Freitag, dem 29. März
1946 ein. Aus beiden wird die
SED.

Die »Führungsriege« der neuen Deutschen Demokratischen Repu-
blik. Von links: Wilhelm Pieck, Otto Grotewohl und Walter Ul-
bricht.

Marschall Shukow zitiert: „Ziemlich scharf wurde in Potsdam über Polen und seine Westgrenzen gestritten. Nach einer ausführlichen und gutfundierten Stellungnahme der von Bierut geleiteten polnischen Delegation, die eigens zur Prüfung der polnischen Frage nach Potsdam eingeladen worden war, wurde eine Regelung der Westgrenze Polens gefunden.

Der entsprechende Beschluß besagte: ‚daß bis zur endgültigen Festlegung der Westgrenze Polens die früheren deutschen Gebiete östlich der Linie, die von der Ostsee unmittelbar westlich von Swinemünde und von dort die Oder entlang bis zur Einmündung der Westlichen Neiße in dieselbe, und von dort die Westliche Neiße entlang bis zur tschechoslowakischen Grenze verläuft, unter die Verwaltung des polnisches Staates kommt.‘“

Die USA und Großbritannien brachen hier in Potsdam ihre diplomatischen Beziehungen zu ihrem Hätschelkind, lies zur polnischen Exilregierung, ab. Marschall Shukow erklärte in seinen Erinnerungen, daß es die UdSSR gewesen sei, die sofort reagierte, sobald „die USA und Großbritannien auch nur den Versuch unternahmen, Polen, die Tschechoslowakei, Ungarn und das deutsche Volk bei der Entscheidung von Fragen zu benachteiligen".

Also war die UdSSR der Hüter des deutschen Volkes, was sie allerdings in der DDR streng geheimgehalten hatte.

Konzentrationslager in der sowjetischen Besatzungszone

Hetzjagd auf NS-Mitglieder
in der sowjetischen Besatzungszone

Als der Zweite Weltkrieg zu Ende war, als sich die ersten Bezirksleitungen etablierten und sich die kommunistischen Brüder aus dem Osten mit jenen, die im Westen überlebt hatten, zusammensetzten und über die Zukunft berieten, kam man sehr rasch auf die ehemaligen NSDAP-Mitglieder. Diese galt es auszurotten! Diesen galt es, ihren Besitz abzunehmen; sie mußten büßen. In die gleiche Reihe mit diesen wurden jene „Junker und Menschenschinder" gestellt, die Mitteldeutschland fruchtbar gemacht und die Versorgung der Bevölkerung des ganzen Deutschland bewirkt hatten. 20 Millionen Menschen lebten in der sowjetischen Besatzungszone zwischen Oder und Elbe. Aber noch konnte niemand sich vorstellen, daß sie von den übrigen 50 Millionen Deutschen auf immer getrennt werden sollten. Was sie wollten, war Freiheit und die Chance, neu anzufangen.

Nachdem die Wellen der Vergewaltigungen, der Morde und Entführungen abebbten, als die Elendsgestalten der Menschen zwischen den zerbombten Häusern auf die Suche gingen, um Brennmaterial zu ergattern oder etwas Eßbares, nahmen sie nicht bewußt war, daß die Sowjets alle doppelten Eisenbahngeleise abmontierten und nach Rußland schafften. Sie sahen zunächst darin eine Chance, sich der freigelegten Schwellen zu bemächtigen, sie mit Säge, Axt und Beil zu zerkleinern und heimzuschaffen.

Aus dem GPU-Hauptquartier nahe der U-Bahn-Station Prenzlauer Berg drangen die schlimmsten Gerüchte. Hierhin verschleppten die sowjetischen Fangkommandos täglich verhaftete Deutsche, die oftmals auf Nimmerwiedersehen verschwanden.

Überall wurde nach NS-Aktivisten gefahndet. In den Bezirkssekretären fanden die Sowjets willfährige Helfer. Aus Behörden, Schulen und dem öffentlichen Dienst wurden alle NS-Parteimitglieder entfernt. Es waren ihrer 520 000. Weitere Anhänger des Regimes wurden bespitzelt und im Falle der Denunziation ebenfalls ergriffen und in die nach wie vor bestehenden Konzentrationslager Buchenwald und Sachsenhausen eingeliefert. Aber auch in die Zuchthäuser und in rasch behelfsmäßig eingerichteten Lager wanderten sie. Insgesamt waren es 200 000, die diesen Weg gingen. Für viele Jahre verschwanden sie in irgendeinem Lager. Ohne jeden Prozeß, ohne jede Verhandlung und – in den überwiegenden Fällen – ohne jede Schuld. Am schlimmsten war es im KZ Sachsenhausen. Daß dies nicht nur im Osten unseres Vaterlandes so war, das zeigen die Zahlen von 600 000 in westliche Internierungslager gesperrten Exnazis, in denen auf ebenso unmenschliche Weise gestorben wurde wie im Osten.

Von den 180 000 deutschen Staatsangehörigen, die allein vom SMT in der SBZ und in Berlin verhaftet und in ihre Zentralen eingeliefert und verhört wurden, gingen 160 000 durch die Lager. Der Rest von 20 000 Deutschen wurde in der „Untersuchungshaft" erschossen, erschlagen, erstickt, sie wurden auf der Flucht erschossen, verhungerten oder gingen an TBC zugrunde. Von den 160 000 Menschen in den Lagern starben 86 300 eines gewaltsamen Todes. Weitere 18 000 wurden in die UdSSR verschleppt und ganze 46 000 in zwei Entlassungswellen 1949 und 1950 entlassen. Aber auch dann waren die Konzentrationslager noch nicht geräumt. Einige wurden weiter in Betrieb gehalten. In ihnen setzten sich Terror und Sterben fort.

Ebenso wie die Jagd auf deutsche Wissenschaftler begann also noch während der Kampfhandlungen, verstärkt aber unmittelbar nach Kriegsende, das Kesseltreiben auf deutsche Zivilisten. Unmittelbar nach dem Eintreffen der Gruppe Ulbricht Ende April 1945 in Berlin und den wenig später erfolgenden Eintreffen der beiden nachfolgenden Gruppen Anton Ackermann, der eigentlich Eugen Hanisch hieß, und des Nationalkomitees Freies Deutschland, fing man in der SBZ damit an, die NS-Aktivisten aufzuspüren und alle jene Menschen, die der NSDAP angehörten oder mit der Partei sympathisierten, gemäß den Potsdamer Beschlüssen aus ihren Stellungen zu entfernen. Dies geschah ohne jede Untersuchung, ganz nach der Willkür der Denunzianten. Am schlimmsten waren die Zustände in den ehemals deutschen Konzentrationslagern Sachsenhausen und Buchenwald.

Das Sowjetische Militärtribunal – SMT – verbrachte seine Internierten oder Verurteilten in die ehemals deutschen Konzentrationslager. Darüber hinaus ließen sie, als der Zustrom täglich weiter anwuchs, neue provisorische Konzentrationslager errichten. Es bestanden Mitte 1947 die Konzentrationslager Jamlitz, in das Internierte eingeliefert worden waren, Ketschendorf, Mühlberg und Neubrandenburg, ebenfalls mit Internierten als Insassen, Bautzen mit SMT-Verurteilten und Buchenwald, wiederum mit Internierten gefüllt, während Sachsenhausen eine „gemischte Belegung" mit SMT-Verurteilten und Internierten erfuhr.

Insgesamt, das ist bereits dargelegt, wurden in diesen und einigen anderen Lagern, deren Namen noch zu nennen sein wird, 86 300 Menschen vom Leben zum Tode befördert. Über die ersten Belegungszahlen, die Kopfzahlen und die wechselnden Belegungen wurde wohlweislich nicht Buch geführt. Die Todesziffern stiegen in schwindelerregende Höhen. Einzige Zeugen dieses Sterbens waren die Totenkommandos und die Totengräber.

Hier die Auflistung der Belegungen und der mutmaßlichen Todeszahlen in den einzelnen Lagern, die nur ein vages Bild von den grauenhaften Zuständen zu geben vermögen.

Konzentrationslager Berlin-Hohenschönhausen:

Das Lager wurde provisorisch in einer ehemaligen NSV-Großküche eingerichtet und lag in Hohenschönhausen an der Freiwalder Straße. Alle aus politischen Gründen in Berlin festgenommenen Menschen wanderten zunächst in dieses Lager, das später in das „Speziallager Nr. 3" umgewandelt wurde. Die Belegung zählte bereits im Juli 1945, nach knapp zweimonatigem Wüten der Denunzianten und Schergen, etwa 5000 Häftlinge. Diese wurden von hier aus in die Konzentrationslager Ketschendorf, Sachsenhausen und Weesow weitergeleitet, um Platz für „nachrückende Nazis" zu machen. In Berlin-Hohenschönhausen starben 3100 „Nazis" zum Teil einen grauenvollen, langsamen Tod.

Die Internierten waren Blockleiter und Zellenwarte gewesen, sie hatten für die Volkswohlfahrt gesammelt oder für das Winterhilfswerk. Die Kreisleiter der Partei waren bereits höhere Chargen, die es besonders zu schuriegeln galt. Kleine Parteigenossen, die durch ihren Beruf als Lehrer etc. mehr oder minder in diese Partei geschoben worden waren, konnten sich von einer Festnahme und Ablieferung in einem der Camps nicht freikaufen. Wer in der Hitlerjugend als Gefolgschaftsführer oder im Jungvolk als Fähnleinführer oder Stammführer agiert hatte, den traf das gleiche Verhängnis. Mitglieder des BdM und der NS-Frauenschaft, der Organisation Todt und des Reichsarbeitsdienstes: alle waren sie „Futter für die Zuchthäuser und Konzentrationslager".

Das im Juni 1945 eingerichtete Konzentrationslager *Bautzen* wurde in der Landesstrafanstalt Bautzen eingerichtet und erlangte hier den „Ehrennamen" „Gelbes Elend". Es war das „Speziallager Nr. 4" des NKWD und mit solchen Häftlingen belegt, die vor den Tribunalen des Sowjetischen Militäradministration verurteilt worden waren. Sie waren sämtlich ebenfalls „Politische". Die Häuser 2 und 3 und die Innenbaracken in Bautzen waren ihre Unterkünfte. Internierte wiederum waren in den Außenbaracken untergebracht.

Erst im Jahre 1948 wurden die ersten 4000 Häftlinge aus Bautzen entlassen. Überwiegend schwerkrank und am Rande des Kollaps wollte man sie nicht mehr haben. Dennoch blieb die Belegungszahl auch nach dieser Entlassungswelle konstant bei etwa 8000 Häftlingen. Im „Gelben Elend" zu Bautzen saß seit September 1948 auch Walter Kempowski ein. Er war zu 25 Jahren Zuchthaus verurteilt. In seinem 1969 erschienenen Werk „Der Block" hat er seine achtjährige Haft in diesem Bau des Schreckens in beeindruckender Weise dargestellt.

Aus seinem Report in der WELT vom 24. Februar 1990 mit dem Titel „Runden drehen im ‚Gelben Elend'" sei ein kurzer Ausschnitt zitiert, der mehr als alle anderen nüchternen Zahlen über die Belegung und die in Bautzen inhaftierten Menschen aussagt: „Ich stieg auf meinen Zellenschemel und sah aus dem Fenster. Da draußen gab es etwas zu sehen: Auf dem Gefängnishof fand der sogenannte Spaziergang statt, da wankten in Achterreihen etwa 400 Häftlinge immer rundherum. Nach einer halben Stunde rückten sie ein und andere Häftlinge quollen auf den Hof, wieder 400, auch sie in Achterreihen. Alle halbe Stunde wurden sie abgelöst, so ging es den ganzen Tag. 8000 Häftlinge wurden im „Gelben Elend" festgehalten, das war leicht zu errechnen."

Im Januar 1950 – die „Staatsführung der DDR" hatte die Konzentrationslager von der UdSSR übernommen – wurden von den noch verbliebenen 1350 Internierten 650 entlassen. Von den 7700 Strafgefangenen sahen 2300 die Freiheit wieder. Es waren in der überwiegenden Mehrzahl „Minderbestrafte". Etwa 700 Internierte wurden zu ihren Prozessen nach Waldheim geschafft, von dem später noch ausführlich die Rede sein soll. Die verbliebenen 5400 politischen Häftlinge aber wurden den Organen der Volkspolizei übergeben.

Im „Gelben Elend" waren die Todeszahlen unter den Häftlingen besonders groß. Nach knappen Schätzungen sind hier etwa 18000 Tote zu beklagen gewesen. Sie wurden auf dem „Karnickelberg", in den Splittergräben des Zweiten Weltkrieges außerhalb des Lagers, verscharrt.

Das ehemalige Konzentrationslager Buchenwald, das am 21. August 1945 „wiedereröffnet" wurde und bis zum Frühjahr 1950 Häftlinge jeder politischen Coleur aufnahm, hatte bis zum Juli 1945 zur Besichtigung für die Bevölkerung freigestanden. Dort sollten die ehemaligen Nazis und alle, die sie gewählt hatten, persönlich erkennen lernen, wie die Nazi-Schergen gehaust hatten. Dann erfolgte plötzlich über Nacht die Schließung, und am 12. August 1945 wurde dieses Ex-KZ als „Speziallager Nr. 2" „erneut in Betrieb genommen". Halter und Besitzer war der NKWD der Sowjets.

Was man hier zu recht angeprangert hatte, das wurde nun mit einer Abscheulichkeit weitergetrieben, die jeder Beschreibung spottet. Nirgendwo in der Welt dürfte es ein Konzentrationslager geben, das beiden Seiten als Vernichtungsstätte gedient hat, als hier in Buchenwald. Während in Nürnberg KZ-Wächter von vor 1945 vor Gericht standen, ging im KZ Buchenwald das Schlagen, das Morden und Schikanieren weiter. Aus den NKWD-Gefängnissen in Thüringen kamen sie in hellen Scharen. Später wurden auch die überlebenden Internierten aus den Konzentrationslagern Jamlitz, Ketschendorf, Landsberg/Warthe, Mühlberg, Neubrandenburg und Torgau hierhergebracht.

Buchenwald beherbergte wieder 12 000 KZ-Häftlinge, diesmal der Siegermächte. Was mit Recht als zutiefst unmenschlich gebrandmarkt wurde, erlebte ein neues Praktikum. Nach der Entlassung von 8000 minder Belasteten im Sommer 1948 und nach weiteren Entlassungen im Januar 1950, bereits unter DDR-Regie, wurden anschließend 2154 Häftlinge in das Zuchthaus Waldheim verlegt, um dort auf ihre Prozesse zu warten. In Buchenwald sind etwa 8000 Häftlinge und Internierte gestorben. Sie wurden an der Nordostseite des Lagers, wo ein Wäldchen diese Arbeiten den Blicken entzog, in Massengräber geworfen und zugekippt oder in einer Schlucht bei Hottelstedt verscharrt.

Wenn Sie dies lesen, müssen Sie sich vorstellen, daß dies alles nach der von hohen deutschen Politikern immer wieder so genannten „Befreiung" geschah. Hier aber wurde lediglich von der Freiheit oder aber vom Leben „befreit". Als im September 1958 von der DDR-Regierung im KZ Buchenwald eine Gedenkstätte für die Opfer des Nationalsozialismus eingeweiht wurde und 1970 Bundeskanzler Brandt anläßlich seines Besuches in Erfurt auch dorthin fuhr, um einen Kranz niederzulegen, fiel natürlich kein Wort zum Gedächtnis an jene 8000, die Opfer der kommunistischen Willkürherrschaft geworden waren. Sie waren, frei nach den Worten der sowjetischen Eroberer von Berlin, „faschistisches Getier".

Im Konzentrationslager Frankfurt/Oder befand sich das Hauptdurchgangslager für deutsche Kriegsgefangene, die in die UdSSR abtransportiert wurden. Entgegen den Regeln der Genfer Konvention, der die Russen allerdings aus gutem Grund nie beigetreten waren, wurden in Deutschland gemachte Kriegsgefangene nach Kriegsschluß in die UdSSR transportiert. Unter diesen Verschleppten befanden sich allerdings *auch* politische Häftlinge.

Die Lager befanden sich zum einen in der Dammvorstadt ostwärts der Oder, ferner in einem Häuserblock an der Wachsbleiche. Ein drittes war bei der Hornkaserne eingerichtet worden. Dort lagen die Gefangenen und Verschleppten unter freiem Himmel. Die Belegungsstärke belief sich im Sommer 1945 auf 7000 Menschen. Frankfurt/Oder war gewissermaßen der „Umschlagplatz" für die Ware Sklaven und demzufolge dauernder Fluktuation unterworfen. Dies erlaubte keine annähernd genauen Zahlen der Schätzung über dort eingetretene Todesfälle. Hier differieren die Angaben zwischen 4000 und 6000 Menschen. Sie wurden auf dem Freigelände südlich des Lagers in Massengräbern – in deren Anlage die Sowjets ja seit Katyn Meister waren – verscharrt.

Graudenz in Westpreußen wurde im November 1945 als Sammellager für Flüchtlinge angelegt. Die Flüchtlinge wurden aufgegriffen und in das dortige Strafgefängnis geschafft. Von dort aus ging es in verschiedenen Transporten in die UdSSR. Ab November richteten die Sowjets hier ein Konzentrationslager ein, in dem Häftlingstransporte aus Oppeln, Ratibor, Tost und den verschiedensten Haftanstalten der Umgebung geleitet wurden. Das Lager quoll über. Die sanitären Einrichtungen, die Versorgung und die ärztliche Betreuung waren gleich Null. 2500 Häftlinge kamen nach der Auflösung des Lagers in das Lager Fünfeichen bei Neubrandenburg. Etwa 500 wurden entlassen. Im großen weiträumigen Hinterhof des Zuchthauses Fünfeichen mußten die Gefangenen und Häftlinge jene Massengräber ausschachten in denen die 4800 Toten eingescharrt wurden.

Das Konzentrationslager Jamlitz bei Lieberose, an der Bahnstrecke Frankfurt/Oder–Cottbus gelegen, wurde im September 1945 eingerichtet. Es war binnen kürzester Zeit mit 5000 Häftlingen belegt. Diese kamen aus Cottbus und Guben und auch aus Frankfurt/Oder, Posen und Ketschendorf. Im Verlaufe seines Bestehens von 19 Monaten kamen hier 4000 Häftlinge ums Leben. Das, was noch lebte, wurde nach Mühlberg und Buchenwald transportiert. Die 4000 Toten wurden in einer Schonung ostwärts der Bahnlinie Richtung Guben in Massengräbern verscharrt.

Ketschendorf bei Fürstenwalde war eines der ersten Lager, in denen eingefangene „Nazis" eingeliefert wurden. Bereits im

Mai 1945 schickten die Schergen der SMA Häftlinge dorthin. So wurde Ketschendorf zum „Speziallager Nr. 5" mit 5200 Häftlingen. Diese blieben bis Februar 1947 hier. Der Rest, ein Aufräumungskommando in Stärke von 50 Personen, wurde zur Sicherheit, daß auch nichts über die katastrophalen Zustände an die Öffentlichkeit dringen könne, ins Lager Buchenwald deportiert, aus dem nur einige wenige in die Heimat zurückkehrten, um von diesem Mordlager Zeugnis abzulegen. Hier war nach den Aussagen der wenigen Überlebenden die Sterblichkeit besonders hoch. Nicht weniger als 5300 Tote sollen im Niemandsland zwischen dem Lager und der Autobahn ebenfalls in Massengräbern verscharrt worden sein.

Landsberg/Warthe wurde ebenfalls bereits im Juni 1945 eingerichtet, aber bereits im Januar 1946 wieder aufgelöst. Die Häftlinge lagen hier in den völlig überfüllten Stuben der „Walter-Flex-Kaserne" auf dem Krähenberg. Dies war ein Sammel- und Durchgangslager, in das jene 1800 Häftlinge, die in den überfüllten Berliner Gefängnissen keinen Platz mehr gefunden hatten, eingeliefert wurden. Zu ihnen gesellten sich 3000 Häftlinge aus dem KZ Weesow sowie 2000 aus Posen und Frankfurt/Oder.

November 1945 wurde hier ein Transport zusammengestellt, dessen Ziel Breslau war. Zu diesem Transport gehörten 2000 Menschen. Die Fahrt dorthin dauerte sechs Tage (!). Während dieser Fahrt gab es keine Nahrung. 100 Häftlinge starben. In Breslau war kein Platz für sie, deshalb wurden sie wieder auf demselben Wege nach Landsberg zurückgeschafft. Die Verpflegung in Landsberg bestand in 160 Gramm Röstbrot und einer Messerspitze Konservenfleisch. Von den 2000 Teilnehmern des Todesmarsches nach Breslau lebten nach der Zählung eines Beteiligten im Juli 1948 noch 138. In diesem Lager starben nicht weniger als 3000 Häftlinge.

Im Konzentrationslager Mühlberg, das im September 1945 „eingerichtet" wurde – darunter verstand man im Jahre 1945 die Umgrenzung irgendeiner Fläche öden Landes mit einem dichten Stacheldrahtzaun –, hatten Häftlinge über drei Jahre vegetiert. Es avancierte zum „Speziallager Nr. 1". Von hier aus erfolgte eine Reihe Verschleppungsaktionen in die UdSSR. Aus den NKWD-Gefängnissen der SBZ trafen laufend neue Züge mit „Menschenmaterial" in Mühlberg ein. So schwoll die Belegungsstärke sehr rasch auf 12 000 Menschen an. Bei der Auflösung des Lagers im November 1948 wurden 7300 Häftlinge entlassen und 3000 nach Buchenwald geschafft. In Mühlberg starben in gut drei Jahren 7000 Menschen unter schrecklichen Umständen. Sie alle wurden im Gelände rings um den Schießstand nördlich des Lagers in Massengräbern eingescharrt. Hier sind die Mehrzahl der Gefangenen buchstäblich verhungert.

Der Juni 1945 sah auch die Einrichtung des KZ Oppeln. Alle Verhafteten aus dem Bezirk Oppeln und Umgebung gingen durch dieses Lager. Von hier aus wurden alle arbeitsfähigen Gefangenen der ehemaligen deutschen Wehrmacht und der Polizei herausgezogen und nach Bolko bei Oppeln in ein Speziallager geschafft. Von dort aus erfolgte der Abtransport zur Sklavenarbeit in die UdSSR. Insgesamt befanden sich bis zur Auflösung dieses Lagers 1400 Häftlinge dort hinter Stacheldraht. 300 von ihnen blieben irgendwo in der Umgebung verscharrt zurück.

Bereits im April 1945 wurde von der Roten Armee das KZ Posen eingerichtet. Es blieb ebenfalls nur bis Ende Dezember „in Betrieb". Das KZ lag im ehemaligen Ausstellungsdorf im Stadtteil St. Lazarus von Posen. Hier herrschte mit aller Brutalität der Oberst der Roten Armee, Orloff. Kriegsgefangene kamen hinzu. Später folgten aus den überfüllten Konzentrationslagern Ketschendorf und Schwiebus weitere Transporte nach. Dadurch wurde das Lager bald von 7000 Häftlingen belegt. Bereits im September 1945 begann aus Oppeln die Abtransportwelle. Es gelangten 1000 Menschen nach Jamlitz und 2000 nach Landsberg. Im Oktober wurden 2000 Ostarbeiter, überwiegend Russen und Angehörige der Wlassow-Armee, von hier aus in die UdSSR verbracht. Es waren „Heimkehrer", die sich mit Händen und Füßen gegen die „Repatriierung" zur Wehr setzten. Viele machten ihrem Leben ein Ende, als sie von dieser „Heimführung" erfuhren.

Am 31. Dezember 1945 wurde dieses Durchgangslager aufgelöst. Auch hier kamen etwa 1000 Menschen ums Leben, ohne daß auch nur ein Mensch von „draußen" nach ihnen zu fragen wagte.

In Sachsenhausen wurde nach der „Renovierung" am 10. August 1945 das Konzentrationslager der Nazis wieder „in Betrieb" genommen. Hier, bei Oranienburg, entstand das „Speziallager Nr. 7", in das der NKWD seine Verhafteten schickte. Die ersten 150 Häftlinge mußten zunächst als Vorkommando aus dem KZ Weesow herangeschafft werden, um das Lager herzurichten. Internierte ebenso wie Strafgefangene wurden nun nach Sachsenhausen eingeliefert. Gleichzeitig wurden auch in Sachsenhausen Transporte nach der UdSSR zusammengestellt und „abgefertigt".

Die Belegung dieses Lagers schwankte zwischen 11000 und 16700 Häftlingen. Zum KZ Sachsenhausen gehörte vom ersten Tage an bis zum Herbst 1947 auch ein deutsches Offizierslager. Hier wurden Offiziere der ehemaligen Deutschen Wehrmacht gesammelt, gedemütigt, geschlagen, ermordet. Wer alle Martern überstand, der wurde in die UdSSR verschleppt. Insgesamt gingen 60000 Strafgefangene und Internierte durch dieses Lager. Von ihnen starben 13000. In einer Schonung an der Landstraße Sachsenhausen–Schmachtenhagen, etwa 800 Meter landeinwärts, wurden diese Verhungerten, Erschlagenen und Erschossenen verscharrt.

Als am 8. September 1945 die ersten Häftlinge das KZ Torgau betraten, ahnten sie noch nicht, was ihrer dort harrte. Im Fort Zinna, dem ehemaligen Militärgefängnis, wurden bis zum Januar 1946 7000 Häftlinge untergebracht. Im Mai 1946 begann ihre Verlegung aus dem Fort in die nahe gelegene Seydlitz-Kaserne. Die Zahl der Internierten und Häftlinge war sprunghaft angestiegen, so daß das Lager nicht alle fassen konnte. Von hier aus wurden in den Monaten Dezember 1946 und Januar 1947 8600 Internierte in die KZ Kühlberg und Buchenwald verlegt. Das Restkommando von 135 Internierten, das im Februar und März die letzten Toten verscharren und die blutigen Merkmale dieser Totenstätte tarnen mußte, gelangte am 24. März 1947 nach Mühlberg. Der Aufenthalt der Häftlinge in Torgau dauerte meistenteils nur wenige Tage, ehe sie weitergeschafft wurden. Dennoch sind während der Belegung dieses KZ 600 Häftlinge auch hier „gestorben worden".

Die sowjetzonale Justiz räumte erst zu Beginn des Jahres

1950 Fort Zinna. Hier lagen noch immer 4000 Strafgefangene. Sie wurden in zwei Transporten am 27. und 30. Januar 1950 nach Torgau-Stadt geschafft und dort der Volkspolizei übergeben.

Übrigens ist auch heute noch das Fort Zinna unter der Bezeichnung „Strafvollzugsanstalt Torgau" in Betrieb. Damals wie heute sind dort politische Gefangene inhaftiert, von denen die „Minderbestraften" inzwischen entlassen wurden.

In Tost bei Großstrelitz in Oberschlesien in der dortigen „Heil- und Pflegeanstalt" wurden von Juni bis zum 27. November 1945 etwa 4500 Häftlinge umgebracht. Sie waren in drei Transporten aus Breslau und Bautzen gekommen. Im August 1945 wurden von dort aus 300 Volksdeutsche aus Polen und aus der CSSR abtransportiert. Sie waren Volksdeutsche, das hatte genügt, sie einzukerkern. Wohin sie verschleppt wurden, ist unbekannt, denn keiner der 300 kam jemals von dort zurück.

Nach Auflösung dieses Lagers gelangen die letzten 1100 Häftlinge in das KZ Graudenz. 700 Häftlinge wurden entlassen. Der „Rest" ist verschollen. In diesem Lager war die Sterbeziffer besonders hoch. Nicht weniger als 3000 Tote wurden in einer Kiesgrube, etwa 1000 Meter vom Lager entfernt, verscharrt.

Bliebe das KZ Weesow bei Werneuchen in der Mark. Dort richtete der NKWD bereits im Mai 1945 auf sechs Bauernhöfen des Dorfes unmittelbar nach ihren Einmarsch das erste KZ ein. Mit Nachdruck wurden jene Häftlinge zusammengetrieben, die wenig später mit Lastwagen, Bahn und im Fußmarsch fortgetrieben wurden. Ihre Ziele waren die KZ Frankfurt/Oder, Berlin-Hohenschönhausen, Neubrandenburg und Sachsenhausen. Als das Lager im August 1945 aufgelöst wurde, marschierten 2000 Häftlinge von hier aus zu Fuß nach Sachsenhausen. Zwei Männer, die nicht weitermarschieren konnten, „wurden durch Genickschuß erledigt". In den umliegenden Wäldern vergrub man während der wenigen Monate des Bestehens des Lagers 1500 Tote.

Bis Ende 1949 standen diese Lager ausschließlich unter russischer Verwaltung. Nach Gründung der DDR wurden sie den ostdeutschen Behörden übergeben. Alle waren streng gesichert und in der überwiegenden Zahl Vernichtungslager, die sogenannten „Speziallager" der NKWD, die nach dem „Prinzip der Selbstvernichtung" arbeiteten, was so viel bedeutete, daß die hier eingelieferten Menschen an Hunger und Epidemien starben, nur ein Teil wurde umgebracht. Daß den Leichen die Bekleidung genommen wurde und sie, lediglich mit einer Registriernummer versehen, eingescharrt wurden, verstand sich.

Das Lager Mühlberg beherbergte auch eine besondere Gruppe Deutscher. Hier ist ihre Geschichte:

Der Tod der deutschen Richter

Als die US-Truppen die Stadt Leipzig, die sie erobert hatten, am 1. und 2. Juli 1945 verließen, um sie der Roten Armee vereinbarungsgemäß zu übergeben, zogen die Sowjettruppen in die Stadt ein. Ihre erste Arbeit war die Verhaftung der 39 Richter des deutschen Reichsgerichtes. Sowjetische Geheimpolizei drang bei Nacht in deren Wohnungen ein, holte sie aus ihren Betten und schafften sie in das Lager Mühlberg an der Elbe. Daß man sie und ihre Häuser sofort ausplünderte und die Familien auf die Straße setzte, war ohnehin üblicher Brauch der Sowjettruppen.

Diese Richter sind nicht identisch mit den Richtern des Volksgerichtshofes, sondern Richter des Reiches, die seit vielen Jahren, einige seit Jahrzehnten, also auch während der Weimarer Republik, im Amt waren. Sie gehörten zum alten Reichsgericht. Einer jener 39 Mitarbeiter hatte sie denunziert und ihre Wohnungen angegeben. Dieser Denunziant gehörte schließlich zu den wenigen Überlebenden der Gruppe. Er wurde – versehen mit einem „Persilschein" des NKWD – auf freien Fuß gesetzt.

Die 38 übrigen Richter wurden in Mühlberg derart mißhandelt, daß 34 (!) von ihnen aus ungeklärter Ursache starben. Die letzten vier Überlebenden wurden nach Buchenwald geschafft und von dort aus anläßlich der Waldheimer Prozesse zur üblichen „Strafe für erwiesene Unschuld" mit 25 Jahren Zuchthaus bestraft. Einer von ihnen verstarb unmittelbar nach der Urteilsverkündung. Die drei noch überlebenden Richter kamen nach zum Teil 15jähriger Haft wieder in Freiheit.

Dieser völlig ungeklärte Tod von 34 deutschen Richtern binnen kürzester Zeit im KZ Mühlberg wurde nie aufgehellt. Niemand wagte, daran zu rühren. Nicht einmal heute! Allerdings erlebte er noch ein Nachspiel, das wohl als einziges Beispiel einer Erinnerung an diese Toten der sowjetischen Willkür gilt: Am 24. Oktober 1957 wurde in dem neuerrichteten Gebäude des Bundesgerichtshofes in Karlsruhe eine Gedenktafel enthüllt, die an jene insgesamt ums Leben gekommene 35 Richter erinnert. Der damalige Präsident des Bundesgerichtshofes, Dr. jur. und Dr. h.c. Hermann Weinkauff, hielt die Ansprache, die die „freie Presse" des Westens zu veröffentlichen „vergaß". Dies soll hiermit nachgeholt werden: „Nach dem Zusammenbruch des Jahres 1945 wurde in Leipzig der Sitz des Reichsgerichtes und der Reichsanwaltschaft am Reichsgericht zunächst von US-Truppen besetzt. Diese zogen nach zwei Monaten wieder ab, russische Truppen rückten ein.

Einige Wochen später wurden schlagartig an einem Tage 35 Mitglieder des Reichsgerichts und der Reichsanwaltschaft von der russischen Geheimpolizei verhaftet und zunächst in die Ortsgefängnisse, später in das KZ Mühlberg an der Elbe gebracht.

Unter den Verhafteten befanden sich beispielsweise die meisten Nichtparteigenossen am Reichsgericht und verschiedene bekannte, leidenschaftliche Gegner des nationalsozialistischen Regimes.

Warum starben diese Männer alle so rasch und so unaufhaltsam? Erlassen Sie mir die oft empörenden Einzelheiten ihrer Behandlung. Kurz zusammengefaßt kann man sagen: Sie wurden unmenschlich behandelt, sie waren unmenschlich untergebracht und ernährt, und sie wurden zu so unmenschlicher Arbeitsleistung gezwungen, daß jeder, der nicht ganz außergewöhnliche Kraftreserven besaß – körperliche wie seelische – diesem furchtbaren Regime rasch erliegen mußte. Sie sollten ihm erliegen, und sie sind ihm erlegen.

Die größte Schuld trifft den kommunistischen deutschen Lagerleiter, der von einem infernalischen Haß gegen das Reichsgericht beseelt war und der ständig und öffentlich verkündete, alle Reichsgerichtsräte müßten verrecken!

Ein Wort noch über die Frauen dieser Gemarterten. Niemals erhielten sie die geringste Nachricht, wo man ihre Männer hingebracht hatte, und was aus ihnen geworden war. Auch vom Tode ihrer Gatten erhielten diese Frauen keine Nachricht. Sehr viele Frauen hofften noch immer auf die Rückkehr ihrer Männer, die sie völlig unschuldig wußten, während diese bereits längst schmachvoll in irgendeinem Lager verscharrt worden waren.

Warum rühren wir heute an diese Dinge? Warum enthüllen wir heute im Bundesgericht diese schlichte Gedenktafel, die das Andenken an die Opfer eines mörderischen Regimes wachhalten soll?

Einmal müssen die Wahrheit und das Recht wieder siegen, und sei es auch nur in den Herzen der Menschen.

Es geziemt sich gerade für die Männer des Rechts, im Bekenntnis zu diesem Glauben, der unschuldigen Opfer und der Märtyrer des Unrechts zu gedenken, die stellvertretend für uns alle gelitten haben, ihr Andenken zu ehren und sich vor ihrem Schicksal in Ehrfurcht zu neigen.

Es geziemt sich besonders für den Gerichtshof und die Bundesanwaltschaft, das zu tun, weil der Bundesgerichtshof die Ehre hat, das Nachfolgegericht des Reichsgerichts zu sein und weil die Bundesanwaltschaft die Ehre hat, die Nachfolgerin der Reichsanwaltschaft zu sein.«

Der Mann, der dieses sagte, war ein anerkannter Antifaschist, der Autor eines solchen Werkes, wie jenes über „Das Widerstandsrecht". Er war der erste und er blieb der einzige, der versuchte, die unübersteigbaren Mauern des Schweigens zu durchbrechen, die um die Vernichtungslager gezogen worden waren. Die übrigen Stellen in der Bundesrepublik Deutschland waren nicht einmal protokollarisch am Schicksal dieser Hunderttausende Umgekommener interessiert.

Jene Werke, die von der Bundesregierung über solche und ähnliche Verbrechen ab 1945 zusammengestellt wurden, sind heute noch immer unter Verschluß. Im Falle der deutschen Richter wurde die Mauer eingerissen. Hoffen wir nur, daß auch alle übrigen deutschen Männer und Frauen, die ein ähnliches Schicksal erlitten haben, ihre Rehabilitierung erlangen, daß das ihnen entrissene Vermögen und die letzte Habe ihren Nachkommen zurückgegeben werden.

Eine gezielte Massendesinformation in der BRD stellt einzig und allein darauf ab, diese Vorkommnisse zu überdecken, indem man allen Deutschen den Mantel dauernder Schande umzuhängen versuchte, indem man ihnen einzuhämmern versuchte, daß sie alle Bestien seien, gewissermaßen nicht mehr als Ungeziefer, dessen Tod völlig ohne Belang ist, das man zertreten muß, um es nicht überhandnehmen zu lassen. Wer im Westen nach Kenntnis dieser Vorkommnisse noch immer für die Abschaffung der Erfassungsstelle in Salzgitter plädiert, der ist ein Mitwisser und durch sein Schweigen zum Mittäter geworden.

Zwar gibt es keine genauen Zahlen über die Ermordeten, die Verhungerten und die an Seuchen hinweggerafften Menschen. Aber während Stalin und Ulbricht, Grotewohl und Honecker von ihren „Hofsängern" mit Jubelhymnen bedacht wurden, starben sie: Die Zehntausende, ja Hunderttausende, wurden ihrer Habe beraubt und ihrer Freiheit. Sie wurden gedemütigt und verfolgt. Sie starben in den Lagern an schweren Krankheiten, die sie automatisch haftunfähig gemacht hätten. Aber Haftunfähigkeit kannte man in diesen Lagern nicht. Hier wurde weitergestorben. In den wenigen Haftkrankenhäusern ebenso wie in den Lagern gab es allerdings auch Ärzte, die ihrem hippokratischen Eid getreu halfen. Sie sind hier und heute aufgerufen, die Zahlen der Toten zu nennen.

Nach Kenntnis der hier vorgelegten Fakten wissen alle Leser, warum die SED-Schergen und ihre westdeutschen Duz- und Bruderkußfreunde die Zentrale Erfassungsstelle Salzgitter am liebsten in die Luft gesprengt hätten.

Was wir aber wollen und was jeder anständige Deutsche anzustreben hätte, wäre die Erfassung der Mörder und ihre Bestrafung. Was nicht anzustreben ist, wäre die Einrichtung einer dritten Generation von Konzentrationslagern und Straflagern, in denen nunmehr die Henker der DDR hineingetrieben und eines schlimmen Todes überantwortet würden.

Das will niemand! Denn der Gedanke an eine so blutige Rache, wie sie uns von Ilja Ehrenburg und anderen „Sängern" anempfohlen war, ist unmenschlich und eines jeden Menschen unwürdig. Doch die Art, einfach über die Geschehnisse einer 40jährigen blutigen Vergangenheit zur Tagesordnung überzugehen, wie dies allenthalben nicht nur propagiert, sondern sogar bereits praktiziert wird, wäre eine späte Verhöhnung und erneute Verurteilung der unschuldig verhafteten und gemarterten Menschen.

Wie sagte doch Walter Kempowski in seinem Report in der Welt: „Man sollte damit aufhören, Ulbricht und die Seinen als Hygieniker darzustellen. Und wir in der Bundesrepublik sollten aus der Wegwerf- nicht auch noch eine Weghörgesellschaft machen. Für eine allgemeine Beschönigungskampagne sollten wir uns zu schade sein."

Beschönigen ist hier völlig fehl am Platze, denn wer diese Arten der Diffamierung, von Mord und Totschlag beschönigt, dem ist nicht zu trauen, daß er nicht einmal später auch so verfährt und Menschen auf diese unsäglich verachtungsvolle Art und Weise vom Leben zum Tode befördert.

Verhaftungen,
SMT-Urteile, Waldheim-Prozeß

Politische Entwicklung
in der sowjetischen Besatzungszone

Nach Gründung der einzelnen Parteien in der SBZ kam es am
14. Juli zur Bildung einer „Einheitsfront der antifaschistisch-demokratischen Parteien aus KPD, SPD, CDUD und LDPD zum
Antifa-Block. In der „Berliner Konferenz" der Siegermächte zu
Potsdam wurden am 2. August die Beschlüsse zur Entnazifizie-
rung, Entmilitarisierung und Demokratisierung Deutschlands
gefaßt.

Am 27. Juli bereits war die Bildung von elf deutschen Zentral-
verwaltungen laut Befehl der SMA Nr. 17 erfolgt. Am 10. und
27. August wurden die Konzentrationslager Buchenwald und
Sachsenhausen – wie bereits dargelegt – wieder „in Betrieb" genommen.

Beginn der Verhaftungswelle war der 27. August 1945. Ausgelöst wurde sie durch den Befehl Nr. 42 der SMAD. Helfer
der Russen verhafteten ehemalige Mitglieder der Deutschen
Wehrmacht ebenso wie jene der SA, SS, NSKK; der Gestapo
ebenso wie der Volkswohlfahrt, des Jungvolks und der Hitlerjugend und aller übrigen Formationen und Verbände, einschließlich der Funktionäre wie Blockwarte, Luftschutzwarte und
Kreisleiter.

Mit der Enteignung der Junker, nach dem Motto „Junker-
land in Bauernhand" wurde die Bodenreform eingeleitet und
am 3. Oktober alle ehemaligen „Nazis" aus der Justiz entfernt.
Die Verordnung über die Bodenreform, die die Enteignungen
ermöglichen sollte, wurde bereits am 3. September erlassen. Zu-
erst in Sachsen; alle übrigen Länder folgten bis zum 11. September nach. Aller Grundbesitz über 100 Hektar wurde enteignet
und 7000 „Großagrariern" insgesamt 2,5 Millionen Hektar
Landes, das ihnen über viele Generationen hinweg gehörte, ent-

schädigungslos entrissen. Hinzu kamen 600 000 Hektar Land aus dem Besitz führender Nazifunktionäre oder aus Staatseigentum. Insgesamt bedeuteten diese Flächen 35 Prozent der landwirtschaftlichen Nutzfläche der SBZ. In Mecklenburg waren es 54 Prozent.

2,1 Millionen Hektar davon wurden an „Neubauern" verteilt. Weil sie Parzellen erhielten, die größtenteils weniger als 20 Hektar groß waren, konnten diese Neubauern nicht rentabel wirtschaften, selbst wenn sie – was nicht immer der Fall war – etwas von der Landwirtschaft verstanden (diese allein nicht lebensfähigen Betriebe wurden 1952 zu ersten Landwirtschaftlichen Produktionsgenossenschaften umgewandelt). Otto Grotewohl, der Führer der SPD in der sowjetischen Besatzungszone, begrüßte die Enteignung mit den Worten: „Diese Bodenreform bedeutet die Beseitigung des verderblichen Einflusses der Junker auf die Geschicke Deutschlands. – Sie waren Feinde jeder freiheitlichen Entwicklung Deutschlands."

Allein die CDU-Führung in der SBZ lehnte jede Enteignung privater Eigentümer ab. Dies war der Grund dafür, daß die SMAD dem ersten Vorsitzenden dieser Partei, Andreas Hermes, und seinem Stellvertreter, Walter Schreiber, ihr Vertrauen entzog und sie am 19. Dezember 1945 absetzte. Jakob Kaiser und Ernst Lemmer wurden ihre Nachfolger. Womit gleich zu Beginn deutlich wurde, wer in der SBZ das Sagen hatte und was die Parteien waren: Marionetten in der militärischen Führung der Besatzer.

Als politischer Berater von Marschall Tschuikow, OB der SMAD, bemerkte Wilhelm Pieck ebenfalls zur Enteignung: „Aus den Kreisen der Junker und Fürsten kamen die Kommandeure von Hitlers Reichswehr. Es war Marschall Stalin, der vorschlug, daß die Grenze bei 100 Hektar liegen sollte. So haben wir es dann ausgeführt." (Siehe: Zimmer, Dieter: Auferstanden aus Ruinen)

Am 21. Dezember fand die Konferenz des ZK der KPD und des Zentralausschusses der SPD in der SBZ statt. Am Ende dieses Treffens stand jener Beschluß, die Vereinigung beider Parteien vorzubereiten. Diese fand dann nach einigem Gerangel und einer großzügigen Postenverteilung am 21. und 22. April

1946 in Berlin statt. Die Vorsitzenden beider Parteien, Pieck und Grotewohl, besiegelten diesen unseligen Bund durch Handschlag. Was es alles damit auf sich hatte, ist einem späteren Abschnitt vorbehalten.

Der Volksentscheid in Sachen „Enteignung der Betriebe von Naziverbrechern, Kriegsverbrechern und Naziaktivisten" wurde am 30. Juni 1946 getroffen. Am 16. August waren die am 24. Juli beschlossenen Verordnungen der Landes- und Provinzialverwaltungen von Thüringen, Sachsen-Anhalt, Mark Brandenburg und Mecklenburg über die „allgemeine Enteignung von Kriegsverbrechern und Naziaktivisten" durchgeführt worden.

Der 15. November 1946 sah die Veröffentlichung eines Entwurfs einer Verfassung für die Deutsche Demokratische Republik durch den Parteivorstand der SED, und 14 Tage darauf wurde die Aufstellung der deutschen Grenzpolizei beschlossen. Letzteres aufgrund einer Weisung der SMAD. Der Aufruf des Parteivorstandes der SED zu einem Volksentscheid über die Bildung des deutschen Einheitsstaates als Einleitung einer Massenbewegung für alle Besatzungszonen erfolgte am 1. März 1947.

Auf einer vom 6. bis 7. Juni stattfindenden Konferenz der Ministerpräsidenten der deutschen Länder in München legten die Ministerpräsidenten der SBZ einen Antrag vor, der die Erörterung der Bildung einer deutschen Zentralverwaltung zum Thema hatte. Diese sollte unter Teilnahme aller politischen Parteien erfolgen und die Gewerkschaften hinzuziehen, was ganz im Sinne der Einheitsbestrebungen der SED und unter Führung der SED stand. Als dieser Antrag abgelehnt wurde, zogen die Teilnehmer der SBZ aus dem Konferenzsaal aus. Am 6. und 7. Dezember fand in der SBZ der Deutsche Volkskongreß „für Einheit und gerechten Frieden" statt. Als sich die beiden Vorsitzenden der CDUD, Jakob Kaiser und Ernst Lemmer, nicht daran beteiligten, wurden auch sie von der SMAD für abgesetzt erklärt.

Erst am 10. März 1948 wurde die ostzonale Entnazifizierungskommission aufgelöst. Sie hatte bis dahin ganze Arbeit geleistet. Die Strafverfolgung weiterer Nazis wurde nunmehr den

Gerichten der SBZ übertragen. Jetzt konnten die direkten Haß-
attacken Deutscher gegen Deutsche beginnen. Sie wurden von
allen Gerichten der SBZ sanktioniert.

Staatsgründung in der DDR

Am 7. Oktober 1949 erfolgte die Gründung der DDR in Ostberlin. Zugleich damit die Bildung einer provisorischen Regierung. Die Konstituierung des Deutschen Volksrates als proviso-
rischer Volkskammer schloß sich an. Dazu Wladimir Semjonow: „Die Überlegungen, einen eigenen Staat in unserer Zone
zu gründen, waren eine Antwort auf die entsprechenden Maßnahmen im Westen: Die Gründung der Bizone, die separate
Währungsreform und so weiter."

Auch die Gründung eines separaten Staates in Westdeutschland war vor jener in der SBZ erfolgt. Und zwar am 23. Mai
1949 mit der Verkündung der Westalliierten über das Grundge-
setz der Bundesrepublik Deutschland. Ostberlin wurde zur
Hauptstadt der DDR erklärt. In einem Grußtelegramm aus
Moskau sprach Stalin dem Präsidenten der DDR, Wilhelm
Pieck, und dem Ministerpräsidenten, Otto Grotewohl, am
13. Oktober seine Glückwünsche aus und erklärte den Tag der
Staatsgründung zu „einem Wendepunkt in der Geschichte Europas".

Der zweite deutsche Staat auf deutschem Boden war errichtet, die Teilung Deutschlands auch nach der Überzeugung
westdeutscher Experten „auf immer zementiert". Beinahe auf
den Tag zeitgleich begann der Exodus der Bürger der DDR aus
dem Osten nach dem Westen, der sich zur Massenflucht aus-
weitete und die „Abstimmung mit den Füßen" einleitete, die zu
keiner Zeit abbrach und schließlich im Jahre 1989 zu einer entscheidenden Wende führen sollte.

Während in den drei Jahren vom Herbst 1946 bis zum Herbst
1949 etwa 300000 Menschen der SBZ den Rücken kehrten,
gingen im letzten Quartal des Jahres 1949 allein etwa 140000
über die grüne Grenze. Die DDR hatte bis zu ihrer Gründung
bereits eine halbe Million Menschen durch ihren Auszug verlo-

ren. Von den 19,5 Millionen zurückbleibender Bürger zweifelte niemand, daß diesem Staat nur ein kurzer Bestand gewährt sein würde, ehe die Wiedervereinigung alle Deutschen zusammenführen werde. Doch das sollte eine gewaltige Täuschung sein.

Mit dem Einzug in den Warschauer Pakt im Mai 1955 und der Einbeziehung der Bundesrepublik Deutschland in die westliche Verteidigungsgemeinschaft erhielt das Provisorium DDR eine Dauerhaftigkeit, die durch keinen noch so gravierenden Niedergang beseitigt werden konnte. Drei Tage nach der Staatsgründung der DDR wurde die sowjetische Militäradministration aufgelöst. An ihre Stelle trat die Sowjetische Kontrollkommission. Alle Verwaltungsfunktionen wurden der neuen Regierung übertragen. Der 11. Oktober sah die Wahl von Wilhelm Pieck zum Präsidenten der DDR. Am darauffolgenden Tage wurde die Regierung unter Ministerpräsident Grotewohl durch die Volkskammer bestätigt. Die Aufnahme diplomatischer Beziehungen zur UdSSR erfolgte am 15. Oktober. Zwei Tage darauf schlossen sich die Satelliten der UdSSR – die CSSR, China, Albanien, Nordkorea, Polen, Rumänien und Ungarn – der Anerkennungswelle an.

Bereits im Oktober 1948 waren die Betriebsräte aufgelöst worden. Der Freie Deutsche Gewerkschaftsbund – fest in den Händen der SED – bemühte sich, ein System der Ausbeutung à la Stachanow in der DDR einzuführen. Es wurde sehr bald in dem Aktivisten Hennecke gefunden, der seine Arbeitsnorm über 300 Prozent erfüllte. So wurde der „Obermalocher Hennecke zum Vorbild aller übrigen Arbeiter und ermöglichte das Ausbeutersystem mit entscheidender Hilfe der Gewerkschaft, die diese Leistungen für alle Arbeiter als verbindlich erklärte und jeder Normenerhöhung willfährig zustimmte". (Jörg Feith: Berlin-Kladow)

Am 27. Oktober 1949 verkündete die Deutsche Wirtschaftskommission der DDR die Gründung einer staatlichen Handelsorganisation – HO –, um „der Bevölkerung die Möglichkeit zu geben, außerhalb der rationierten Versorgung gewerbliche Gebrauchsgüter und Lebensmittel zu erwerben".

Für ein Mehrfaches des Preises, versteht sich. Bis dahin gab es also in der SBZ und in der DDR immer noch das Rationalisierungssystem der Kriegszeit. Alles, was die Menschen benötigten, gab es nur auf Marken und Bezugsscheinen. „HO", das war für die Bewohner der DDR, denen Vergleiche mit Westdeutschland möglich waren, die Kürzel für ein gigantisches Ausbeutungssystem nach sowjetischem Vorbild. Hinzu kam das Bemühen der SED, Bodenschätze, Banken und Versicherungen, Schwerindustrie, Chemiewerke und andere Schlüsselindustrien zu verstaatlichen, den Mittelstand und das Kleinbürgertum zu liquidieren und die Privatsphäre ihrer Bürger soweit wie möglich einzugrenzen und ein alle Menschen umspannendes Spitzelsystem zu errichten.

Von der Verfolgung und entschädigungslosen Enteignung der Menschen und nach der nahtlosen Vernichtung der Nazis in den KZ und Zuchthäusern des Landes ging man zur Einschüchterung, Versklavung aller übrigen Bürger des Staates über und machte sie zu willenlosen Werkzeugen der SED, die jede Bestimmung und jede Verlautbarung befolgten, auch wenn sich diese direkt gegen sie selber richteten. So nahm es nicht wunder, daß von 1949 bis 1954 der Anteil der Privatgeschäfte von vorher 82 Prozent auf 32 Prozent zurückging. Diese Maßnahme der SED wurde „Entprivatisierung" genannt. Auch der Großhandel der DDR ging zur Gänze in Staatshände über.

Diese Politik der Enteignungen, lies Beraubungen, der Bürger ertötete jede Privatinitiative und warf die DDR in jenes Vakuum, das erst in seiner ganzen gewaltigen Ausdehnung bekannt wurde, als die ersten westdeutschen Expertenkommissionen in den DDR-Betrieben Inventur machen und diesen Leichnam in Augenschein nehmen konnten, dessen Wiederbelebung Billionen an Deutschen Mark kosten würde.

Der junge Staat DDR – der in Westdeutschland die „sogenannte DDR" genannt werden mußte, wenn man sich keine Rüge einhandeln wollte – wurde durch alle diese Maßnahmen, von denen im folgenden einige im einzelnen aufgeschlüsselt werden sollen, verbunden mit einem bisher noch nicht dagewesenen Meinungs- und Gesinnungsterror, und schließlich dem Mauer- und dem Schießbefehl, zu einer Frühgeburt, deren Dahinsiechen letztlich mit dem völligen Untergang enden mußte. Daß auch die neue Staatsführung nicht mit dem Terror aufhörte und ihn zum Staatsterror machte, beschleunigte diesen Untergang in Raten.

Vernebelungsaktionen der Sowjets

Am 14. Januar 1950 schrieb der Vorsitzende der Sowjetischen Kontrollkommission in Deutschland, Armeegeneral Tschuikow, dem stellvertretenden Ministerpräsidenten Walter Ulbricht einen Brief, in dem er diesem mitteilte, daß laut Regierungsbeschluß seines Landes alle Internierungslager liquidiert werden würden.

Aus diesen Lagern würden 15 038 Personen entlassen, einschließlich jener 5 504 Personen, die vom SMT zu Strafen verurteilt worden seien. Dem Ministerium der DDR würden 3 432 Internierte übergeben. Es werde darum gebeten, ihre verbrecherische Tätigkeit zu untersuchen und durch Gerichte der Deutschen Demokratischen Republik abzuurteilen.

Ebenso würden der DDR 10 513 Verhaftete zur Verbüßung ihrer Strafen übergeben, die vom SMT verurteilt worden waren. „In den Händen der sowjetischen Behörden", so schrieb Tschuikow, „bleiben 649 Verbrecher zurück, die besonders schwere und gegen die Sowjetunion gerichtete Verbrechen begangen haben. Die Gebäude und Einrichtungen des Gefängnisses und des Lagers Bautzen werden dem Ministerium des Innern der DDR zur Verfügung gestellt. Die Gebäude der Lager Buchenwald und Sachsenhausen werden den sowjetischen Besatzungstruppen in Deutschland für wirtschaftliche und andere Hilfsdienste zur Verfügung gestellt.

Aufrichtigst, Ihr W. Tschuikow, Armeegeneral" (Siehe dazu: Stern, Joachim R.: Und der Westen schweigt)

Jene 3 432 Internierte der Sowjets sollten in den Waldheimer Kriegsverbrecherprozessen zur Verantwortung gezogen werden. Dieser Brief war ein Meisterwerk sowjetischer Verschleierungstaktik. Wer ihn liest, ohne die Hintergründe und die wirklichen Verhaftungsaktionen zu kennen, der ist des Glaubens, als seien nie mehr als diese genannten 29 632 Gefangenen und Internierten in sowjetischer Haft gewesen.

Diese Version wurde denn auch von Probst Grüber und Bischof Dibelius geglaubt. Sie hatten übrigens die Genehmigung erhalten, das KZ Sachsenhausen zu besuchen. Man hatte für sie den Theaterbau – noch von den Nazis errichtet – zu einer Art Potemkinsches Dorf umgebaut, wo ausgesuchte Häftlinge der Predigt von Bischof Dibelius lauschen konnten. In der „Täglichen Rundschau" berichtete denn auch Bischof Dibelius darüber, wie erfolgreich ihr Besuch in Sachsenhausen gewesen sei und wie gut es die politischen Häftlinge im Verhältnis zu ihren Vorgängern in diesem Lager gehabt hätten.

Politische Gefangene und ihre Bewacher

Nachdem die Volkspolizei die Internierten in den KZ übernommen hatte, erhielt sie auch die Befehlsgewalt über die Strafvollzugsanstalten Bautzen, Torgau, Hoheneck und Untermaßfeld, in denen die Verhafteten des SMT einsaßen. Für die 3432 Internierten wurde die ehemalige Landesstrafanstalt Waldheim in Sachsen zum neuen Ort der Einkerkerung. Da aber die Zahl der politisch Verurteilten täglich anstieg, mußten die Haftanstalten Brandenburg und Luckau hinzugenommen werden.

Die sowjetischen Tribunale übten entgegen dem Brief des Generals Tschuikow nach wie vor weiter ihre Verhaftungen aus. Alle politischen Straftaten und Verfahren wurden auch von diesem Zeitpunkt an weiter von ihnen bearbeitet und abgeurteilt. Die Justiz der DDR durfte sich nunmehr vor allem der Zeugen Jehovas und der Wirtschaftssaboteure annehmen.

Erst nach und nach übernahm der Staatssicherheitsdienst der DDR die sowjetischen Aufgaben und führte sie ebenso effektiv, wenn nicht besser durch. Die von den sowjetischen Behörden übergebenen 10 513 Verurteilten wurden von der Volkspolizei übernommen, ohne daß diese auch nur eine einzige Akte der Verurteilten erhielt. Sie hatten das zu glauben, was ihnen von der sowjetischen Führung gesagt wurde. So blieb den Verurteilten jede Chance, jemals wieder ihren Prozeß aufrollen zu können, versagt.

Am 1. März 1950 kam es deshalb und wegen einer an diesem

Tage verkündeten und einsetzenden Verschlechterung der Verpflegungssätze zu einem Aufstand in mehreren Strafanstalten. Hinzu kamen die vielen TBC-Fälle, die nicht etwa in Krankenhäuser eingeliefert wurden, sondern in ihren Massenzellen verblieben und der Ansteckung ein weites Feld eröffneten. Das Leben in solchen Zellen wurde denn auch sehr bald zu einem Inferno.

In den verschiedenen Haftanstalten der DDR war aus diesen Gründen das Leben nicht weniger gefährlich als in den KZ. Die größten Zuchthäuser für Polithäftlinge – neben den weiter betriebenen KZ – befanden sich in Brandenburg-Görden, in Bützow-Dreibergen, in Halle an der Saale – dem Roten Ochsen – und in Stallberg/Sachsen. Die Zuchthäuser Hoheneck, Luckau, Zwickau, Schloß Osterstein, Klein-Meusdorf bei Leipzig und vor allem Waldheim, mit einer Höchstbelegung von 5500 Menschen, kamen hinzu.

Die Kasernierte Volkspolizei schlug voll zu. Sie wurde von Interbrigadisten geführt, die im Spanienfeldzug gewütet hatten. Kommunisten und Sozialdemokraten aus Stalins Kollaborationsarmee, die Angehörigen des Nationalkomitees „Freies Deutschland", die in Rußland die ersten Sporen verdient hatten, indem sie deutsche Soldaten in Hinterhalte lockten und sie dort umbrachten, und jene Männer aus den Antifa-Lagern, „umgedrehte" Internierte, die damit ihr nacktes Leben retteten, waren die Bewacher und Henker zugleich. Deserteure und Überläufer ebenso wie professionelle Söldner übernahmen die Spitzenpositionen in der Nationalen Volksarmee und unterrichteten die Jugend der DDR im professionellen Töten, während deren Eltern noch immer in den Zuchthäusern schmachteten.

Die Kirchen wurden ebenfalls ins Abseits geschubst. Wie sagte noch der Abteilungsleiter Hauschild vom Landesvorstand Thüringen vor Parteifunktionären am 18. Januar 1950: „Für Marxisten-Leninisten ist es eine Selbstverständlichkeit, daß Religion Opium fürs Volk ist. An diesem alten kommunistischen Wahlspruch wollen wir festhalten.

Scharf im Auge zu behalten haben wir die Pfaffen. Wer von ihnen uns gefährlich wird, der muß beseitigt werden."

So wurden denn auch die Geistlichen bespitzelt, ihre Predigten überwacht und der SSD benachrichtigt, sobald man fündig geworden war. Beispielsweise in Kemberg, Sachsen-Anhalt, wo der evangelische Pfarrer Schomerus schon seit geraumer Zeit verdächtig war. Der SSD sorgte dafür, daß er eliminiert wurde. Er wurde der Kriegshetze, der Anstiftung zum Aufruhr und des Widerstandes gegen die Regierung der DDR angeklagt. „Boykotthetze" kam erschwerend hinzu, so daß das Neue Deutschland am 12. September 1951 berichten konnte: „Ein US-Agent entlarvt!"

In diesem Bericht trat Innenminister Josef Hagen mit einem offenen Brief dafür ein, daß die freie Religionsausübung gesichert bleibe, daß aber im Artikel 41 der Verfassung festgelegt sei, daß sie nicht zu verfassungswidrigen oder parteipolitischen Zwecken mißbraucht werden dürfe. Pfarrer Schomerus, der den Gottesdienst dazu benutze, die sozialen Errungenschaften der DDR zu diffamieren und die Bauern zur Sabotage ihrer Ablieferungen aufrufe, habe damit seine seelsorgerische Tätigkeit zu verbrecherischen Aktivitäten als Agent amerikanischer Kriegsvorbereiter betrieben.

Der Pfarrer wurde aus dem Dienst gejagt. Der Protest der evangelischen Kirchenleitung hielt sich, wie in allen übrigen Fällen auch, in Grenzen.

Lagerhaft in der DDR

Nach Übernahme der Häftlinge von der SMA durch die Volkspolizei in den ersten Monaten seit Bestehen der DDR wurden vom Justizministerium auch die kleineren Haftanstalten zum 1. Januar 1951 an das Ministerium des Innern übergeben.

Innerhalb der Hauptverwaltung Deutsche Volkspolizei wurde im Ministerium des Innern eine Hauptabteilung für den Strafvollzug eingerichtet. Ihr Chef wurde Generalmajor August Mayer. Auch er war aus der Sowjetunion gekommen, um den neuen demokratischen Arbeiter- und Bauernstaat aufzubauen. Auch er trug bereits für seine Verdienste den „Vaterländischen Verdienstorden der UdSSR" ebenso wie den Orden „Banner der Arbeit" und war einer jener 150prozentigen, die jeden Befehl ihrer Herren ausführten. So verdiente er sich schließlich den Namen „Bluthund der Gefangenen" mehr als einmal. Seine erste Aufgabe bestand darin, die KZ und Gefängnisse umzubenennen und damit die Tarnung vollkommen zu machen. So gab es nunmehr Strafvollzugsanstalten, Haftarbeitslager und Untersuchungshaftanstalten in der DDR.

Die Häftlingen waren in diesen „Anstalten" ebenso großer Schikanen ausgesetzt und ebenso großer Torturen wie früher in den KZ. Unter den Bewachern gab es einen großen Anteil Männer, die sich aus der „Vereinigung der Verfolgten des Naziregimes" rekrutierten. Diese kannten alle Martern und Foltern, hatten sie teilweise am eigenen Leibe erlebt und – übten sie nun ihrerseits aus. Mit Billigung dieses SED-Staates nahmen sie alle jene Torturen wieder auf. So auch das Spießrutenlaufen und die Prügelstrafe. Totschlag und raffinierte Foltermethoden sowie andere Schikanen wurden von ihnen eingeführt. So brachten sie diese Vereinigung, die sich der im Dritten Reich Inhaftierten angenommen hatte, mehr und mehr in Verruf.

Die in den Zuchthäusern tätigen „Operativgruppen" mit jeweils drei Wachzügen und einem Kommandoleiter, ferner das Personal des Aufsichtsdienstes waren für alles zuständig, was die Gefangenen direkt anging. Der gesamte übrige Verwaltungsapparat wurde ebenso wie der Wachdienst wieder von den Spitzeln des SSD überwacht. Darüber hinaus hatte das MfS in jede Strafanstalt ihre Offiziere eingeschleust, die alle übrigen Chargen zu überwachen hatten. Das Spitzelsystem bespitzelte sich selber.

Diese Offiziere wurden „Fürsorgeoffiziere" genannt. Sie hatten in bezug auf ihre Arbeit „gegen jedermann völliges Stillschweigen zu bewahren", weil sie mit Staatsgeheimnissen der DDR umgingen. Daß insbesondere das Verhältnis der Wachmannschaften zu den Gefangenen und Internierten bespitzelt wurde, verstand sich aus der Natur der Sache. Jeder, der versuchte, den Häftlingen in irgendeiner Weise beizustehen oder ihre Lage in irgendeiner Form zu verbessern, war ein Staatsfeind und fand sich in einer Nachbarzelle wieder.

Jede der genannten und der vielen hier nicht genannten Anstalten hatten in ihrem Monatsbericht die besonderen Vorkommnisse und alle Disziplinarverstöße ebenso zu melden wie die Art der Ahndung derselben.

Daß in jeder der Anstalten der „Haussadist" tätig wurde, schien unvermeidlich. Genannt seien hier einmal der berüchtigte Karzerkommandant in der StA Torgau, Hauptwachtmeister Gustav Werner, kurz „Eiserner Gustav" genannt. Dieser hatte während des Zweiten Weltkrieges als Krimineller in einem KZ gesessen und sich unmittelbar nach dem Kriege als Feldhüter betätigt. 1948 wurde er in die Volkspolizei übernommen.

Als er unbescholtene Jugendliche bei einer Ausweiskolonne krankenhausreif schlug, wurde er nach Torgau versetzt. Dort brauchte man solche Schlägertypen. Später kam er in die UHA Staßfurt. Die Häftlinge, die mit ihm zu tun bekamen, wußten Grausiges zu berichten. Sie wissen beispielsweise, daß er den politischen Häftling Horst Göllnitz, Major der ehemaligen Deutschen Wehrmacht, am 15. Juni 1950 mit einigen anderen Wächtern so zusammenschlug, daß Göllnitz einen Schädelbasisbruch erlitt und noch am selben Tage starb.

Der Studienrat Dr. Hermann Priester aus Rostock wurde am 18. Juni 1950 von Werner so zusammengeschlagen und getreten, daß er einen Oberschenkelbruch erlitt. Weil er nicht aufstehen konnte, wurde er vom „Eisernen Gustav" als Simulant beschimpft und so getreten, daß seine beiden Beckenknochen brachen. Ende des Monats starb der Studienrat.

Als der Häftling Otto Gebhardt Ende Juni 1950 aus dem Schälkeller der Anstalt, in dem er arbeitete, vier Kartoffeln mitnahm, wurden diese bei einer Filzung bei ihm gefunden. Hauptwachtmeister Werner ließ Gebhardt in den Karzer bringen. Dort wurde er mit Fußtritten und Knüppelschlägen so bearbeitet, daß er wenig später auf dem Revier starb.

Dieser „Eiserne Gustav" und viele, viele andere Schinder, unter ihnen auch der berüchtigte „Knüppelmeier" aus Bautzen, wurden hoch ausgezeichnet. Sie wurden wegen der von ihnen vom Leben zum Tode beförderten Menschen als „Wächter des Friedens und Kämpfer gegen den Imperialismus und seiner Helfershelfer" dekoriert und belohnt.

Obgleich viele dieser Verbrechen nach dem Westen durchdrangen, wurden sie in nicht einem Falle öffentlich gebrandmarkt. Die DDR, inzwischen in die UNO eingezogen, wurde nicht ein einziges Mal vor diesem Forum von der BRD der Menschenrechtsverletzungen und der Morde angeklagt, die in ihrem Namen begangen wurden, größtenteils noch mit ihrer ausdrücklichen Zustimmung.

Damals wie heute wird nicht nur von den direkt Beteiligten fieberhaft versucht, den Schleier des Vergessens darüber auszubreiten. Heute werden jene Menschen, die Haus und Hof, Habe und Freiheit verloren, durch die öffentlichen Medien auch in der BRD hingehalten. Man beschwört sie, nur ja nicht die armen SED-Schergen in der DDR zu verschrecken. Wer – so ist damals wie heute zu fragen – hat jene SED-Schergen beschworen, innezuhalten und die Morde und Foltern einzustellen? Wer hat darum gebeten, den entschädigungslos enteigneten Familien wenigstens die zum Überleben notwendige Habe zu belassen und sie nicht auch noch in die Verliese dieses Systems zu werfen?

Das „Projekt Politische Häftlinge" – über das noch zu reden sein wird – wurde in aller Stille und unter dem Tisch von der BRD mit Hunderten und Aberhunderten Millionen von harten Deutschen Mark bewältigt. Es wurde strengstes Stillschweigen vereinbart, um die „anderen politischen Häftlinge nicht zu gefährden". Man mußte schweigen. Wohin dieses Schweigen über 40 Jahre schließlich führte, das sieht heute jedermann, das wird heute mit allen Konsequenzen deutlich.

Was aber geschieht mit den Mördern? Was ist mit jenen bekannten Volkspolizisten, die sich jener Verbrechen schuldig gemacht haben, die aktenkundig wurden? Was ist mit jenen Staatsanwälten und dem seinerzeit amtierenden Generalstaatsanwalt der DDR, die Terrorurteile, von denen im folgenden Abschnitt die Rede sein soll, ausgesprochen haben? Sind sie durch jene Terrorgesetze gedeckt, wie allenthalben verlautbart wird? Haben sie Recht gesprochen? War das, was sie vertraten und was in den DDR-Gesetzbüchern verankert ist, noch Recht? Wurde durch dieses „Recht" nicht Völkerrecht verletzt?

Was ist mit jeder Sammlung von Völkerrechtsverletzungen in der SBZ und in der DDR, die von der BRD in Auftrag gegeben wurde und unter dem Titel „Geschichte der politischen Verfolgung in Mitteldeutschland bis 1969" fertiggestellt wurde? Warum wird diese Dokumentation, die mehr als alle Werke der auf diesem Gebiet arbeitenden Autoren den verbrecherischen Charakter der DDR dokumentiert und den SED-Staat als Unrechtssystem brandmarkt, nicht endlich freigegeben? Warum sollen mündige Bürger nicht erfahren, was sich jenseits der deutsch-deutschen Grenze an Unsäglichem abgespielt hat? Warum darf niemand wissen, was dort jenseits des Metallgitterzaunes und der Selbstschußanlagen im Namen des Gesetzes verbrochen wurde?

Warum sind, in genauer Fortsetzung dieser Verdummungsaktionen, westdeutsche Politiker *fieberhaft* darum bemüht, die Erfassungsstelle in Salzgitter zu schließen und deren Akten dem Reißwolf zu überlassen? Jeder Bürger, der wirklich mündig ist und zu denken versteht, erkennt genau die Absicht und ist nicht nur verstimmt.

„Politische Gefangene gibt es seit 1951 nicht mehr in der DDR!", so wurde verlautbart. Daß aber in der DDR von diesem Zeitpunkt an auf Weisung des DDR-Justizministeriums alle politischen Vergehen in kriminelle Handlungen umgewandelt wurden, erfährt nur jener, der sich die Mühe macht, diese Dekrete und Gesetze zu lesen.

In seinem Runderlaß mit dem Aktenzeichen – 4300-II 1365/51 erklärte Justizminister Fechner: „Heute wird in der DDR niemand mehr wegen seiner Gesinnung inhaftiert. Wer aber unsere antifaschistisch-demokratische Friedenswirtschaft stört, begeht eine strafbare Handlung und wird wegen seiner verbrecherischen Handlungen bestraft. Strafgefangene dieser Art sind deshalb auch keine politischen Gefangenen, sondern kriminelle Verbrecher. Die Bezeichnung dieser Strafgefangenen als politische Häftlinge wird daher untersagt."

So wurde mit einem neuen Etikett auf alte Normen das Land von politischen Gefangenen freigemacht.

Jugendliche „Verbrecher"
und der Befehl 201 der SMAD

Mit Beginn der Aktion „Rosa" ging der SED-Staat daran, nunmehr auch die Ostseeküste in den Enteignungsbereich einzubeziehen. Nachdem den Junkern das Land, den Fabrikbesitzern die Werke fortgenommen waren und die Privatunternehmen „verstaatlicht" wurden, sollten nun auch die Hoteliers an der Ostsee ihr Eigentum verlieren und dieses in die Hände des „Volkes" übergehen. Damit wollte sich der Staat auf billige Art und Weise in den Besitz von Pensionen und Hotels setzen, die er zur Erholung seiner eigenen Helfer und Schergen benötigte.

Sobald ein Hotelbesitzer als „Feind des friedliebenden SED-Staates" entlarvt wurde, nahm man ihm sein Eigentum fort. Agenten und Spione gab es genug, die sich für eine freie Woche in einem dazu vorgesehenen Hotel zur Verfügung stellten und ihren Brüdern den Judasdienst erwiesen. Vor den Sondergerichten, die unter Ausschluß der Öffentlichkeit tagten, wurden lediglich die Berichte dieser Spitzel verlesen. Sie galten immer als Beweis der Schuld des Bespitzelten. Eine Gegenüberstellung gab es nicht.

Das Haupttribunal dieses SED-Staates befand sich beim Staatssekretariat für Staatssicherheit in Ostberlin. SSD-Angehörige dienten hier als Richter, Anklagevertreter und Offizialverteidiger. Eigens für diese Sondergerichte ausgesuchte Volksrichter amteten in der bekannten Manier. Rechtsmittel gegen diese Urteilssprüche gab es nicht.

Um der Vielzahl der Prozesse Herr zu werden, wurden schließlich auch in den Bezirken der DDR Bezirksgerichte und Tribunale zusammengestellt. So allein konnte bis Ende Dezember 1951 die Fülle von 10 000 Sondergerichtsverfahren verhandelt und mit drastischen Urteilen abgeschlossen werden.

Das Tribunal von Zwickau

Am 3. Oktober 1951 wurde vor einem Zwickauer Sondergericht auch gegen 19 Schülerinnen und Schüler der Alexander-von-Humboldt-Schule in Werdau verhandelt. Sie standen unter der Anklage, „Boykotthetze gegen demokratische Einrichtungen betrieben, zu Völkerhaß und Kriegshetze aufgerufen und durch das Erfinden und Verbreiten falscher Berichte den Frieden der DDR und der Welt gefährdet zu haben". Was stand eigentlich hinter dieser bombastischen Anklage? Worauf gründete sie sich?

Die Schüler hatten die vom Direktor dieser Schule, Heß, vorgetragenen Thesen zur Geschichte und Gegenwartskunde der DDR angezweifelt. Als plötzlich Flugblätter in der Schule auftauchten, argwöhnte Direktor Heß, daß seine 12. Klasse diese Flugblätter selbst angefertigt haben könnte. Sie richteten sich gegen die Wiederwahl der alten Drangsalierer und waren mit Sprüchen wie „Stimmt mit Nein gegen Stalins ergebene Diener!" bedeckt.

Als zusätzlich auch noch im Februar 1951 das Todesurteil gegen den Oberschüler Hermann Josef Flade aus Olbernhau bekannt wurde, weil dieser antikommunistische Flugblätter hergestellt, sich bei seiner Festnahme – in ausbrechender Panik – mit einem Messer zur Wehr gesetzt und einen Volkspolizisten am Oberschenkel verletzt hatte, hagelte es nicht nur in der gesamten DDR Proteste, sondern auch in der Schule von Werdau. Wände und Mauern, sogar die Tafeln wurde mit dem großen „F" beschrieben, was soviel wie Freiheit bedeutete.

Die ersten Festnahmen erfolgten auch an der Werdauer Alexander-von-Humboldt-Schule. Acht Tage vor dem Abitur wurde die gesamte 12. Klasse, insgesamt 19 Schülerinnen und Schüler, festgenommen. Am 3. Oktober 1951 wurden sie um 10.00 Uhr zur Verhandlung ins Gerichtsgebäude geführt. Den besorgten Eltern verkündete Staatsanwalt Dr. Piehl: „Sie brauchen nicht auf Ihre Kinder zu warten. Wir werden sie bestrafen, wie sie es nach unseren Gesetzen verdienen."

Seine Anklagerede war denn auch entsprechend. Wenn man ihr Glauben schenken wollte, hatten die 19 Schülerinnen und

Schüler nichts anderes vor, als den Sturz der Regierung der DDR. Die Strafen waren ebenfalls entsprechend hoch. Joachim Gäble, der 17jährige „Anstifter", wurde zu 15 Jahren Zuchthaus verurteilt. Der 16jährige Kurt Eckhardt erhielt 14 Jahre Zuchthaus. Siegrid Roth wurde mit 12 Jahren Zuchthaus bestraft. Auch sie war erst 17 Jahre alt.

Insgesamt erhielten die 19 jungen Menschen 130 Jahre Zuchthaus. Dies für „kindliches Gewäsch, das in der BRD mit einem Achselzucken abgetan worden wäre". Was war das für ein Staat, der für junge Menschen, die noch unter dem Jugendstrafrecht standen, Zuchthaus für einige unbedachte Äußerungen verhängte? War das der Arbeiter- und Bauernstaat? War das überhaupt ein Rechtsstaat?

Menschenraub und Entführungen in der DDR

Wenn es darum ging, mißliebige Menschen unauffällig zu entfernen, schreckte weder die SMAD noch der SED-Staat vor Mitteln zurück, die dem finstersten Mittelalter angehörten: Entführung und Verwahrung an unbekannten Orten. Diese Entführungen fanden meistenteils völlig im dunkeln statt. Die Betroffenen verschwanden, ohne daß auch nur eine einzige Spur von ihnen zurückblieb. Es war dann so, als hätte es sie nie gegeben.

Andererseits schreckte man auch nicht vor öffentlich bekannten Entführungen zurück, wenn dies notwendig sein sollte. Fingierte Briefe und Telegramme lockten Menschen auch aus Westdeutschland nach dem Osten in die DDR, wo sie in vorbereitete Fallen liefen und auf Nimmerwiedersehen verschwanden.

Kleine, eigens zu gewaltsamen Entführungen ausgebildete und gedrillte „Greifkommandos" des SSD arbeiteten mit Giften und anderen Betäubungsmitteln, aber auch mit überfallartigen Angriffen, bei denen die „Objekte" zusammengeschlagen, in bereitstehende Autos gezerrt und entführt wurden. Seit Herbst 1949, dem Gründungsmonat der DDR, hatte die Westberliner Polizei 276 Entführungsfälle registriert. Die Dunkelziffer liegt um das Fünffache höher. Daß seit Ende des Krieges bis zu dem genannten Zeitpunkt allein in Berlin über 2000 Menschen spurlos verschwanden, sei nur der Vollständigkeit halber erwähnt.

Aktenkundig wurden Menschenraubaktionen erstmals im Jahre 1947, wenn auch seit den Tagen des Einmarsches der Roten Armee nach Deutschland nicht nur einige hunderttausend Deutscher von den einzelnen sowjetischen „Fronten" (Heeresgruppen) gefaßt und deportiert, sondern auch schätzungsweise 60 000 Kinder aus Heimen und anderswoher in die UdSSR verschleppt worden waren.

Der Journalist Dieter Friede aus Westberlin, Redakteur der Zeitung „Der Abend", verschwand spurlos über Nacht. Seine um Aufklärung des Falles bemühten Kollegen drangen bis zum Stadtkommandanten von Ostberlin, General Kotikow, vor. Dieser verkündete „bei meiner Offiziersehre", daß er nicht das geringste von dieser Entführung wisse. Als Dieter Friede acht Jahre später aus Workuta nach Berlin zurückkehrte, wurde offenbar, daß auch die Ehre eines sowjetischen Generals wohlfeil war.

Der Journalist Karl Wilhelm Fricke wiederum wurde ebenfalls aus Ostberlin entführt. In seinem Werk „Opposition und Widerstand in der DDR" und einem weiteren Werk mit dem Titel „Warten auf Gerechtigkeit" hat er ein beredtes Zeugnis seiner Entführung und seines Leidensweges abgelegt. Er wartet immer noch auf „Gerechtigkeit". Daß auch Vater und Mutter Frickes in DDR-KZ schmachteten, macht das Maß voll.

Die Fälle der Dr. Linse und Dr. Truchnowitsch erregten seinerzeit besonderes Aufsehen. Der Gewerkschaftsfunktionär Heinz Brandt wurde noch 1961 entführt. Dies hinderte seine Gewerkschaftskollegen nicht daran, mit den Gewerkschaften der DDR Bruderküsse und Grußbotschaften zu tauschen.

Die Waldheim-Prozesse –
Beispiele der DDR-Gewaltjustiz

Die berüchtigten Waldheim-Prozesse – Taschenausgaben der Nürnberger Prozesse, aber nicht minder tödlich –, die bereits einige Male anklangen, begannen am 21. April 1950. Insgesamt waren von der DDR-Justiz zwölf große und acht kleine Strafkammern eingesetzt, um die Masse dieser Prozesse in kürzester Zeit durchzuführen und die Angeklagten auch zu verurteilen.

In Handschellen wurden die Gefangenen und Beschuldigten zu viert unter starker Bewachung in ein Waschhaus neben dem Gerichtsgebäude geschafft. Hier warteten sie, bis die Reihe an sie kam. Auf dem Wege zum Gericht waren sie gefesselt und wurden von jeweils zwei Polizisten begleitet. Erst mit Betreten des Gerichtssaales wurden ihnen die Fesseln abgenommen. Die Beschuldigungen, die jenen von den Russen an die DDR überstellten Gefangenen und Internierten angehängt wurden, waren in keinem Gesetzbuch der Welt zu finden. Dennoch wurden sie alle zu einer Mindeststrafe von 20 Jahren Zuchthaus und mehr verurteilt.

Jeder Prozeß dauerte ungefähr zehn Minuten. Die Urteilsbegründung wurde jedem einzelnen Häftling am folgenden Tag zur Lesung vorgelegt und dann wieder – weggenommen. Dadurch hatten sie nie wieder Gelegenheit, diese Prozesse neu aufzurollen oder anzufechten. Eines der vielen Tausende an Urteilen und die Namen jener Richter, die es fällten, seien hier genannt. Tausende anderer können in den Aktenschränken der betreffenden Gerichte gefunden und ausgewertet werden. So urteilten die Landrichter Unger als Vorsitzender, der Landrichter Lindert als Beisitzer, die Schöffen Hildegard Schlosser, Adolf Zohles und Josef Broseck und die Staatsanwältin Schäffner und erkannten für Recht, daß der Angeklagte Karl B. eines Verbrechens nach KD 38, Abschnitt II, Artikel II, Ziffer 2 in Tateinheit mit einem Verbrechen gegen die Menschlichkeit nach KRG 10, Artikel II, Ziffer 1c, 2a und b als Hauptschuldiger zu lebenslänglichem Zuchthaus kostenpflichtig verurteilt wurde.

Als lukrativen Clou hatte die DDR-Gerichtsbarkeit nämlich

eine besondere Möglichkeit zur Bereicherung des Staates eingebaut, die der Staat auch hier wieder voll ausschöpfte. Sie verkündete: „Das Vermögen des Angeklagten wird eingezogen."

Die politische Überwachung des Waldheim-Prozesses war dem damaligen Ministerialdirektor des Innenministeriums Paul Hentschel übertragen worden. Aufgrund seiner „vorbildlichen" Arbeit avancierte er später zum Vorsitzenden des Rates des Bezirks Magdeburg. In den Waldheim-Prozessen wurden insgesamt 32 Todesurteile gefällt und etwa 40 000 Jahre Zuchthaus verhängt. Wilhelm Pieck begnadigte später sechs der zum Tode Verurteilten. Die Hinrichtung aller übrigen erfolgte in der Nacht zum 4. November 1950.

Die Verurteilten wurden in einem Keller, den man durch besondere Maßnahmen schalldicht gemacht hatte, auf einen Stuhl gestellt, ihre Hälse in die Schlingen gelegt und der Stuhl anschließend fortgestoßen. Die Leichen der vorher Hingerichteten blieben liegen, bis auch der letzte Delinquent diesen Weg gegangen war. Die Angehörigen erhielten später eine Benachrichtigung des Generalstaatsanwaltes ihrer Heimatbezirke mit dem Endsatz: „Nach der am 4. November 1950 erfolgten Vollstreckung des Urteils fand die Einäscherung und Beisetzung statt." Wo die Toten beigesetzt waren und in welcher Form, das blieb bis heute streng gehütetes Geheimnis des SED-Staates. Diese Floskel unterschrieb auch der Generalstaatsanwalt des Landes Sachsen, Welich.

Im Westen waren diese Schauprozesse bekannt. Sie wurden mit Schweigen übergangen. Die Künstler der DDR aber sangen ihre Hymnen auf den Tod der Verbrecher. Dennoch fand sich trotz aller Verketzerung und aller Propaganda auch im Westen eine Stimme, die sich gegen solche Willkürakte zur Wehr setzte. Sie soll an dieser Stelle besonders zitiert werden, weil sie beweist, daß es auch unter den Intellektuellen die eine Ausnahme gab.

Es war Thomas Mann, der als einziger seine Stimme erhob und gegen diese Terroruteile Widerspruch und Protest einlegte. In seinem Brief vom Juli 1951 schrieb er an Walter Ulbricht:

„In diesem Zusammenhang, Herr Ministerpräsident, möchte ich die Angelegenheit stellen, von der ich mir erlaube, zu Ihnen zu sprechen. Es handelt sich um die Prozesse – wenn dieses Wort am Platze ist –, die im April und Mai dieses Jahres in Waldheim (Sachsen) gegen 3000 und mehr Personen geführt wurden, welche vorher jahrelang zum Teil in Konzentrationslagern der deutschen Sowjetzone verwahrt waren.

Zur Rechtsprechung über sie wurden vom Landgericht Chemnitz zwölf große und acht kleine Strafkammern aufgestellt – Sondergerichte, obgleich meines Wissens nach einer Kontrollratsproklamation die Wiedereinsetzung von Sondergerichten verboten ist –, bei denen es an jedem Einschlag juristischer Vorbildung fehlte und fehlen sollte. Volksgericht also, deren Verfahren das Summarischste war.

Diese unglückseligsten, schon zertretenen, seelisch zerbrochenen und blutspuckenden, einem schnellen oder langsamen Tode anheimfallenden Menschenreste, waren angeklagt – und damit auch schon überführt – der Kollaboration mit dem nationalsozialistischen Herrschaftssystem. Wie ich über den Nationalsozialismus und den Faschismus im Allgemeinen denke, brauche ich hier nicht zu wiederholen.

Aber ich frage Sie, Herr Ministerpräsident – nicht rhetorisch ‚vor aller Welt‘, sondern als Mensch zu Mensch: Hat es irgendeinen Sinn, diese armen Kreaturen, schwache anpassungsbedürftige Durchschnittsmenschen, die es nicht anders wußten, daß man den Mantel nach dem Wind hängen muß – hat es einen Sinn, sie ganz im wildesten Stil des Nazismus und seiner Volksgerichte aburteilen zu lassen und damit der nichtkommunistischen Welt ein Blutschauspiel zu geben, das ein Ansporn ist zu allem Haß, aller Furcht, aller Propaganda für die Unvermeidlichkeit des Krieges und eine moralische Niederlage für alle, die diesen Krieg für das größte Unheil halten, das die Menschen treffen konnte?

Herr Ministerpräsident, Sie wissen vielleicht nicht, welches Grauen und welche Empörung, geheuchelt oft, aber oft auch tief aufrichtig, jene Prozesse mit ihren Todesurteilen – denn es sind lauter Todesurteile – auf dieser Weltseite hervorgerufen haben, wie nutzbar sie sind, dem bösen Willen, wie abträglich dem guten.

Ein Gnadenakt, großzügig und summarisch, wie die Massenurteile in Waldheim es in nur zu hohem Grade waren, das wäre eine solche gesegnete, der Hoffnung auf Entspannung und Versöhnung dienende Geste, eine Friedenstat."

Dieser Appell von Thomas Mann – auch er verdrängt und unpubliziert – blieb ohne Antwort und ohne Reaktion. Die Verurteilten von Waldheim kamen in den „normalen Strafvollzug". (Siehe auch dazu: Stern, Joachim R.: a.a.O.)

Vor dem Deutschen Bundestag

Der Deutsche Bundestag befaßte sich in seiner Sitzung vom 24. April 1952 insbesondere auch mit DDR-Gerichten und ihren Urteilen in Jugendstrafprozessen. Der Abgeordnete Blachstein erklärte, daß in der DDR allein im Jahre 1950 4300 Jugendliche vor dortigen Gerichten zu langjährigen Zuchthausstrafen verurteilt worden seien und daß auch das Jahr 1951 mit weiteren 2000 Verurteilungen keine Änderung dieser Haltung der DDR-Justiz zeige. Er erklärte, daß die Regelstrafe 25 Jahre Zwangsarbeit betrage und daß selbst die Verhängung der Todesstrafe an Jugendliche für anwendbar und zulässig erklärt und ausgesprochen worden sei.

Dies erschien beinahe allen Mitgliedern des Deutschen Bundestages angesichts der lächerlichen Beschuldigungen für unfaßbar. Allerdings zweifelte der Abgeordnete Fisch von der KPD diese Angaben an und erklärte, man müsse sie mit der gebotenen Skepsis betrachten; wie man übrigens solches „Propagandamaterial beider Seiten stets behandeln" müsse. Er meinte, daß eine solche Debatte besser unterblieben wäre, weil sie sich nicht auf Tatsachen, sondern auf „politische Märchen und Angaben von Spionage- und Agentenorganisationen stützten, die von ausländischen Mächten bezahlt werden".

Daß Fisch und seine KPD-Freunde in der Tat von ausländischen Mächten und vor allem aus der Staatskasse der DDR bezahlt und am Leben erhalten wurden, das wurde erst lange Jahre später offenbar. Zum Schluß seiner Ausfälle erklärte Fisch, er wolle hier und jetzt den soeben aus der DDR zurückgekehrten Innenminister Heinemann, CDU, zitieren. Dieser habe unmittelbar nach seiner Rückkehr seinen Abscheu vor den Machenschaften Westdeutschlands bekundet: „Die politische Untergrundarbeit jugendlicher Plakatkleber und dergleichen", so die Worte Heinemanns, „wurden von allen meinen Gesprächspartnern nicht nur abgelehnt, sondern schärfstens verurteilt. Man macht ihren westlichen Hintermännern einhellig den Vorwurf, daß sie unerfahrene Menschen in sinnlose Abenteuer verstrickten und dann nichts anderes zu tun wissen, als ihre drakonische Bestrafung propagandistisch auszuschlachten." (Gustav Heinemann trat wenig später aus der CDU aus und nannte dafür Gewissensgründe. Ob er das glaubte, was man ihm in Ostberlin vorschwindelte, ist nicht klargeworden.)

Zum Schluß meinte der Abgeordnete Fisch: „Meine Damen und Herrn, sorgen Sie dafür, daß die Agenten- und Spionageorganisationen aufgelöst werden." Womit er auch das „Ostbüro der SPD" meinte, das denn später auch aufgelöst wurde.

Damals konnte sich noch ein Abgeordneter der SPD zu einem Zwischenruf aufraffen. Es war der SPD-Mann Millies, der sich zu dem Zwischenruf: „Sorgt ihr bei euch für Freiheit!" ermannte. Wenig später aber schien es, als wolle sich die SPD ein weiteres Mal der SED nicht nur annähern, sondern fast in ihr aufgehen, zumindest aber anbiedern. Zu Brüder und Schwestern im Osten wurden jene Galionsfiguren der SED, die einige Jahrzehnte vorher die SPD-Brüder kräftig „in die Pfanne gehauen" hatten.

Die Parteien und ihre Vertreter

Blenden wir zu jener bereits knapp dargelegten Zwangsvereinigung der SPD mit der SED zurück, wie sie sich Ende des Jahres 1945 anbahnte. Damals hatte man der SPD und ihren führenden Köpfen übel mitgespielt und sie Zug um Zug ausgetrickst. Man hatte sie in die SED übernommen und damit auch in ihrem Namen alle jene Bluttaten verübt, die nun mehr und mehr ans Licht gelangen.

Diese alte SPD, hervorgegangen aus dem Leipziger Allgemeinen Arbeiterverein, vereinigte sich mit der KPD und verriet

Sowjetmarschall Wassili Iwanowitsch Tschuikow, Vorsitzender der sowjetischen Kontrollkommission in Deutschland, übergibt die Sowjetische Besatzungszone an die Führung der DDR. Rechts Wladimir S. Semjonow, Berater der Sowjetischen Kontrollkommission.

NEUES DEUTSCHLAND

„Ich verstehe Ihre Frage so, daß es in Westdeutschland Menschen gibt, die wünschen, daß wir die Bauarbeiter der Hauptstadt der DDR dazu mobilisieren, eine Mauer aufzurichten. Mir ist nicht bekannt, daß eine solche Absicht besteht. Die Bauarbeiter unserer Hauptstadt beschäftigen sich hauptsächlich mit Wohnungsbau, und ihre Arbeitskraft wird dafür voll eingesetzt.

Niemand hat die Absicht, eine Mauer zu errichten!"

Ulbricht am 15. Juni 1961
auf einer internationalen Pressekonferenz in Ostberlin

Am 15. Juni 1961 wird die Absicht des Mauerbaues von Walter Ulbricht dementiert. Keinen Monat später entlarvt er sich selbst als Lügner.

11 000 Arbeiter der Stahlwerke Henningsdorf marschieren am Mittag des 17. Juni 1953 nach Ostberlin.

Das Brandenburger Tor wird passiert. Noch fällt kein Schuß.

Sie tragen die Fahnen der BRD durch das Brandenburger Tor.

Vor dem Haus der Ministerien werden die Wahrzeichen der SED-Machthaber zertrümmert.

damit ihre eigenen Überzeugungen auf das schmählichste. Wenn sie auch heute wieder behauptet, zwangsweise in die SED integriert worden zu sein, so sagen es die Fakten anders. Der Berliner Zentralausschuß der SPD mit Grotewohl, Fechner und Gniffke an der Spitze wurde von der KPD an der Nase herumgeführt. Zwar hatte letztere verkündet, daß ihr Ziel die Schaffung einer „parlamentarisch-demokratischen Republik" sei, so wie sie auch von der SPD angestrebt wurde. Aber erst als die kommunistischen Führer in der SBZ wußten, daß sie bei einer Einheitspartei laut dem Willen der Sowjets die Führungsrolle übernehmen sollten, traten sie mit dem Vorschlag der Vereinigung an die SPD heran, die ja bereits im Juni 1945 diesen Zusammenschluß gefordert hatte, aber von der KPD abgewiesen worden war.

Die Vorsitzenden der SPD in den Ländern Sachsen und Thüringen, Buchwitz und Hoffmann, waren nach wie vor für diese Einheitspartei. Was sie aber wollten, war eine Einheitspartei zwischen der KPD und der SPD in ganz Deutschland. Es war Kurt Schumacher, der in Westdeutschland den Pferdefuß erkannte und seine Partei davor warnte, zum „Blutspender für die KPD" zu werden. Diese feste Haltung des SPD-Politikers bewahrte möglicherweise die drei Westzonen vor einer solchen Vereinigung in einer West-SED mit allen Folgen, die daraus erwachsen würden.

Auf der „Sechziger-Konferenz" der SPD und der KPD am 20. und 21. Dezember 1945 in Ostberlin versuchte zwar Otto Grotewohl, das Steuer herumzureißen und eine Fusion in letzter Stunde zu verhindern, weil er erkannt hatte, daß die KPD bereits von ihren gemeinsamen Grundsätzen abgewichen war. Seine Bedenken schlugen jedoch nicht mehr voll durch. Als dann aber doch noch die Morde der Roten Armee, begangen an Mitgliedern der SPD, durch den Sozialdemokraten Klingelhöfer vorgebracht wurden, gingen sie in einem wahren Wutgebrüll der KPD unter. Dies hätte das letzte Warnzeichen sein müssen.

Statt dessen aber verkündete Max Fechner am nächsten Morgen zur Eröffnung der Sitzung des zweiten Tages zu aller Überraschung, daß man im engsten Kreis zu einer gemeinsamen Auffassung gekommen sei.

Daß diese Gemeinsamkeit mit Zugeständnissen an diesen engeren Kreis in bezug auf zu vergebene hohe Positionen erwirkt worden war, wurde erst hinterher ruchbar, als man plötzlich Fechner, Gniffke und Grotewohl und einige andere SPD-Prominenz in der Führung von Staat und Wirtschaft der DDR wiederfand.

Der bereits am 14. Juli 1945 ins Leben gerufene „Parlamentsersatz" in der SBZ wurde unter der Federführung von Wilhelm Pieck von den Parteileitungen gestellt. Von jeder der inzwischen ins Leben gerufenen vier Parteien wurden fünf Politiker genannt. Es waren dies:

Für die KPD Wilhelm Pieck, Walter Ulbricht, Franz Dahlem, Anton Ackermann und Otto Winzer.

Die SPD nominierte Otto Grotewohl, Gustav Dahrendorf, Helmut Lehmann, Otto Meier und Erich W. Gniffke.

Delegierte der CDU waren Andreas Hermes, Walther Schreiber, Jakob Kaiser, Theodor Stelzer und Ernst Lemmer.

Die LPD schickte mit Waldemar Koch, Eugen Schiffer, Wilhelm Külz, Artur Lieutenant nur vier ins Treffen.

Dieses Gesamtgremium sollte zweimal im Monat tagen. Alle getroffenen Beschlüsse mußten einstimmig erfolgen. Die Aufgabe dieses Viererausschusses: „Säuberung Deutschlands von den Hitlerüberresten und Aufbau des Landes auf antifaschistischer-demokratischer Grundlage."

Dieser Ausschuß sah das „äußere Bild der SBZ" durchaus verschieden. Die KPD sah die überall aufgestellten Triumphbögen mit den Porträts Stalins, Lenins und Molotows, die Spruchbänder und die roten Fahnen und glaubte, damit das „Vaterland der Werktätigen nun auch nach Deutschland geholt" zu haben.

Anders bot sich der SPD das Bild der „Zone": Hungernde und verschüchterte Menschen, Arbeiter, denen ihre Maschinen fortgenommen worden waren und weiter fortgenommen wurden, Mißwirtschaft und Protektion der „getreuen Kommunisten". Die KPD sah ein „zufriedenes Volk", während die SPD die „GPU-Keller-Methoden" sah, diese aber gegen die SD-Methoden aufrechnete: „Hitlerdeutschland hat die Sowjetunion überfallen, ergo dürfen die sowjetischen Soldaten plündern und vergewaltigen, wie sie möchten."

Während Wilhelm Pieck auf jene „Soldaten der deutschen Wehrmacht" hinwies, die „Greuel in der Sowjetunion verübt" hätten, brachte Ericht W. Gniffke seine umfangreichen Berichte mit Terroraktionen der Roten Armee und Vergewaltigungen aus der bereisten Provinz zu Gehör.

Erst nachdem Marschall Sokolowski im Frühsommer 1946 die Führung in der SBZ übernahm, „erreichten wir seine Zusicherung, daß alle Übergriffe streng bestraft würden und daß die Truppe Schritt für Schritt kaserniert werden würde. Mitte 1946 hörten die Vergewaltigungen schlagartig auf." (Siehe Gniffke, Erich W.: Jahre mit Ulbricht, S. 191)

Was anhielt, waren die Demontagen. Zwei der fünf Großkraftwerke der SBZ wurden demontiert. Die noch intakten Produktionsanlagen der Autoindustrie im Raume Chemnitz und Zwickau, Auto-Union und Horch, die Wanderer-Werke in Chemnitz, DKW-Fabriken in Zschoppau und Zobelitz, der Lastwagenbau von Opel in Brandenburg, die Firma Fichtel und Sachs in Reichenbach, alles wurde trotz der Proteste der „Einheitsfront der antifaschistisch-demokratischen Parteien" demontiert.

Dieses Demontageproblem, das zugleich auch die Lebensgrundlagen der SBZ demontierte, wurde immer wieder besprochen. Abordnungen, Protestbriefe und Entschließungen wurden an die SMAD weitergeleitet. Diese Demontagen wurden außerdem unsachgemäß ausgeführt. Präzisionsmaschinen lagen monatelang im Freien und waren anschließend schrottreif. Dafür erhielten dann die Parteien in Gestalt des Zentralsekretariats der SED von der SMAD einige Rittergüter und das Jagdschloß der Eulenburgs zum „Wochenend- und Ferienaufenthalt". Im ehemaligen Herrenhaus feierten die privilegierten Angestellten des ZK der SED mit ihren Frauen große Feten.

Ein zweites Gut wurde ebenfalls als Erholungsheim eingerichtet. Es war das Gut Börnicke bei Bernau, das seinen Besitzern fortgenommen und „der SED übereignet" worden war. Die „sichergestellten" Kunstgegenstände aus dem Besitz des enteigneten Adels und des Großgrundbesitzes wurden von Kurt Fischer „geborgen". Unter seiner Dienstaufsicht „verschwanden zahlreiche Kunstwerke unkontrolliert. Aber Fischer wurde nicht abgelöst, sondern weiterhin gehalten." (Siehe Gniffke, Erich. W.: a.a.O.)

Lange Jahre hatte sich Fischer im Geheimdienst der UdSSR betätigt. Nun war er 1. Vizepräsident für Inneres geworden. Er war und blieb der „Spitzel und Vertrauensmann der Sowjets" und stand als solcher unter deren Schutz. Doch zurück zu der Konferenz der „Sechziger".

Wozu dann aber der gewaltige Aufwand einer zweitägigen Konferenz der „Sechziger", das fragten sich alle jene, die bei dieser Entscheidung einfach übergangen worden waren und die nun mit diesem „Nacht-und-Nebel-Beschluß" lebten mußten. Die Basis forderte denn auch nach wie vor einen „Reichsparteitag" in ganz Deutschland, dessen Ergebnis für die SPD in ganz Deutschland rechtswirksam sein sollte.

Nun aber setzte das ein, wofür die SED sehr rasch berüchtigt wurde. Öffentlich widersprechende SPD-Mitglieder verschwanden spurlos. Von der SMA erging ein Redeverbot an alle jene, die sich nicht uneingeschränkt zur SED bekannten. Sozialdemokraten wurden reihenweise verhaftet und leisteten von nun an den „Nazis und Militaristen in den KZ Gesellschaft". (Siehe Zimmermann, Walter: an den Autor) Am 10. Februar 1946 hatte dann der „Zentralausschuß die in der SBZ arbeitenden Bezirksausschüsse" zu einer Aussprache zusammengerufen. Nach hitzigen Debatten war man am Ende der Meinung, daß die Vereinigung nunmehr beschlossen werden müsse.

Im Berliner Admiralspalast versammelten sich am 20. April 1946 die Delegierten der beiden Parteien und machten aus ihr die SED. Anläßlich dieser Veranstaltung prägte Walter Ulbricht den Satz, daß dies nicht nur eine Vereinigung zweier Parteien sei, sondern „die Neugeburt der deutschen Arbeiterbewegung".

Auf diese Art und Weise wurde die SPD von der politischen Bühne der sowjetischen Besatzungszone Deutschlands verdrängt. Sie wurde zur SED! Ihre heutigen Angriffe gegen andere Parteien in der DDR, die sich nicht vereinnahmen ließen und trotz aller Willkürmaßnahmen gegen sie weitermachten und trotz aller Schikanen selbständig blieben, als „Mithelfer und Handlanger der SED" – von welchen Vorwürfen sie sich selbstverständlich freisprach – sind einfach grotesk. Die SPD war nicht mehr als selbständige Partei dabei, das ist wahr, aber sie war die SED geworden. Sie hatte sich integrieren lassen und ihre hochkarätigen Politiker trugen den Mordkurs der SED mit, befahlen ihn sogar in den herausragenden Staatsstellungen, die sie später nach der Verkündigung des SED-Staates bekleideten. Sie waren von nun an für alle Schandtaten der SED mit verantwortlich.

Die Zentralkommission hatte ja ihre eigenen Mitglieder entgegen deren Willen und Absicht, nicht in die SED übernommen zu werden, dennoch an die SED verschachert. So wurde dies zur größten Tragödie in der Geschichte dieser Arbeiterpartei, und sie hat sie selbst zu verantworten.

Nach ihrer Konsolidierungsphase setzte die SED den alten kommunistischen Kurs fort. Sie warf die Tarnung ab und zeigte, was sie in Wahrheit werden wollte und war. Sie erklärte die führende Rolle der UdSSR in der ihr zugesprochenen Besatzungszone.

Die SPD-Mitglieder trugen diese Entscheidung mit. Lediglich diejenigen, die jetzt austraten, bekundeten, daß sie sich nicht vor den Karren dieser menschenverachtenden Partei spannen lassen wollten. Von dem Aufbau eines freien demokratischen Staatswesens war nun nicht mehr die Rede. Dennoch schwieg die Mehrheit der SPD-Mitglieder in der SED still. Auch dann noch, als die SED den Widerstand einer Minderzahl Sozialdemokraten, Gewerkschafter und Oppositioneller mit Terroraktionen zu brechen versuchte.

Die SPD ließ – obgleich zu Anfang bedeutend stärker als die KPD – zu, daß ihre eigenen Genossen festgenommen wurden und in Zuchthäusern und anderen Strafanstalten der DDR verkamen. Bis zum Jahre 1949 wurden 400 Angehörige des Ostbüros der SPD nicht nur aus der SED ausgeschlossen, sondern auch verhaftet. Die SPD ließ es zu, daß bei einer Überprüfung des Parteibestandes durch die SED-Führung 1950 und 1951 150000 weitere Mitglieder aus der SED ausgeschlossen wurden, ohne daß sich die übrigen Hunderttausende gegen diese Partei erhoben und ihr den Kampf ansagten.

40 SPD-Mitglieder hatte es im ersten Parteivorstand der SED gegeben. Wo waren sie, als es galt, dem ersten Terror zu

wehren? Wo waren ihre Stimmen, allen bösen Machenschaften gegen ihre eigenen Genossen Einhalt zu gebieten? Wo waren sie, als dann auch noch nach und nach ihre führenden Köpfe Fechner, Frank, Szillat, Trabalski und Jesse verhaftet wurden? Wo waren sie, als weitere neun SPD-Mitglieder aus dem Parteivorstand der SED ausgeschlossen wurden? Wann hat jemals Grotewohl, wann haben Ebert und Lehmann ihre Stimmen im Politbüro gegen die Vernichtung der eigenen Parteisubstanz erhoben. Grotewohl ließ sich zum Regierungschef ernennen. Gniffke floh schließlich entnervt in den Westen, und Fechner, der noch unmittelbar vor dem Volksaufstand des 17. Juni versöhnliche Töne gefunden hatte, mußte deswegen – auch nach der Verdammung dieses Aufstandes durch die Arbeiterklasse – den Hut nehmen. Er wurde verhaftet und ins Zuchthaus geschickt.

So kam es, daß die SED-Führung am 21. Juni 1956 triumphierend verkündete, daß 691 ehemalige SPD-Mitglieder, die man 1946 verhaftet habe, mit dem heutigen Tage aus der Haft entlassen werden könnten. Das, was hier als Ausbund an Tugend und Menschenfreundlichkeit gefeiert wurde, sah für die beteiligten SPD-Mitglieder völlig anders aus. Sie hatten wegen ihrer Überzeugung sechs bis sieben Jahre in DDR-Haftanstalten zugebracht, um nun die „Gnade der Entlassung zu erfahren". (Siehe Zimmermann, Walter: a.a.O.)

Und noch saßen weitere Tausend SPD-Mitglieder hinter Gittern und Stacheldraht, ohne daß sich die West-SPD auch nur mit einem Wort für sie verwandte. Als der Kurt-Schumacher-Kreis in einer exakten Statistik an jene 20 000 Mitglieder erinnerte, die in der DDR aufgrund ihrer Parteizugehörigkeit ihren Arbeitsplatz verloren, als man jener 100 000 gedachte, die sich nur durch ihre Flucht in den Westen der Einkerkerung entziehen konnten, als man – das ist das Schreckliche an dieser Statistik, die durchaus stimmt – durch sie erkennen lernte, daß 5000 ihrer Mitglieder vor den Tribunalen der SED gestanden hatten, verurteilt wurden und daß von ihnen 400 in der Haft „verstarben", da ging kein Aufschrei durch die Mitgliedermassen im Westen. Sie waren Kollaborateure und nach den Worten Schumachers „Blutspender" für die SED gewesen und wollten nun nie und nimmermehr daran erinnert werden. Aber hier im Westen vermag man nicht so lückenlos wie im Osten unseres Vaterlandes die Fakten auf den Kopf zu stellen. Hier gibt es durchaus jene SPD-Männer, die sich nicht scheuen, das richtige Wort für die „Verstorbenen" zu finden und frei und offen zu erklären, daß sie ermordet wurden.

Als sich später immer mehr hochkarätige SPD-Chefs in den deutschen Osten begaben, um sich mit diesen SED-Schergen und der SED-Regierung zu verbrüdern und „Küßchen zu tauschen", da fand es niemand für richtig, daran zu erinnern, mit wem sie sich verbrüderten: *mit den Henkern ihrer eigenen Genossen!*

Mit jenen, die 400 ihrer Genossen und Brüder „sterben" ließen.

Die Grenztruppen der DDR

Das Vorspiel

Im November 1946 wurde in den Innenministerien und den Landespolizeibehörden der SBZ auf der Grundlage eines Befehls der SMAD – Sowjetische Militäradministration Deutschlands – der Aufbau der Grenztruppen begonnen. Diese neue Grenzpolizei sah man als Teil der bereits 1945 unter sowjetischer Führung gebildeten Volkspolizei an. Zunächst wurden in den fünf Ländern der SBZ 2543 Mann rekrutiert.

Diese neue Grenzpolizei sollte mit den Sowjettruppen gemeinsam den Grenzdienst an der 2236 km langen Landesgrenze überwachen, von denen 1381 km deutsch-deutsche Grenze, 460 km deutsch-polnische Grenze und 395 km deutsch-tschechische Grenze waren. Bis Ende des Jahres 1946 wurden diese Grenztruppen auf 3000 Mann aufgestockt. Die Kommandeure der im Grenzdienst eingesetzten Streitkräfte hatten dort die Kommandogewalt. Sie bestimmten den zweckmäßigen Einsatz ihrer Truppe. Diese deutsche Grenzpolizei wurde mit Pistolen und Karabinern ausgestattet. Ihre Aufgaben waren: „Die Grenze der SBZ zu überwachen, den grenzüberschreitenden Verkehr in geordnete Bahnen zu lenken und illegale Grenzübertritte zu verhindern. Sie hatten im Grenzgebiet für Ruhe und Ordnung zu sorgen, Banden zu bekämpfen, nach Kriegs- und Naziverbrechern zu fahnden und ihr Entkommen über die Grenze zu verhindern." (Siehe: Lapp, Peter Joachim: Frontdienst im Frieden – Die Grenztruppen der DDR. Entwicklung – Struktur – Aufbau)

Darüber hinaus sollten die illegale Warenausfuhr und -einfuhr ebenso wie Schmuggel und Schwarzhandel unterbunden werden. In einem ersten Rechenschaftsbericht der Führung der Grenztruppen heißt es für das Jahr 1947: „165 000 Personen wurden an der Demarkationslinie des Landes Thüringen beim

Versuch des illegalen Grenzübertritts festgenommen. 35 Lastkraftwagen, beladen mit Maschinen und Ausrüstungsteilen, wurden gestoppt, die bei Nacht über die grüne Grenze zu entkommen trachteten. Eine Reihe Großschieber wurden mitsamt ihren Waren gefaßt."

Mit dem Einsetzen der Berliner Blockade und den Niedergehen des Eisernen Vorhangs an der Demarkationslinie wurde dort die Situation kritischer. Der kalte Krieg zwischen Ost und West führte zu ersten blutigen Zusammenstößen.

Nachdem die Sowjets im März 1948 aus der Alliierten Kontrollkommission ausgetreten waren, wurde aufgrund eines Befehls der SMAD an die Landesbehörden Brandenburg die den Russen direkt unterstehende Polizeieingreiftruppe „Ring um Berlin" aufgestellt. Diese Truppe hatte die 300 km lange Stadtgrenze der ehemaligen Reichshauptstadt mit einem weitmaschigen Netz von 71 Straßenkontrollpunkten, 17 Bahnhofs- und Wasserkontrollpunkten zu versehen.

Während der Zeit vom 1. Juni 1948 bis zum 1. Juli 1949 – darin fiel also auch die Berliner Blockade vom 18. Juni 1948 bis zum 12. Mai 1949, als „US-Rosinenbomber" die Versorgung der Berliner sicherstellten und damit die Blockade abwehrten, welche die Sowjets angezettelt hatten – „wurden von der Grenzpolizei 214 Spione und Saboteure, 2418 kriminelle Verbrecher, 668 Großschieber und 2115 Schmuggler festgenommen". An der Demarkationslinie nahm die Grenzpolizei 226 300 „Grenzverletzer" fest. Daß diese Großaktionen nicht mehr mit der geringen Zahl an Soldaten zu bewerkstelligen war, erkannte man rasch. Die Grenzpolizei wurde bis zum Beginn des Jahres 1949 auf 13 000 Mann verstärkt. Zu ihrer Bewaffnung mit Karabinern und Pistolen kamen weitere Unterstützungswaffen hinzu.

Noch im Jahre 1949 wurde die Hauptabteilung Grenzpolizei geschaffen. Damit war die Grenzpolizei aus dem Verantwortungsbereich der Polizeistellen entlassen. Generalleutnant Klaus-Dieter Baumgarten übernahm die Führung dieser Truppe.

Die Deutsche Grenzpolizei hatte bereits im November 1948 in einem Spezialbefehl über ihr Verhalten bei Schießereien folgende Verhaltensmaßregeln erhalten: „Bei persönlicher Bedrohung ist von der Schußwaffe Gebrauch zu machen, sobald es von westlicher Seite zur Feuereröffnung kommt." Ende 1948 wurde ein direkter Schußbefehl erlassen. Dieser Verfügung gab der damalige Präsident der Deutschen Verwaltung des Innern, Kurt Fischer, als Verantwortlicher, bekannt.

Am 3. August und am 1. September 1949 kam es an der deutsch-deutschen Grenze zu den ersten Schießereien. Dabei wurden auch die ersten Grenzpolizisten „in Ausübung ihres Dienstes erschossen", wie ihre Führung bekanntgab. Es waren die Wachtmeister der Volkspolizei Gerhard Hofert und Fritz Otto. Unmittelbar nach Gründung der DDR am 7. Oktober 1949 wurde die Hauptabteilung Grenzpolizei der neugeschaffenen Hauptabteilung Deutscher Volkspolizei im Ministerium des Innern unterstellt. Ihre Stärke betrug zu dieser Zeit 18 000 Mann.

Der kalte Krieg und die Grenzpolizei

Am 7. Januar 1950 übernahm die Deutsche Grenzpolizei auch den Schutz der Seegrenze der DDR. Im Oktober wurde die Kontrolle der Stadtgrenze Berlins zwischen deren „demokratischen Sektor und der DDR" übernommen. Damit war der Ring um Berlin auch auf der ostwärtigen Seite geschlossen.

Der kalte Krieg veranlaßte erstmals Zehntausende Bürger der SBZ bzw. der neugeschaffenen DDR zur „Abstimmung mit den Füßen". Während im Jahr 1949 „nur" insgesamt 125 245 Menschen aus der SBZ/DDR Abschied für immer nahmen, waren es 1950 bereits 197 788, die es in diesem „Staatszuchthaus" nicht länger aushielten. Trotz der strengen Grenzüberwachung fanden geschickte und geländekundige Grenzgänger immer wieder offene „Löcher", durch die sie in die Freiheit gelangen konnten. Allerdings wurden sehr oft Flüchtlinge gestellt, so daß die Grenzzwischenfälle zunahmen und mehrfach auch Grenzpolizisten – oftmals durch eigene Kameraden – verletzt wurden. Die Grenzpolizei hatte im März 1951 bereits eine Stärke von 17 000 Mann erreicht. Sie sollte diese Stärke noch um beinahe das Dreifache steigern.

Um die Grenzen in den freien Westen noch dichter und undurchdringlicher zu machen, verfiel man in der DDR auf alte Propagandatricks. Durch ein geschickt aufgebautes Lügengewebe, die Westdeutschen würden ihre Zonengrenze zu einer Staatsgrenze umwandeln und entlang der Demarkationslinie Sperrgebiete einrichten, wurden in der Presse der DDR, vor allem im „Neuen Deutschland", von der Regierung Gegenmaßnamen gefordert. Die Grenzpolizei wurde „zur strafferen Führung" aus dem Ministerium des Innern herausgelöst und dem Staatssicherheitsdienst unterstellt. Gleichzeitig damit erhielt sie die neue Bezeichnung „Deutsche Grenzpolizei" – DGP –, womit sie nicht mehr zur Volkspolizei gehörte, sondern vom Ministerium für Staatssicherheit geführt wurde.

Bundeskanzler Dr. Konrad Adenauer unterzeichnete im Gegenzug am 26. und 27. Mai 1952 den „Deutschlandvertrag" und den Vertrag über die Gründung der „Europäischen Verteidigungsgemeinschaft" – EVG, womit der Spaltungen zweiter Teil begann, denn um wieder gleichzuziehen, reagierte die Regierung der DDR noch am 26. Mai. Ihr Ministerrat erließ eine Verordnung über „Maßnahmen an der Demarkationslinie zwischen der Deutschen Demokratischen Republik und den westlichen Besatzungszonen Deutschlands". Darin kam zum Ausdruck, daß das Ministerium für Staatssicherheit unverzüglich Maßnahmen ergreifen werde, um die Bewachung der Demarkationslinie zu verstärken. Diese Verordnung werde allerdings sofort aufgehoben, wenn man sich über die Durchführung gesamtdeutscher Wahlen verständigt habe. (Siehe: Dokumente des Geteilten Deutschland; Hrsg. Ingo Münch)

Abermals tauchte das Wort „freie Wahlen für Gesamtdeutschland" im Vokabular der DDR auf, und in der Präambel dieser Verordnung wurden sie noch besonders bekräftigt. Damit galt es, der UdSSR beizustehen, die ja ebenfalls „gesamtdeutsche Wahlen" und einen „Friedensvertrag mit Gesamtdeutschland" ins Gespräch gebracht hatten. Es hieß in dem Ostberliner Papier: „Die Regierung der DDR hat der Bonner Regierung und den Regierungen der Westmächte Vorschläge über die Durchführung gesamtdeutscher Wahlen und den baldmöglichen Abschluß eines Friedensvertrages mit Deutschland zugeleitet. Dabei ließ sich die Regierung von dem einmütigen Willen des Volkes leiten, der auf die Erhaltung des Friedens und der Einheit Deutschlands gerichtet ist. Diese Vorschläge wurden von der Bonner Adenauer-Regierung abgelehnt . . .

Das Fehlen eines entsprechenden Schutzes der Demarkationslinie seitens der DDR wird von den Westmächten dazu ausgenutzt, um im immer größeren Umfange Spione, Diversanten, Terroristen und Schmuggler in das Gebiet der DDR einzuschleusen. Diese hatten es nach Ausführung ihrer verbrecherischen Aufgaben bisher leicht, ungehindert über die Demarkationslinie nach Deutschland-West zurückzukehren."

In der dazugehörenden Polizeiverordnung heißt es erstmals lapidar und unverblümt: „Bei Nichtbefolgung der Anordnungen der Grenzstreifen wird von der Schußwaffe Gebrauch gemacht." Damit war der erste offizielle Schießbefehl erlassen worden. Andere, von den höchsten Staatsstellen der DDR verkündete und schärfer formulierte Schießbefehle sollten folgen.

Die Kasernierte Volkspolizei

Die Volkspolizei-Bereitschaften erhielten zur Jahresmitte 1952 die Aufgabe, einem Befehl des Ministers des Inneren Folge zu leisten und aus ihren bestehenden Hauptverwaltungen die Kasernierte Volkspolizei aufzustellen. So wurde „mit Wirkung vom 16. Juni 1952 die Grundlage für eine reguläre DDR-Streitmacht gelegt". (Dazu siehe: Zeittafel Militärpolitischer und militärischer Ereignisse 1945–1964, in: Deutsche Militärgeschichte, des Instituts für Deutsche Militärgeschichte).

Die Stärke der Kasernierten Volkspolizei der DDR betrug zu Ende des Jahres bereits 35 000 Mann. Seit Oktober 1952 waren militärische Dienstränge eingerichtet worden. Doch bereits in den ersten Monaten ihres Dienstes als Streitkräfte der DDR flohen Hunderte Soldaten in den Westen und reihten sich in die unübersehbare werdende Schar all jener ein, die sich absetzten. Insgesamt waren es 8000 geflüchtete Volkspolizisten, Angehörige der DVP und der KVP, die diesen Weg beschritten. Daß während des Volksaufstandes am 17. Juni 1953 auch Angehörige der Grenzpolizei und der Volkspolizei eingesetzt wurden, ist in dem folgenden Abschnitt dargelegt.

In einem Beitrag für die DDR-Truppenzeitschrift „Militärwesen" vom Dezember 1976 kam der Befehlshaber der Grenztruppen, General Erich Peter, zu folgender Bewertung seiner Truppen: „Die zunehmende Stabilität der Grenzsicherung und insbesondere des gewachsenen Bewußtseins unserer Menschen bewiesen sich in beeindruckender Weise in den Tagen der Niederschlagung des konterrevolutionären Putsches vom 17. Juni 1953. In unerschütterlicher Treue zur Partei der Arbeiterklasse erfüllten die Grenzpolizisten standhaft ihre Aufgaben." (So Generalleutlant Erich Peter: „Militärwesen", Heft 12, 1976)

Diese „standhafte Pflichterfüllung" bestand in der Niederknüppelung und im Erschießen deutscher Arbeiter ebenso wie im Erschießen eigener Kameraden, die sich weigerten, auf Arbeiterbrüder zu schießen. Hierüber soll im direkt nachfolgenden Abschnitt detailliert berichtet werden.

Vom Generalstreik zur Volksrepublik

Die Stalin-Note:
Ausgangspunkt einer gefährlichen Entwicklung

Die UdSSR bereitete sich zu Ende 1951 auf eine Geheimaktion vor, die nicht nur den Westen in helle Aufregung versetzte. Diese Aktion betraf ganz Deutschland und zielte darauf ab, die im Westen geplante Europäische Verteidigungsgemeinschaft zu unterlaufen. Im Gegensatz zu den Bemühungen im Osten fuhr Bundeskanzler Konrad Adenauer zum Nikolaustag 1951 nach England und besuchte den britischen Premierminister.

In Downing Street 10 ließ Adenauer keinen Zweifel daran, daß er nicht eher eine wie auch immer geartete Wiedervereinigung anstreben werde, bevor die Bundesrepublik Westdeutschland nicht fest und unverbrüchlich in den Westen eingegliedert sei. Das las sich in den britischen Dokumenten dieses Tages folgendermaßen: „Dr. Adenauer made it quite clear, that he did not want German unity to take place a way would prevent the successful integration of Germany in the West."

Da die UdSSR zur damaligen Zeit niemals ein im Westen fest eingebundenes Gesamtdeutschland zulassen durfte, bedeutete dies, einfach gesagt, daß Ende einer deutschen Einheit. Als dann im Februar 1952 durch gezielte Indiskretionen aus dem Osten bekannt wurde, daß die UdSSR sehr bald die Initiative zu einer neuen Deutschlanddiskussion ergreifen wolle, erklärte Konrad Adenauer eilfertig, daß niemand der UdSSR abnehme, daß sie die Ostzone jemals wieder freigeben werde, ohne dazu gezwungen worden zu sein. Immerhin war die „Ostzone" des ehemaligen Deutschen Reiches eine gute Melkkuh, die ein Mehrfaches jener Reparationen geleistet hatte, als es die Alliierten in ihren Konferenzen festgelegt hatten.

Während in Jalta von 20 Milliarden Gesamtreparationen (außer den Sachwerten und den „Werten an deutscher Arbeitskraft" – lies Arbeitssklaven) die Rede gewesen war und feierlich beschlossen wurde, hatten die UdSSR bereits bis zu diesem Zeitpunkt etwa das Vierfache aus der DDR herausgeholt. Es waren dies bis Ende 1950 an Haushaltszuweisungen 27,8 Milliarden, an Gewinnen aus den „sowjetischen Aktiengesellschaften" in der Ostzone 1,75 Millarden und an der zusätzlichen Notenausgabe 4,2 Milliarden.

Zu diesen 33,5 Milliarden Reichsmark kamen bis 1953 aus verschiedenen Zahlen der sowjetischen Besatzungszone 14,4 Milliarden, die zur Bezahlung von Warenlieferungen verwendet wurden. Nicht etwa nur für Lieferungen der Bedarfsdeckung der Truppen der Sowjetunion in Ostdeutschland, sondern auch von eigentlich fälligen Reparationslieferungen. Aus ihren bereits im ersten Abschnitt genannten AG-Betrieben, beispielsweise der Handelsunternehmung Derutra und des Treibstoff-Vertriebes Derunapht und anderen, flossen der UdSSR zweifache Milliardenbeträge zu. Die direkten Besatzungskosten beliefen sich von 1946–1953 auf 16 Milliarden Mark. Eigentliche Reparationsleistungen waren im gleichen Zeitraum auf 32 Milliarden Mark angewachsen. Sie wurden von „Leistungen aus der Produktion" beglichen. Der Schätzwert der demontierten ostdeutschen Betriebe belief sich auf 5 Milliarden Mark, was also ingesamt weitere satte 37 Milliarden an Reparationen ausmachte. Von der gemachten Kriegsbeute nicht zu reden.

Diese sowjetische Politik der unbegrenzten Demontage, Reparationen und sonstigen Entnahmen war nicht nur der Hauptfaktor der Beendigung der Viermächtekontrolle, sondern gleichzeitig auch der Anfang vom Untergang der späteren DDR und ihrer Bankrotterklärung im Winter 1989. Die Ausplünderung des „sozialistischen Brudervolkes" setzte sich über Jahrzehnte fort, mit Warenlieferungen der DDR an die UdSSR zu festgesetzten Verrechnungseinheiten, die nicht einmal den Selbstkostenpreis dieser Waren deckten.

Aus den Genossen des „realen Sozialismus" wurden die Armenhäusler der DDR, mit einer maroden Wirtschaft, die durch die völlig veralteten Maschinen und Anlagen verursacht wurde und trotz aller Anstrengungen der arbeitenden Bevölkerung nicht ausgeglichen werden konnte. Normenerhöhungen, längere Arbeitszeit bei weniger Verdienst waren die Folge. Die zu Armenhäuslern gewordenen Menschen der DDR muckten gegen ihre Sklaventreiber auf. Alles bewegte sich auf eine gewaltsame Entladung der aufgestauten Ohnmacht und Wut zu. Es bedurfte nur noch eines Funkens, um diese brisante „Mischung" zur Entzündung zu bringen.

Am 10. März 1952 platzte die erste Bombe. Die UdSSR überreichte der Regierung in Bonn und den drei Botschaftern der Siegermächte die Stalin-Note. Von diesem Tage an überschlugen sich die Stimmen der Befürworter ebenso wie jene der Ablehner des Inhaltes dieses Papiers, das mit sieben politischen Leitsätzen begann. Der erste Punkt der politischen Leitsätze lautete:

„1. Deutschland wird als einheitlicher Staat wiederhergestellt. Damit wird der Spaltung Deutschlands ein Ende gesetzt. Das geeinte Deutschland gewinnt die Möglichkeit, sich als unabhängiger, demokratischer und friedliebender Staat zu entwikkeln."

Alle übrigen Punkte dieser Note hatten ähnlich revolutionierende Themen aufgegriffen. Vor allem aber war es der „Friedensvertrag", der neu war. Ferner, daß beispielsweise sämtliche Streitkräfte der Besatzungsmächte spätestens ein Jahr nach dem Inkrafttreten des Friedensvertrages aus Deutschland abgezogen werden mußten.

Die Militärstützpunkte auf deutschem Gebiet sollten aufgegeben werden. Alle Deutschen sollten Menschenrechte und Grundfreiheiten erhalten. Genannt wurden: Pressefreiheit, Redefreiheit, Freiheit der Religionsausübung und Versammlungsfreiheit. Die Deutschen sollten nach ihrer politischen Fasson selig werden. Der wichtigste Punkte für die bis dahin mit dem Bannfluch belegten ehemaligen deutschen Soldaten aber war die Tatsache, daß die Note mit einem langen Absatz auf deren Lage einging und verkündete, „daß alle ehemaligen Angehörigen der Deutschen Wehrmacht, alle ehemaligen Nationalsozialisten die gleichen bürgerlichen und politischen Rechte erhalten mußten", wie sie allen deutschen Bürgern gewährt würden. Mit Ausnahme jener, die nach Gerichtsurteil eine Strafe zu verbüßen hätten.

„Das Territorium Deutschlands", so Stalin, „ist durch jene Grenzen bestimmt, welche durch die Beschlüsse der Potsdamer Konferenz der Großmächte festgelegt worden sind." Dieser Beschluß zur Grenzregelung lautete: „Bis zur endgültigen Festlegung der Westgrenze Polens sollen die früher deutschen Gebiete östlich der Linie, die von der Ostsee unmittelbar westlich von Swinemünde und von dort die Oder entlang bis zur Mündung der Westlichen Neiße und die Westliche Neiße entlang bis zur tschechoslowakischen Grenze unter Verwaltung des polnischen Staates kommen." Mit dem Passus „früher deutschen Gebiete" hatten die Konferenzteilnehmer – ohne es zu wollen – bekräftigt, daß diese Gebiete deutsch waren. *Durch einen verlorenen Krieg wurden sie nicht polnisch.* Der wohl interessanteste Absatz ist Punkt 7, in dem es heißt: „Deutschland verpflichtet sich, keinerlei Koalititon oder Militärbündnisse einzugehen, die sich gegen irgendeinen Staat richten, der mit seinen Streitkräften am Krieg gegen Deutschland teilgenommen hat."

Das aber war in der BR Westdeutschland bereits sehr weit gediehen. Die für die Verteidigung des Landes notwendigen Streitkräfte waren Deutschland-West von den Westalliierten bereits zugesichert worden.

Die DDR am Ende?

Die Mitglieder der SED in der DDR wurden von dieser sowjetischen Note förmlich elektrisiert, denn noch wenige Tage zuvor hatten eine Reihe Mitglieder des „Deutschen Friedensstaates" im Columbushaus am Potsdamer Platz eine Dikussion darüber geführt, wie eine Wiedervereinigung zustande kommen könne. Hier hatte der Major der Luftwaffe, Lehwess-Litzmann, der dem Nationalkomitee Freies Deutschland angehörte, erklärt, daß er auf alle Fälle keine Uniform mehr anziehen werde. Als aber die Stalin-Note einging, schwor auch Lehwess-Litzmann dem Pazifismus wieder ab, trat in die Nationale Volksarmee ein und brachte es hier zum Stabschef der Luftstreitkräfte der DDR. Im Politbüro der SED wurden Vermutungen darüber angestellt, unter welchen Bedingungen auch die DDR selber und damit die SED zur Disposition stehen werde. Stalins Direktiven ließen das Schlimmste befürchten.

Als eine DDR-Delegation im September 1952 nach Westdeutschland reiste, hatte sie die Anweisung Stalins dabei, auf alle Fakten einer Wiedervereinigung einzugehen, wenn nur die Neutralität Deutschlands gewährleistet sei. DDR-Außenminister Dr. Lothar Bolz trug in seiner Aktentasche den Entwurf eines Wahlgesetzes für Deutschland Ost und West mit sich. Dieses wollte er bei guter Gelegenheit „aus dem Hut ziehen", um damit die Sache zu klären und der SED den Todesstoß zu versetzen. Er kam nicht in diese Verlegenheit, denn in Westdeutschland wollte man nichts von einer Wiedervereinigung bei völliger Neutralität wissen.

So sollte das Jahr 1952 nach den Worten des Mitgliedes der Westberliner CDU-Führung, Ernst Lemmer, „als das Jahr der historischen Teilung in die Geschichte Deutschlands eingehen".

Adenauer hatte am Tage der Überreichung dieser Stalin-Note den drei Hohen Kommissaren der Westzonen bekanntgegeben: „Diese Lösung kommt für uns nicht in Frage." Der französische Hohe Kommissar in Deutschland, François-Poncet, meldete nach Paris: „Die Note, die Außenminister Gromyko unseren drei Botschaftern übergeben hat, erscheint uns als eine Offensive ganz großen Stils, die darauf zielt, die Westintegration der Bundesrepublik Deutschland zu verhindern, indem genau das vorgeschlagen wird, was Deutschland am meisten verführen könnte."

Damit war die Wiedervereinigung gemeint. Daß bei den Franzosen auch noch andere Dinge als die Westintegration auf dem Spiel standen, wird aus einer Lagebeurteilung des französischen Außenministeriums deutlich, in der es heißt: „Im Sinne der wirtschaftlichen Lehrsätze würden die Deutschen alles erhalten, was sie sich wünschen könnten. Sie sehen, wie sich ihnen die osteuropäischen und asiatischen Absatzmärkte ohne Einschränkung öffnen."

Dies wäre durchaus möglich gewesen. Sicherlich aber hätte diese Öffnung für Westdeutschland den gleichen Endeffekt gehabt, wie sie es für Ostdeutschland hatte, nämlich: Man hätte sich zu Tode geliefert. Für Preise, die nicht einmal die Herstellungskosten gedeckt haben würden. Alles zum Wohle der UdSSR, die ja auch die DDR in diesem Sinne zum Ausbluten gebracht hatte.

Der französische Außenminister erklärte darüber hinaus, daß es Frankreich „in keiner Weise erlauben" könne, „daß eine nationale deutsche Armee geschaffen wird, die das Instrument einer geeinten deutschen Regierung ist". Adenauer hatte denn auch während seiner Reise nach Paris bereits in dieser Hinsicht die Karten auf den Tisch gelegt, als er verkündete: „Der Vorschlag der Sowjetunion kommt einem Appell an die deutschen Nationalisten gleich. Er zielt darauf ab, die Integration Europas und seine Verteidigung zu verzögern."

Daß Adenauer die Integration Westeuropas meinte, ist klar erkennbar.

Kurt Schumacher, SPD-Oppositionsführer im Deutschen Bundestag, Vertreter eines wiedervereinigten Deutschland und dessen Einbindung in eine Gemeinschaft freier Staaten Europas, erklärte kurz vor seinem Tode am 20. August 1952 zu diesen Thesen der Sowjets, daß er nicht russische, sondern deutsche Politik mache. Das hatte er vorher auch bei Engländern und Amerikanern gesagt. Man nannte den Westpreußen Schumacher einen Nationalisten, aber er hatte jenen entscheidenden Satz geprägt, daß „Demokratie keine Sache des Kapitulierens vor fremden Egoismen und Nationalismen" sei, sondern „Ausdruck der Achtung des Volkes vor sich selbst".

In seinen Erinnerungen schreibt Carlo Schmid über Kurt Schumacher: „Hart war er, wo es um den Bestand Deutschlands, um den Frieden, um Freiheit und Menschenwürde ging – und um jene, die wehrlos von den Zeitläuften zerdrückt zu werden drohten, diesseits und jenseits unserer Grenzen." (Siehe Schmid, Carlo: Erinnerungen)

Als zu Beginn des Jahres 1953 die Opppsitionsgruppe der SED unter der Führung von Herrnstadt und Zaisser den Sturz Ulbrichts und seiner engsten Vasallen plante, schien die Entwicklung ohnehin über die SED und den SED-Staat hinwegzugehen. Ruodlf Herrnstadt, Chefredakteur des „Neuen Deutschland", und Wilhelm Zaisser, Minister für Staatssicherheit, waren ebenso wie Anton Ackermann, der als Vordenker der SED galt, der Überzeugung, daß nach Stalins Tod und der Installierung der Gruppe Berija, Malenkow und Molotow in der sowjetischen Führungsspitze die Zeit gekommen sei, Ulbricht zum Rücktritt aufzufordern.

Am 16. Juni 1953 – dies sei vorab dargelegt – forderte denn auch Herrnstadt auf einer Sitzung des Politbüros den Rücktritt Ulbrichts und eine grundlegende Revision der deutschen Innenpolitik. Zaisser stimmte dem sofort zu und erklärte, daß dies auch im Sinne der neuen sowjetischen Führung sei, die „weg vom Vasallenstaat" und die Liquidierung des stalinistischen Ausbeutungsprinzips bedeute. Man müsse sich nun und in dieser Stunde einer Gesellschaftspolitik zuwenden, die gesamtdeutsch orientiert ist.

Ulbricht sah sich an diesem 16. Juni in der Minderheit, und es „stand schlecht um ihn", wie Erich Honecker später in seinen Erinnerungen schreiben sollte. Herrnstadt war bereit, sich hinter die streikenden Bauarbeiter zu stellen. Er plante die Durchführung freier Wahlen. Doch zunächst zu einer Rückblende.

Stalins Absichten – Tod eines Diktators

Was hatte Josef Stalin dazu bewogen, den Deutschen einen Friedensvertrag und die Wiedervereinigung zu offerieren? Auf keinen Fall die Freundschaft zu Gesamtdeutschland, das der rote Diktator immer noch mehr als die Pest fürchtete, sondern etwas ganz anderes: Stalin wollte die Bundesrepublik Deutschland aus ihrer Westintegration herauslösen. Er wollte Deutschland das antun, was im politischen Sinne unter „Finnlandisierung" verstanden wird: Neutralisierung und Kleinhaltung im militärstrategischen Sinne.

Sein wahrhaft verführerisches Angebot: die Einheit Deutschlands, freie und geheime Wahlen, Abzug aller fremden Truppen von gesamtdeutschem Boden, keine Diskriminierung der ehemaligen deutschen Soldaten oder Nazis und die Garantierung der Menschenrechte, das war fast mehr, als sich die kühnsten Träumer hätten vorstellen können. Dazu noch eigene nationale Streitkräfte, „soweit sie für die Verteidigung des eigenen Landes notwendig waren". Dafür forderte er denn auch einen stolzen Preis: Verzicht auf den deutschen Osten und militärische Neutralisierung.

Die Antwortnote der Bundesregierung vom 25. März 1952 lautete denn auch für London, Paris und Washington gleich: „Diese Bestimmungen bedeuten einen Schritt zurück." Die New York Times kommentierte die kritische Lage Westdeutschlands und deren Führung mit den Worten: „Sowohl die Westmächte als auch der Bundeskanzler sind in der schwierigen Lage, die deutsche Einheit zwar in Worten zu preisen, gleichzeitig aber Tag und Nacht daran zu arbeiten, die Eingliederung Westdeutschlands in Westeuropa durchzuführen, die alle Hoffnungen auf eine friedliche Einigung Deutschlands in nächster Zukunft begraben wird."

Deutschland blieb geteilt. Nicht für immer, wie dies bis zur Mitte des Jahres 1989 lautstark noch von SPD-Funktionären und Spitzenleuten in Politik und Wirtschaft verkündet und in ihren Memoiren und Reden dummerweise unauslöschbar dokumentiert wurde, aber doch für lange Jahrzehnte der Versklavung der DDR mit Hunderten von Toten an der Mauer und dem Exodus von Millionen.

Der Bundesminister für gesamtdeutsche Fragen, Jakob Kaiser, der die Ost-CDU mitbegründete, die 40 Jahre lang neben der SED als Ja-Sager-Partei in der DDR fungierte und alle Entscheidungen des menschenverachtenden SED-Staates mittrug, hatte während der Kabinettssitzung des Bundestages vom 11. März 1952 einige heftige Streitgespräche mit Adenauer. Die Differenzen zwischen diesen beiden Politikern hatten bereits im Frühjahr 1946 begonnen. Während Kaiser nach wie vor „das preußische Berlin" als deutsche Hauptstadt ansah, hatte sich Adenauer dazu entschieden, daß „nach einer Wiedererrichtung Deutschlands die politische Schaltzentrale dieses Deutschlands nicht in Berlin etabliert werden könne".

War die Stalin-Note wirklich nur der „Fetzen Papier", als den Adenauer sie während seiner Rede in Siegen am 16. März 1952 abtat? Was bis vor einigen Monaten noch wie ein Märchen klang, das hatten bereits im Jahre 1952 die Sozialdemokraten unter Erich Ollenhauer verkündet. Dieser hatte am 27. September 1952, dem Tage seiner Wahl zum neuen Parteivorsitzenden (nach dem Tode Schumachers am 20. August des Jahres) in einfachen Worten und „zum Mitschreiben" gesagt:

„Oberstes Ziel deutscher Politik ist die Wiedervereinigung Deutschlands. Die Aufrüstung Westdeutschlands aber und die militärische Einbindung in den westlichen Militärblock lehnen wir ab." Diese Worte fanden in etwas veränderter Form Einzug in das verabschiedete SPD-Aktionsprogramm. Was daraus wurde, wird den nachfolgenden Kapiteln vorbehalten bleiben.

Doch zunächst zurück zu Stalin. Nach Stalins Tod am 5. März 1953 fand im Zentralkomitee der SED in Ostberlin am 6. März die Trauersitzung statt, in deren Gefolge durch den Ministerrat die Anordnung der Landestrauer verkündet wurde. Elf Tage später wurde ein Beschluß des ZK veröffentlicht, daß so rasch wie möglich eine Veröffentlichung aller Werke des „großen Führers Stalin" in deutscher Sprache erscheinen müsse.

Moskau hatte bereits Ende Juni 1952 – als Stalins Note dort in den Papierkorb gewandert war – die Geduld mit Westdeutschland verloren. Die SED-Führung ihres Vasallenstaates DDR erhielt nunmehr die Genehmigung, „die Handschuhe auszuziehen". So wurde auf dem II. Parteikongreß der SED vom 9. bis 12. Juli 1952 der „Aufbau des Sozialismus in der DDR" besonders lautstark verkündet. Die SED forderte den „nationalen Befreiungskampf gegen die westalliierten Okkupanten Westdeutschlands" und erklärte: „Der Sturz des anglo-amerikanischen Vasallenregimes in Bonn ist eine Aufgabe aller friedliebenden und patriotischen Kräfte in Deutschland."

Damit war die Gefahr um den Weiterbestand der DDR vorüber. Ende Juli 1952 konnte Heinz Hoffmann, führendes Mitglied der SED, alter Brigadist der Internationalen Brigade in Spanien und Saboteur gegen Deutschland, mit seinem Kumpan Vincenz Müller, ehemals Generalleutnant der Deutschen Wehrmacht und jetzt führendes Mitglied der NDPD der DDR, an den Ausbau der 40000 Mann starken Bereitschaftspolizi der DDR gehen und daraus die Kasernierte Volkspolizei aufbauen, die im Oktober 1952 bereits 80 000 Mann stark war. Ihr Chef wurde Heinz Hoffmann, Stabschef und „Kopf" der KVP wurde Vincenz Müller.

Der Wunsch aller Deutschen, insbesondere aber der in der DDR lebenden Landsleute, nach einer Wiedervereinigung wurde stärker. Es mußte nach der Überzeugung der Vertreter dieser Richtung verhindert werden, daß zwei deutsche Armeen entstanden, die im Konfliktfalle aufeinander schossen. Nach wie vor sah die Bevölkerung der DDR in ihrer Regierung einen Satelliten Moskaus. Jedermann, selbst Funktionäre der SED und der FDJ, waren immer noch davon überzeugt, daß die deutsche Einheit wiederhergestellt werden würde. Deshalb ließ die steigende Druckausübung der SED-Regierung und die Unterdrückung jeder freien Meinungsäußerung in der DDR nach und nach die unter der Asche schwelende Glut zu heller Flamme aufbrechen.

Nach den alljährlichen Tiraden auf den „großen Fortsetzer und Vollender der unsterblichen Werke eines Marx, Engels und Lenins", Stalin, dem „Lehrer aller Werktätigen", dem „Bannerträger im Kampf um den Frieden der Welt", dem „besten Freund und Helfer des deutschen Volkes", wurde nach dem Tode des Tyrannen noch eine draufgesetzt. Nun war der verblichene Stalin zu einem in unerreichbare Höhen aufgestiegenen Heroen geworden. Walter Ulbricht formulierte dies auch so: „Der größte Mensch unserer Epoche ist dahingeschieden."

In Moskau selber, wo alle erreichbaren Menschen an Stalins Bild vorbeimarschieren und ihre Kopfbedeckungen abnehmen mußten, wurde dies völlig anders gesehen. Das Gros der Menschen, die an dem Bilde vorbeidefilierten, hatte vorsorglich keine Kopfbedeckung aufgesetzt.

Ein Generalstreik, der zum Volksaufstand wurde

Am 28. Mai 1953 beschloß der Ministerrat der DDR eine Normenerhöhung für alle Arbeiter des Landes um 10 Prozent, ohne Lohnerhöhung. Zwar waren die Methoden der Auspowerung der Arbeiter und Bauern in diesem Staat keine Seltenheit, wurde diese Haltung doch durch die Arbeitervertretung des Freien Deutschen Gewerkschaftsbundes lautstark genug propagiert und von den „Henneckes" der ostdeutschen Betriebe auch befolgt. Wer sein neues Soll – das also um weitere 10 Prozent erhöht worden war – nicht erfüllte, mußte sogar mit Lohn- oder Gehaltsabzügen rechnen. Das System dieser Ausplünderung wurde voll von den Gewerkschaften getragen, wie an anderer Stelle nachgewiesen werden soll.

Alles dies bewog die Führung der Streikenden, soweit man überhaupt bei dieser spontanen Entwicklung von einer Führung sprechen konnte, zum kommenden 17. Juni einen Generalstreik auszurufen. Das Ziel einer Wiedervereinigung Deutschlands stand vor der Tür, und es war für die Führung in Westdeutschland ein durchaus bedrohliches Ziel, das es zu verhindern galt. Dies klärt die Verhaltensweise der westdeutschen Führung und der Amerikaner in Sachen des RIAS Berlin. In seinem Werk „Revolution und Gegenrevolution in Osteuropa" erklärte Günther Bartsch dieses Verhalten folgendermaßen: „Herrnstadts Ziel ging offenbar dahin, die Kluft zwischen SED und dem deutschen Volk durch eine sozialere und nationalere Politik zu überwinden, was ihm und einem Teil der führenden Köpfe im Kreml nicht mehr unter der Führung Ulbrichts möglich erschien."

Dies waren jene objektiven Grundvoraussetzungen, die aus dem Streik der Bauarbeiter einen Volksaufstand entstehen ließen, den es im folgenden zu beleuchten gilt.

Das unblutige Vorspiel

Auf den verschiedenen Baustellen der Ostberliner Stalinallee gab es am 5. Juni 1953 die ersten Lohnzahlungen nach der Normenerhöhung. Spätestens an diesem Tage ging dem letzten Arbeiter auf, was damit gegen ihn im Schilde geführt wurde. Sie sollten um den Lohn ihrer Arbeit betrogen werden. Der wöchentliche Prämienlohn wurde um über die Hälfte gekürzt. Die Werktätigen rotteten sich zusammen und verlangten die Zurücknahme dieser neuen Normen.

Zwei Tage vorher war auch in bezug auf die Politik in der DDR einiger Zündstoff angehäuft worden. Am 3. Juni hatte der sowjetische Hohe Kommissar für Deutschland, Semjonow, der SED-Führung die Direktive des Kreml übergeben und alle führenden Genossen in seine Residenz Unter den Linden zitiert. Er erklärte den sprachlosen SED-Chargen, daß in diplomatischen Gesprächen mit der britischen Regierung die Möglichkeit eines wiedervereinigten neutralen Deutschland besprochen worden sei. Dies seien die ersten Früchte der neuen sowjetischen Außenpolitik unter Georgi Maksimilianowitsch Malenkow, dem Ersten Parteisekretär und Ministerpräsidenten, und dem Genossen Lawrentij Pawlowitsch Berija, seinem Stellvertreter. (Berija wurde am 23. Dezember desselben Jahres in Moskau hingerichtet, weil man seine Bestrebungen, nach Stalins Tod an die Macht zu gelangen, rechtzeitig erkannt hatte.)

Die deutschen Genossen mußten sich nunmehr beeilen. Er gebe ihnen nur noch eine Woche Zeit, in der DDR demokratische Verhältnisse zu schaffen. Semjonow befahl einen Widerruf der Entschließung zum „Aufbau des Sozialismus" vom Juli 1952, Widerruf der Preiserhöhungen, Rücknahme des Drucks auf die Kleinbetriebe und die private Landwirtschaft sowie Reiseerleichterungen aller Bürger nach Westdeutschland. Das würde bedeuten, daß das schlingernde Staatsschiff mit Hartruder auf Gegenkurs zu gehen hatte – und das bei grober See!

Am 9. Juni gab das SED-Politbüro bekannt, daß ein „neuer Kurs" eingeschlagen und daß man durch unverzüglich eingeleitete Maßnahmen den Fehlern der Vergangenheit begegnen werde. Die sozialen Ausbeutungsmethoden wurden jedoch nicht korrigiert. Sie aber waren das Gespräch unter allen Menschen. Anstatt hier einzulenken, wurden am 12. Juni erneut die reduzierten Lohnzahlungen vorgenommen.

Die Bauarbeiter empörten sich öffentlich und schrieben darüber hinaus einen Brief an den Genossen Ministerpräsident, Otto Grotewohl. In diesem Brief drohten sie damit, daß zum Streik aufgerufen werde, wenn diese ungerechten Normen nicht zurückgenommen würden. Sie beschlossen in einer ihrer Beratungen am nächsten Tage, eine Delegation zum Ministerpräsidenten zu entsenden, die ihm den Protest auch mündlich und in aller Schärfe übermitteln sollte.

Am 14. Juni brachte das „Neue Deutschland" einen Bericht seines Chefredakteurs Herrnstadt, der aufhorchen ließ. Dieser forderte die Führung auf, die wilden Normenerhöhungen zu beenden. Dies war eine Stimme, die den SED-Verlautbarungen konträr erschallte und zudem noch im „Staatsorgan" Neues Deutschland verkündet wurde.

Mußte nicht auch die Regierung auf der Seite der Arbeiter stehen? Waren sie nicht beinahe alle Arbeiter gewesen? Die Tischler Pieck und Ulbricht, der Drucker Grotewohl und alle die anderen? Hatten sie sich bereits so weit von ihren eigenen Genossen entfernt, daß sie nicht mehr wußten, wofür sie früher selbst gekämpft hatten, wenn sie nicht in Rußland gesessen hatten und dort auf die Marschrichtung der Weltrevolution eingeschworen worden waren?

Der Streik beginnt

Am Donnerstag, dem 16. Juni 1953, waren die Bauarbeiter des am oberen Ende der Stalinallee gelegenen Blocks 40 und auch jene des Blocks C Süd zum Streik bereit. Ein Drittel mußten sie bereits mehr arbeiten als zu Anfang dieser Bauphase. Nun sollte eine weitere zehnprozentige Normenerhöhung hinzukommen. Am 12. Juni hatten ihre Bauführer den betreffenden Ukas verlesen und hinzugefügt, daß sie sich ja in Diskussionen auf den Baustellen dazu bereit erklärt hätten. Keiner von ihnen hatte jemals selber so etwas geäußert oder einen Kollegen eine solche Äußerung tun hören.

Am Montag, dem 15. Juni, war die Arbeit in Block C Süd dennoch wiederaufgenommen worden. Als die Arbeiter am Morgen des 16. Juni ihre Arbeitsstätten erreichten, konnten sie die noch druckfeuchte „Tribüne" zur Hand nehmen, aus der sie erfuhren, daß es gelte, die Beschlüsse des Ministerrates über die Normenerhöhung durchzuführen.

Die Streikbereitschaft eskalierte zur Tat. Die ersten 80 Männer des Blocks 40 formierten sich. Ihnen schlossen sich Arbeiter aus dem Block C Süd an. Bis 10.00 Uhr waren es 1500, die zum Alexanderplatz marschierten. Als sie ihn erreichten, hatten sich weitere Tausende dem Zuge angeschlossen, so daß der Verkehrspolizist auf der Kreuzung die Ampel abstellte, den Autoverkehr umleitete und den gesamten Zug durchschleuste. Als sie am Haus des FDGB vorbeikamen forderten sie die dort stehenden Funktionäre auf, mitzukommen und mit ihnen und für sie zu kämpfen. Die Funktionäre forderten sie im Gegenzug dazu auf, zum Marx-Engels-Platz zu gehen und mit ihnen zu diskutieren.

Es waren 3000 geworden, die das alte Luftfahrtministerium erreichten, das jetzt Regierungssitz war. Sprechchöre forderten Ulbricht und Grotewohl dazu auf, zu ihnen herauszukommen.

Es dauerte eine halbe Stunde, bevor einer der fünf stellvertretenden Ministerpräsidenten, Heinrich Rau, sich am Fenster zeigte. Der Minister für Schwerindustrie, Selbmann, trat an dessen Seite. Beide erklärten, daß Ministerpräsident Grotewohl nicht anwesend sei.

Schließlich kamen Selbmann und Prof. Robert Havemann von der Ostberliner Universität heraus. Minister Selbmann wurde auf einen Tisch gehievt, Havemann danebengestellt. Aber Selbmann kam nicht zu Wort, er wurde niedergebrüllt. Havemann versuchte es schließlich. Aber auch ihm gelang es nicht, mit seiner dozentenhaften Art zu den wütenden Arbeitern in Kontakt zu treten.

Dennoch fielen bereits jene Worte, die andeuteten, daß es längst kein Streit mehr gegen zu hohe Normen war, der hier geführt wurde. Als Minister Selbmann noch einmal auf den Tisch kletterte, nachdem er sich im Regierungsgebäude Rat geholt hatte, rief er in die Menge: „Die Regierung hat die Normenerhöhung zurückgenommen und sich entschlossen, die Forderung der Arbeiter der Stalinallee zu erfüllen." Es war ein Blockträger von der Baustelle C Süd, der dem Minister jene Antwort gab, die anzeigte, zu was dieser Streik zu eskalieren drohte: „Wir stehen hier nicht nur wegen der Normen. Wir stehen hier für ganz Ostberlin und für die ganze Sowjetzone. Was du hier siehst, ist eine Volkserhebung!" (Siehe Hildebrandt, Rainer: Der 17. Juni)

Der aufbrandende Beifall zeigte allen Menschen auf dem Platz und jenen an den Fenstern des Regierungsgebäudes, daß es nun Ernst wurde. Selbmann verließ die überhöhte Position des Tisches, und der Bauarbeiter forderte die Regierung auf, für ihre Fehler die Konsequenzen zu ziehen: „Wir fordern die Regierung auf, zurückzutreten. Wir fordern freie und geheime Wahlen."

Danach skandierten die sich bildenden Sprechchöre: „Abtreten! Abtreten! Abtreten!" Zum Schluß stieg auch der Bauarbeiter Heinz Schlafke noch einmal auf den Tisch und verkündete: „Wenn Ulbricht oder Grotewohl nicht binnen einer halben Stunde hier sind, dann marschieren wir durch die Straßen und rufen zum Generalstreik auf." (Siehe Hildebrandt, Rainer: a.a.O.)

Danach wurde die Parole ausgegeben, daß man sich am nächsten Morgen am Strausberger Platz treffen wolle. Als die Volkspolizei vor ihrem Gebäude am Alexanderplatz zwei Demonstranten aus der Menge herausholte und ins Gebäude schleppte, forderten die Demonstranten ihre sofortige Herausgabe, widrigenfalls würden sie das Gebäude erstürmen. Die beiden kamen wieder frei.

Die Rolle des RIAS Berlin

Die Sendungen des Rundfunks im amerikanischen Sektor – RIAS – waren für die Menschen der DDR bestimmt und sollten diese über Dinge informieren, von denen sie in ihren Druckerzeugnissen und im Rundfunk nichts hörten.

Der Kommentator des RIAS, Walter Gerhardt, hatte bereits unmittelbar nach Bekanntwerden der Normenerhöhung mit einem Kommentar darauf reagiert, die Maßnahmen des Ostberliner VEB Wohnungsbaus am 13. Juni kritisiert und darauf hingewiesen, daß die Belegschaft der TEWA-Werke in Finsterwalde bereits am 11. Juni eine Arbeitsniederlegung geplant habe, wonach die verkündete Normenerhöhung wieder zurückgezogen worden sei.

Durch solcherart Berichte waren auch die Arbeiter der Stalinallee davon überzeugt, daß ihr Aufruf zum Generalstreik durch den RIAS erfolgen werde und ihn dann alle hören und befolgen würden. Am 16. Juni meldeten sich am Nachmittag fünf Arbeiter, um dem RIAS über die Geschehnisse dieses Tages zu berichten. Der RIAS erfuhr, daß die Bauarbeiter der Stalinallee gestreikt hätten und zum Regierungsgebäude marschiert seien. Für 14.00 Uhr sei ein Ministerrat einberufen worden.

Redakteur Gerhardt brachte diese Nachricht seinem Chef, Direktor Gordon Ewing. Danach berichtete auch der US-Major Melvin U. Lasky, der die Kulturzeitschrift „Der Monat" herausgab, seinem Kollegen Ewing, daß es in Berlin brodele. Die Hohe Amerikanische Kommission meldete sich beinahe gleichzeitig aus Mehlem bei Bonn. Sie hatte bereits per Telefon den Berliner Mitarbeiter für öffentliche Angelegenheiten, James Ruchti, verständigt, der am Nachmittag die Redaktion des RIAS betrat.

Der Hohe Kommissar, James B. Conant, und der Direktor für Öffentliche Angelegenheiten Mickey, Boerner, weilten in den Staaten. James Ruchti erklärte, daß er die militärische Sicherheit und die Einheit mit den Verbündeten zu beachten habe. Er fragte die fünf Arbeiter – die noch immer darauf warteten, ob der RIAS den von ihnen erbetenen Streikaufruf durchgeben werde –, ob sie denn auch „die Verantwortung für die Sicherheit Berlins übernehmen würden". Mit diesen Floskeln wurden nicht nur die fünf Männer der Bauarbeiterdelegation „hingemacht", wie es einer von ihnen bezeichnete.

Schließlich erklärte der Programmdirektor Eberhard Schütz: „Eine Rundfunkredaktion kann und darf kein Generalstab sein." Dennoch sendete RIAS Berlin um 16.30 Uhr dieses 16. Juni die ersten Reportagen über den Streik. Er zitierte Minister Selbmann ebenso wie die Arbeiter. Zum Schluß der Sendung tauchte jenes ominöse Wort, um das es ging, das erste und letztemal auf: „In Sprechchören wurde immer wieder die Forderung nach freien Wahlen gestellt, während einzelne zum Generalstreik aufriefen."

Um 18.00 Uhr dieses Tages forderte Direktor Gordon Ewing seine Redakteure auf, über den RIAS zu keinerlei Aktionen aufzufordern. Das Wort „Generalstreik" habe in keiner

Sendung mehr zu erscheinen. Vorausgegangen war dieser Aufforderung ein Anruf des US-Hauptquartiers. Darüber hinaus hatte Ewing mit Wahington telefoniert und von dort die Direktive erhalten: „To do nothing that could provoke the Soviets."

Die deutschen Stellen hatten sich gründlich ausgeschwiegen. Wo vorher immer wieder nationale Töne in den Medien angeschlagen wurden, herrschte nun, wo es darauf ankam, völlige Funkstille. Mehr noch: Im Studio 5 des RIAS war ein aus Bonn überspieltes Tonband aufgenommen worden. Der Sprecher war niemand anderer als der Minister für Gesamtdeutsche Fragen, Jakob Kaiser. Er verkündete, daß die Demonstrationen der Bevölkerung von Ostberlin zwar niemanden überraschten, daß er dennoch an jeden Bewohner der sowjetischen Besatzungszone die Aufforderung richte, „sich weder durch Not noch durch Provokationen zu unbedachten Handlungen hinreißen zu lassen. Die grundlegende Änderung eures Daseins kann und wird nur durch die Wiederherstellung der deutschen Einheit und Freiheit erreicht werden."

Nach diesem Dämpfer kamen wieder die gleichen Laute wie schon so oft früher und ebenso oft später. Daß man den Bürgern in der sowjetischen Besatzungszone in Solidarität, wie übrigens auch die ganze freie Welt, verbunden sei. Die heiße aber: „Besonnenheit wahren!"

Das war das letzte, was die Ostberliner hören wollten, und es war genau das Gegenteil von dem, was immer noch die Arbeiter dieser Stadt vom RIAS erbaten: „Den Aufruf zum Generalstreik bekanntzugeben." Direktor Ewing erklärte dazu kühl und „besonnen", daß dies ein deutscher Aufstand sei und daß er einer amerikanischen Dienststelle vorstehe, ergo damit nichts zu tun habe. Womit sich wiederum die Frage stellte, was ein amerikanischer Sender in Berlin sonst zu tun habe. Daß von RIAS Hilfe erwartet werde, erfuhr er immer wieder. Der Westberliner Chef des Deutschen Gewerkschaftsbundes, Ernst Scharnowski, war es, der etwa zwei Stunden vor Mitternacht beim RIAS erschien, um eine Rundfunkrede zu halten und darin den Aufruf zum Generalstreik zu verkünden.

Um 23.00 Uhr des 16. Juni wurde schließlich ein modifizierter Aufruf Scharnowskis mit einem Vorwort von Gerhardt aufgenommen. Darin der Hinweis: „Sucht eure Strausberger Plätze überall auf! Je größer die Beteiligung ist, desto machtvoller und disziplinierter wird die Bewegung für euch mit gutem Erfolg verlaufen."

Der Versuch der Selbstbefreiung

Am Morgen des 17. Juni begann der erste und zugleich folgenschwerste Versuch der Berliner Arbeiter, sich von der Versklavungspolitik mit Hungerlöhnen, Polizeiterror und Bespitzelung durch die SED zu lösen. Aus dem Streik wurde ein Generalstreik, aus diesem der Volksaufstand, die Revolution.

Die aus Moskau unmittelbar vor Kriegsschluß eingereisten stalinistischen Erfüllungsgehilfen, Pieck, Ulbricht und Grotewohl und jene vielen anderen in ihrem Schlepptau ebenso wie jene, die schon vorher per Fallschirm als Partisanen und im Bahntransport, als Landser getarnt, als Saboteure nach Deutschland eingeschleust worden waren, sollten nunmehr von dem waffenlosen Herr der Arbeiter hinweggefegt werden.

Die neue Kremlführung mußte Ulbricht stützen. Den aufständischen Arbeitern aber fehlte das, was diesen Aufstand zum Umsturz und zu einem neuen Anfang hätte werden lassen können: die neuen Köpfe, eine neue Elite, eine neue Regierung, die den alten Schergen gegenübergestellt werden konnte. Die Kasernierte Volkspolizei, auf die sich das Volk allein hätte stützen können, stand im Dienste des Staatssicherheitsdienstes. Dennoch verbrüderten sich Hunderte mit ihren Arbeitergenossen. In 16 Industriestädten der DDR waren bereits bis zum 15. Juni Streiks ausgebrochen und zeigten an, daß die Stimmung nicht nur in Berlin explosiv war. Die Gesamtzahl der Streikenden wurde mit 400 000 Mann angegeben.

Als die ersten Meldungen von dem Arbeiteraufstand durch die Telefone in die Welt hinausgeschrien wurden, befand sich der Regierende Bürgermeister von Westberlin, Ernst Reuter, zu einem internationalen Städtetag in Wien. Reuter, der ehemalige Volkskommissar in der Wolgadeutschen Republik aus Lenins Gnaden, aber auch Mitglied des Berliner Magistrats und Oberbürgermeister von Magdeburg, war Manns genug, das auszusprechen, was alle anderen westlichen Stellen verschwiegen: „Diese Aufstandsbewegung ist eine Revolution!"

Diese Revolution wurde von deutschen Arbeitern getragen. Jene Dichter und Denker der DDR, die sich an die Spitze hätten setzen müssen, was ihrem oftmals selbst postulierten Selbstverständnis als Vordenker und „Gewissen der Nation" entsprochen hätte, verhielten sich mäuschenstill. Diese Herren, die später so vollmundig bis in unsere Tage hinein tönten, was sie alles für das Volk getan hätten, waren schlagartig verstummt, hatten sich in ihre Löcher verkrochen. Die Bloch und Zweig, die Renn und Seghers, die Hermlin und Heym, die Becher, Kuba und Brecht standen im Lager der Unterdrücker, sie waren wie diese von panischer Furcht erfüllt vor dem Urteil der Arbeiterklasse.

Die auf die Russenpanzer sprangen, um sie zu stoppen, waren Arbeiter, keine Intellektuelle. Sehen wir uns einmal daraufhin Stefan Heyms Roman „5 Tage im Juni" an. Dort ist nicht von einem jener Männer des Aufstandes die Rede, sondern von jenen, die als „Arm der SED" gegen sie schrieben und agierten.

Diejenigen Dichter, die im Ausland gedrillt worden waren, waren als Umerzieher zurückgekommen, als Bestrafer der Nation, nicht aber als Leidensgefährten oder gar Brüder. Sie saßen in ihren abgeschirmten Villen und Clubs, genossen ihre Privilegien, während sie das Los ihrer eigenen Landsleute kaltließ. Brecht beispielsweise formulierte diese Privilegien in einem Brief an Erwin Piscator: „Am deutschen Theater haben wir Künstler enorme Privilegien. Wir können im Adlon wohnen, könnten aber auch jederzeit eine eigene Wohnung oder ein eigenes Haus haben. Du würdest mit großer Wärme empfangen." (Siehe Strauss, Wolfgang: Aufstand für Deutschland – Der 17. Juni 1953)

Am Tage des 17. Juni, als deutsche Arbeiter verbluteten, weil sie der Knechtschaft entrinnen wollten, schrieb Bertold Brecht im „Neuen Deutschland" der Staatsführung folgende Treueerklärung:

„Werter Genosse Ulbricht!

Die Geschichte wird der revolutionären Ungeduld der SED ihren Respekt zollen. Es ist mir ein Bedürfnis, Ih-

nen in diesem Augenblick meine Verbundenheit mit der Sozialistischen Einheitspartei Deutschlands auszudrükken,
    Ihr Bertolt Brecht."

Dafür erhielt der große Dichter zwei Jahre später, kurz vor seinem Tode, den Stalin-Preis, kurz bevor Stalin durch Nikita Chruschtschow entlarvt wurde. In Moskau sattelte dann Brecht noch einen drauf, als er in seiner Dankesrede erklärte:

> „Ich danke dem Komitee für Internationale Stalin-Preise für die Verleihung des Stalin-Friedenspreises. Ein solcher Preis scheint mir der höchste und am meisten erstrebenswerteste von allen Preisen, die heute verliehen werden können."

Und nicht nur dem Ministerpräsidenten der DDR, sondern vielen anderen schrieb Bertolt Brecht ebenfalls seine Treuebriefe und Dankschreiben. (Siehe dazu: Europäische Ideen, West-Berlin 54/55 1982)

Am frühen Morgen des 17. Juni um 05.00 Uhr wurde der erwähnte Bericht von Ernst Scharnowski im Nachrichtendienst des RIAS gesendet.

Die Arbeiter standen allein, keiner der Prominenten hatte sich an ihre Spitze gestellt, alle wollten ihre Hände in Unschuld waschen, als sich der Zug der Streikenden bei strömendem Regen in Bewegung setzte.

Handzettel wurden unterwegs verteilt, darauf die Forderungen der Arbeiter in zehn Punkten:
„1. Volle Sicherheit für die Sprecher des Streiks.
2. Freie Rede- und Pressefreiheit.
3. Abschaffung der erhöhten Normen.
4. Senkung der HO-Preise.
5. Freie Wahlen für ganz Deutschland.
6. Weg mit den Zonengrenzen.
7. Abzug aller Besatzungstruppen.
8. Weg mit der Kasernierten Volkspolizei.

9. Freilassung aller politischen Häftlinge.
10. Rückführung sämtlicher Kriegsgefangenen aus der Sowjetunion.“

Der Streik wurde ebenfalls mit einer Reihe von Forderungen der Arbeiter begründet. Dieses Flugblatt kam auf den Baustellen in Ostberlin zur Verteilung. Unter den 12 Forderungen auch folgende: „Weg mit den Normen. Einen Lohn, der den Preisen in der DDR entspricht. Freie Wahlen für ganz Deutschland. Freilassung aller politischen Häftlinge. Fortfall der Volkskontrolle. Auflösung der Konzentrationslager (!) für Politgefangene. Solidarisierung mit den verschleppten Kriegsgefangenen in Rußland. Schleifung der Zonengrenzen.“

Mit allen diesen elementaren Forderungen eines geknechteten Volkes wollten sich die Intellektuellen dieses Staates nicht solidarisch erklären. Ihre Solidarität galt den Henkern und Spionen, den Verderbern und den Knüpplern der Staatssicherheit.

Der Streik pflanzte sich in Windeseile fort. Von Berlin griff er nach Halle und Magdeburg über, von Jena nach Görlitz und Rostock. Was niemand in Berlin und anderswo in der DDR wußte, war die Tatsache, daß sich die UdSSR nach anfänglichem Zögern dazu entschlossen hatte, diese Streiks mit allen verfügbaren Mitteln niederzuschlagen. Wenn nötig, sollte diese Revolution in Blut erstickt werden.

Bis zum Mittag waren auch die Streikenden aus dem Stahlwerk Hennigsdorf in Berlin eingetroffen: insgesamt 12 000 Männer und Frauen. Sie protestierten gemeinsam mit den Berliner Bauarbeitern. Auf dem Marsch durch Berlin ließ sich keiner aus der Regierungsmannschaft der SED blicken. Die Regierung hatte bereits am Morgen um 8.00 Uhr erreicht, daß der sowjetische Hochkommissar in Deutschland, Wladimir Semjonow, Chef der sowjetischen Kontrollkommission und ab 1953 Hochkommissar und Botschafter in Ostberlin, den Befehl über Berlin übernommen hatte. Dieser und sein persönlicher Berater Judin hatten zwei russische Schützen-Divisionen (mot.) und eine Panzer-Division alarmieren lassen. Diese mußten erst aus ihren Garnisonen herankommen.

Bis 11.00 Uhr schien die Regierung geflohen, das Politbüro von den Sowjets entmachtet, der Sieg der Arbeiter in greifbare

Nähe gerückt. Aber dann trat das ein, was insgeheim befürchtet worden war. Die Menschenmenge, die mit dem Deutschlandlied auf den Lippen durch die Straßen zog, wurde gegen Mittag von den ersten in die Stadt einrollenden Panzern der sowjetischen 1. Panzer-Division, die durch das Regierungsviertel rollte, gestoppt. Die Panzer „befreiten" das Haus der Ministerien in der Leipziger Straße. Als die Arbeiter nicht weichen wollten, gab der sowjetische Generalmajor Dibrowa, Stadtkommandant von Ostberlin, den Feuerbefehl.

An dieser Stelle sei der Augenzeugenbericht eines Berliner Arbeiters eingeschoben: „Die sowjetische Panzergruppe, die vom Lustgarten über die Straße Unter den Linden, die Friedrichstraße in die Leipziger Straße zum Zentrum des Aufstandes vorgedrungen war, stand nun eingekeilt, bewegungsunfähig in der Menschenmenge, die noch immer das Haus der Ministerien belagerte.

Wir hatten uns eingehakt, waren entschlossen, nicht zu weichen und jede gewaltsame Bewegung der Panzer und ihren Ausbruch zu verhindern.

Ich stand ganz vorn, beim vordersten Panzer, der die Nummer 84 trug, und erwartete das Eingreifen der Sowjets. Ich konnte über mir, neben dem Turmluk, den sowjetischen General erkennen. Hinter ihm ein Offizier, der auf der Turmluke hockte. Neben mir sagte ein Arbeitskollege, dieser General heiße Dibrowa und sei der Berliner Stadtkommandant . . .

Jetzt blickte der General zur russischen Infanterie hinüber, die 100 Meter entfernt mit Volkspolizisten in die Straße einbog, die Gewehre waagerecht vor den Leibern, langsam, mit fast zögernd erzeugter Gewalt die Menge abdrängte, um die eingekeilten Panzer zu erreichen und ihnen die Manövrierfähigkeit zurückzugeben.

Wir pfiffen und schrien ‚Pfui!'.

Ein Lautsprecher begann zu dröhnen, noch ehe der Begleitoffizier des Generals, der soeben sprechen wollte, das erste Wort sagen konnte. Es war ein hinter der Infanterie heranrollender Lautsprecherwagen der Regierung. Die kräftige Stimme wiederholte nur immer: ‚ . . .wird im sowjetischen Sektor von Berlin der Ausnahmezustand verhängt!'

Schließlich hörte ich, wie der General den Panzern ‚Sabiraitje!' zurief, was soviel wie ‚Vorwärts!' hieß.

Dabei machte er die Bewegung des Zugreifens und wenig später eine des Halsabschneidens. Die Soldaten begriffen nun und drängten wieder gewaltsam vorwärts. Sie rissen die deutschen Volkspolizisten mit sich, um die Panzer zu befreien und dem General zu gehorchen, der offensichtlich ihnen mit der Gebärde des Halsabschneidens drohte, wenn sie seinem Befehl nicht nachkamen.

Dann setzten sich auch die Panzer in Bewegung, schaukelten schwerfällig über die Bordsteinkanten, rissen mit mahlenden Gleisketten den Asphalt auf und wälzten sich mit dröhnenden Motoren in die Menge, die nun von Infanterie und Panzern gleichzeitig angegriffen wurde und hastig zurückwich.

Einige am Rande dieses Geschehens hoben Pflastersteine auf und schleuderten sie auf die Panzer. Die Volkspolizisten legten schützend die Hände über ihre Köpfe und wichen zurück.

Doch die Panzer rückten weiter vor, fächerartig ausschwärmend, mit aufheulenden Motoren Raum gewinnend. Ich sah, wie ein Junge einen der Panzer erkletterte und versuchte, dessen Antenne zu verbiegen. Ich sah, wie ein anderer Panzer, der im Ruinengelände neben der Straße eingebrochen war, von Arbeitern erklettert wurde, die, neben dem Turm stehend, Ziegelsteine durch das Turmluk hineinwarfen.

Dann peitschten die ersten Schüsse. Ich wußte, daß der General auf dem Panzer Nr. 84 das Feuer freigegeben hatte. Zwei Männer schleppten einen Balken herbei, mit dem sie versuchten, den Turm des Panzers zu verklemmen.

Es wurde in die Luft geschossen. Deshalb hakten sich die Männer unter und gingen noch einmal – es waren Hunderte – gegen die Infanterie und gegen die Volkspolizisten vor, während die Panzer weiterrollten." (Siehe dazu Paul Wolfgang: Kampf um Berlin S. 238–241)

Als erstes Opfer dieses gewaltlosen Aufstandes wurde ein Arbeiter, der sich eigentlich nur aus „Versehen" in der Menge befand, am Zeughaus Unter den Linden von den Raupenketten eines russischen Panzers zermalmt.

Die 1. Panzer-Division mit 3000 Soldaten, unterstützt durch

10 000 Mann der Kasernierten Volkspolizei, griffen in Berlin nun an. In der Bernauer Straße im Wedding wurde „aus Versehen" ein neunjähriges Kind von deutschen Polizisten erschossen. Daß auch Männer der Kasernierten Volkspolizei die Waffen fortwarfen und sich mit den Arbeitern solidarisierten, ist Tatsache. Auch von ihnen verbluteten eine ganze Reihe in dem Versuch, das von den Sowjets besetzte Regierungsgebäude zu erstürmen. Das Büro der Geheimpolizei in der Friedrichstraße wurde in Besitz genommen. Das Columbushaus und das „Haus Vaterland" am Potsdamer Platz gingen in Flammen auf.

In der Stresemannstraße starb ein weiterer Arbeiter im MP-Feuer der Volkspolizei. Hunderte Menschen blieben verletzt liegen. Im MG-Feuer russischer Panzer stürzten Menschen blutend zu Boden und riefen um Hilfe. Sie wurden von Helfern des Roten Kreuzes unter Lebensgefahr geborgen. Russische Pak war Unter den Linden aufgefahren und schoß mit Sprenggranaten in die Arbeitermassen hinein, die mit dem Deutschlandlied auf den Lippen verbluteten. Russische Scharfschützen nahmen Demonstranten unter gezieltes Feuer. Ganz gleich, ob diese flohen, ob es junge Frauen oder alte Männer waren.

Die Straßenkämpfe in Berlin dauerten den ganzen 17. Juni hindurch bis in die Nacht und in die ersten Morgenstunden des 18. Juni 1953 an. General Dibrowa verdiente sich hier seinen „Ehrentitel" „Henker von Berlin". Er ließ die Sektorenübergänge sperren, um die in den Westen fliehenden Menschen zu stoppen. Die Westmächte reagierten mit „Nichtstun". Russische Exekutionskommandos liquidierten in den Hinterhöfen Berlins kurzerhand die gefangenen „Feinde".

Im Morgengrauen des 18. Juni starb hier auch der Arbeitslose Willy Göttling aus dem französischen Sektor. Er war auf dem Weg zur Stempelstelle in einen russischen Hinterhalt geraten, wurde gefangengenommen und erschossen.

„Auf den Straßen von Berlin wurde" nach der Meldung der New York Times vom 17. Juni 1953, „ein neuer Abschnitt der Weltgeschichte eröffnet". Eisenhower trat nun vor die US-Presse und teilte dieser mit, daß „dieses Ereignis den kommunistischen Behauptungen Lügen Strafe, es gebe hinter dem Eisernen Vorhang nur glückliche Menschen".

In Wien aber sprach Ernst Reuter, dem man eine Sondermaschine zum Flug nach Berlin verweigert hatte, auf dem internationalen Städtetag: „Diese Aufstandsbewegung ist eine volle Revolution und der Anfang vom Ende des Ostberliner Regimes." Ernst Reuter war der einzige Sozialdemokrat, der dies so sah. Alle anderen „Parteifreunde und Genossen" hielten sich weise zurück.

Im Schöneberger Rathaus in Westberlin sprach Erich Ollenhauer und bat um Hilfe „für die geknechtete Bevölkerung der Sowjetzone". Der SPD-Senator Joachim Lipschitz meinte, daß die „Zeit der halben Maßnahmen vorbei" sei. Aber es erfolgten keine halben Maßnahmen, es erfolgten überhaupt keine, außer den sattsam bekannten Sonntagsreden. Den Marsch aller Westberliner nach Ostberlin setzten die SPD-Männer nicht in Bewegung. Der Generalstreik wurde in der Bundesrepublik nicht ausgerufen. Die Kriegserklärung der so sozialistischen Internationale an die sozialistischen Brüder erfolgte nicht.

In Kreuzberg und Neukölln versammelten sich nach der blutigen Niederschlagung dieses Volksaufstandes 60 000 Demonstranten. Im Abgeordnetenhaus sprach Senatspräsident Dr. Otto Suhr wieder einmal mehr von den „treuesten Söhnen des Volkes", den Arbeitern, und verkündete: „Ihr im Osten sollt wissen, daß ihr euch auf uns verlassen könnt!"

Verlassen, das waren sie im wahrsten Sinne des Wortes. Die Geschichte der deutschen Solidarität starb an diesem blutigen Tag auf dem Potsdamer Platz im Herzen von Berlin. Am 18. Juni fielen achtzehn deutsche Arbeiter unter den Salven der Erschießungskommandos in der DDR. Die konkreten Zahlen dieses blutigen Traumas blieben weitgehend im dunkeln. Weder in der DDR noch in der BRD wurde in der Folgezeit bekannt, daß aus Anlaß dieser Revolution 25 000 Menschen in ostzonale Straflager und Gefängnisse wanderten.

Das Standrecht, das verkündet worden war, mordete aber nicht nur Streikende und Unbeteiligte, es vergriff sich auch an jenen Volkspolizisten, die sich als wahre Menschen und Brüder erwiesen hatten; und an Rotarmisten, die es ablehnten, ihre Waffen auf deutsche Arbeiter zu richten. Am frühen Morgen des 27. Juni marschierte auf einer Waldlichtung bei Biederitz in der Nähe von Magdeburg das Erschießungskommando des Schützen-Regimentes 73 auf. In ihrer Mitte jene 18 gefangengenommenen Rotarmisten, die hier ihr Ende finden sollten. In Dreierreihen aufgestellt, mußten sie an die vorbereiteten Gruben treten und wurden erschossen. Wer nach den Salven noch nicht tot war, erhielt den probaten Genickschuß.

In Ostberlin aber waren es 23 weitere Besatzungsoffiziere, die im Feuer der Exekutionskommandos ihr Leben ließen. Sie waren mit den deutschen Demonstranten marschiert und hatten „nur" über die Köpfe der Menge hinweggeschossen. Ulbrichts „Stasi-Gardisten" aber hatten einfach „draufgehalten! Ganz im Gegensatz zu vielen Soldaten der Roten Armee." (Siehe dazu auch Günther Bartsch: Revolution und Gegenrevolution in Osteuropa 1948–1968)

Auf der Potsdamer Chaussee wurde lange Zeit später ein Gedenkstein für jene sowjetischen Offiziere und Soldaten errichtet, die „sterben mußten, weil sie sich weigerten, auf Freiheitskämpfer des 17. Juni 1953 zu schießen".

In den Lexika des Westens wurde über die Zahlen der Opfer folgendes bekannt: „Die Zahl der Todesopfer am 17. 6. 1953 und an den folgenden Tagen betrug mindestens 267 Demonstranten, 116 Funktionäre des SED-Regimes, und 18 Soldaten der Roten Armee. Nicht genau zu ermitteln sind die Zahlen der standrechtlich Erschossenen und der zum Tode Verurteilten (über 100). Im Zusammenhang mit dem 17. Juni 1953 ergingen 1334 Gerichtsurteile." (Siehe A. Baring, Der 17. Juni 1953, in: Brockhaus Enzyklopädie in 20 Bänden)

Gefangen – gemartert und getötet

Die Zahl der Arbeiter, die als „Rädelsführer der Streiks, Verräter, Agenten, Mörder und Saboteure" in die Folterkeller der Staatssicherheit eingeliefert wurden, geht nach der Überzeugung des DDR-Experten Karl Wilhelm Fricke in die Tausende. Die Gefängnisse der DDR waren binnen weniger Tage total überfüllt. Am Abend des 17. Juni bereits meldete sich die Regierung Grotewohl – deren Evakuierung nach Moskau bereits vorbereitet worden war –, daß „die Schuldigen an den Unruhen zur Verantwortung gezogen und streng bestraft" werden würden. (Siehe „Neues Deutschland" vom 18. Juni 1953) Die Rachejustiz ließ 21 Todesurteile vollstrecken. Damit starben Arbeiter, die nichts anderes als ein menschenwürdiges Leben gefordert hatten, unter dem Fallbeil der ostzonalen Justiz.

Am Tage nach diesem Massaker begann die planmäßige Protestaktion der drei westlichen Stadtkommandanten an General Dibrowa. Am Telefon forderte Ernst Reuter, der endlich mit einer Sondermaschine aus Wien eingetroffen war, vom US-General Timberman eine Intervention zugunsten der eingekerkerten Arbeiter, doch dieser zuckte nur die Achseln.

Ernst Reuter, von der Moskauer „Literaturnaja Gaseta" als „abscheuliche Kreatur" apostrophiert, war der einzige, der an seine Arbeiterkollegen dachte. Er forderte, daß die gesamte freie Welt aus ihrem Nichthandeln erwachen und auf der politischen Bühne aktiv werden müsse. Reuter wollte freie Wahlen in Berlin, „um eine Regierung zu bilden, welche die ganze Stadt repräsentiert".

Aus dem Aufstand des 17. Juni wurde schließllich die Urkunde der Spaltung Deutschlands. Nicht einmal ein blutiger Volksaufstand konnte Westdeutschland und seine westlichen „Schutzmächte" aus ihrer totalen Untätigkeit herausholen. Ernst Reuter überlebte diese Schande seiner Partei nicht mehr lange. Er starb am 29. September desselben Jahres. Theodor Heuss verkündete an seinem Grabe: „Der Tag wird kommen, an dem die Menschen aus Berlin, Dresden, Rostock, Halle und Magdeburg auf seinem Grab in Zehlendorf eine Blume niederlegen und ihm ‚Dank, Dank' sagen."

Daß bis heute keine einzige Straße, keine einzige Schule, keine Kirche und keine Universität den Namen Ernst Reuters trägt oder den Namen eines der im blutigen Juni 1953 erschossenen aufrechten Deutschen, sondern die Namen jener, die mit Bert Brecht ihren Hauptträger fanden, ist eine Tatsache, die dies alles in einem zwiespältigen Licht erscheinen lassen. In dieser makabren Tatsache bekundet der „freie" Westen seine völlige Unfähigkeit zur richtigen Gewichtung und Einordnung der Ge-

Der Panzer Nr. 94 wird von jungen Ostdeutschen angegriffen.

Auf dem Panzer Nr. 84 vorn der Stadtkommandant von Berlin, General Dibrowa. Er fordert die Menschenmassen auf, nach Hause zu gehen.

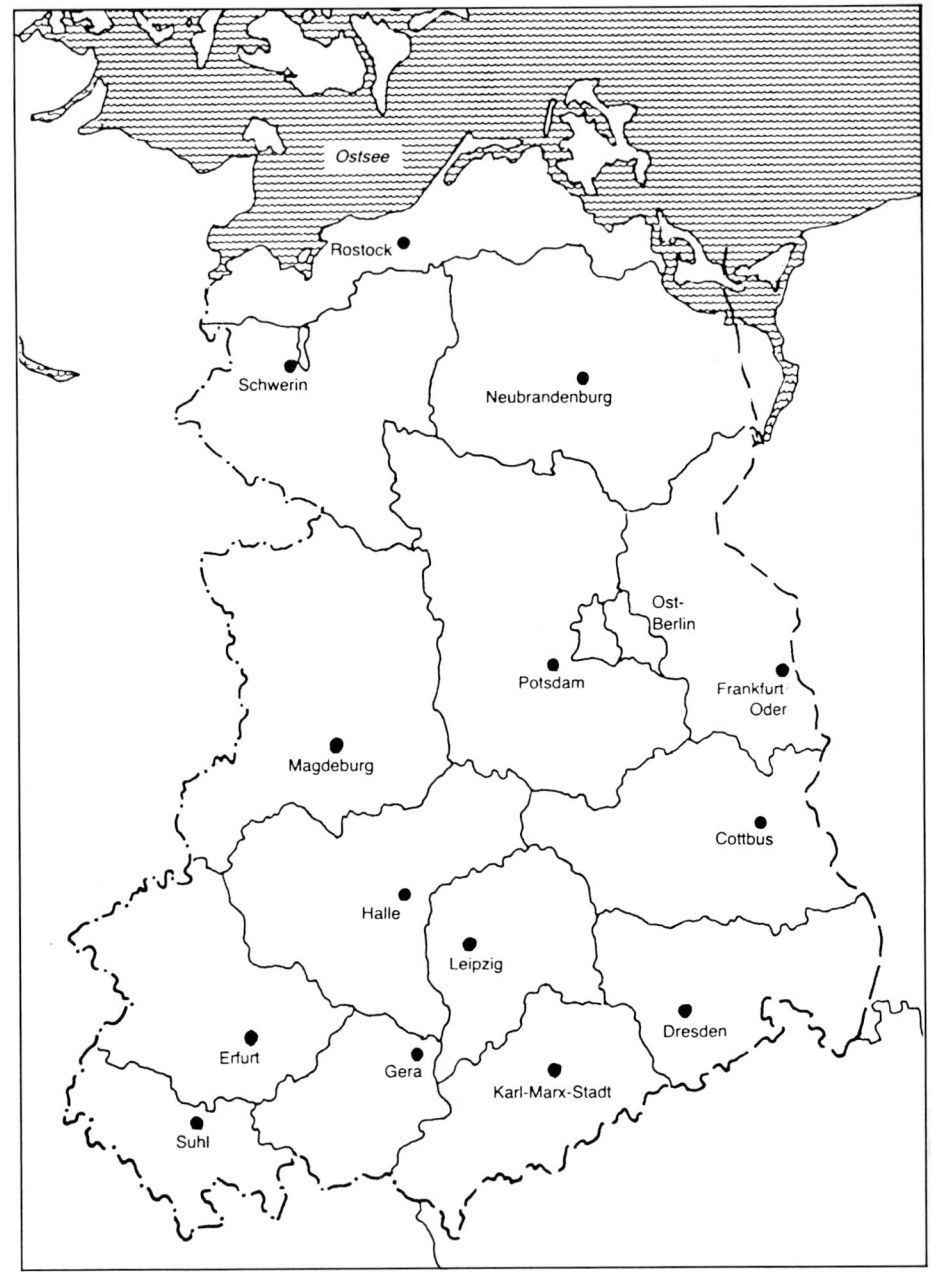

Die DDR mit ihren 14 Bezirken und Berlin-Ost. Hier ist Chemnitz bereits in Karl-Marx-Stadt umbenannt worden.
Die Bestrebungen gehen heute dahin, die alten Länderbezeichnungen wieder einzuführen und die 14 Bezirke aufzulösen.

*Der Panzer Nr. 94 wird auf dem Potsdamer Platz mit Pflastersteinen
beworfen. Sie haben Befehl, nicht zu schießen.*

Der Wachwechsel vor dem Alliierten Gefängnis in Spandau, West-berlin. Als letzter der vom IMT in Nürnberg wurde hier Rudolf Heß bis zu seinem mysteriösen Tod am 17. August 1987 »bewacht«. Hier die sowjetisch-amerikanische Zeremonie. Diese Wachwechsel zwischen den vier Stadtkommandanten fanden jeden Monat statt. Nach dem Tode von Rudolf Heß wurde das Spandauer Gefängnis dem Erdboden gleichgemacht.

schehnisse in Mitteldeutschland und ein gestörtes Verhältnis zum „normalen Rechtsempfinden".

Die Rache der Herrschenden

Am 17. Juni hatte die Rote Armee bereits vor Mittag den Alarmbefehl erhalten. In einer Lautsprecherdurchsage hieß es um 12.00 Uhr: Der sowjetische Militärkommandant befiehlt:

„Ab 13.00 Uhr des 17. Juni 1953 wird im sowjetischen Sektor von Berlin der Ausnahmezustand verhängt. Alle Demonstrationen, Versammlungen und Kundgebungen und sonstige Menschenansammlungen über drei Personen werden auf Straßen und Plätzen wie auch in öffentlichen Gebäuden verboten.

Der Militärkommandeur des sowjetischen Sektors von Berlin, Dibrowa, Generalmajor." (Siehe Paul, Wolfgang: Kampf um Berlin) Zwei Tage darauf erfolgte der nächste Befehl: Erschießungsbekanntmachung:

„Ich mache hiermit bekannt, daß die Einwohner Alfred Dartsch und Herbert Strauch wegen der aktiven provokatorischen Handlungen am 17. Juni 1953, die gegen die festgelegte Ordnung gerichtet waren, als auch wegen der Teilnahme an den banditenhaften Handlungen vom Gericht des Militärtribunals zum Tode durch Erschießen verurteilt worden sind. Das Urteil ist am 18. Juni vollstreckt worden.

Der Militärkommandant der Stadt Magdeburg." (Siehe: Volksstimme SED-Zeitung von Magdeburg vom 19. Juni 1953)

Für die Verräter und Saboteure in Ostberlin und Jena wurden diese Schuldsprüche und ihre Vollstreckung, beispielsweise in der Thüringischen Landeszeitung (für Jena) und im „Neuen Deutschland" (für Berlin), am 19. und 20. Juni bekanntgegeben.

Weitere Verlautbarungen in bezug auf die Rachejustiz lauteten: „Der 54jährige Elektriker in der Bitterfelder chemischen Industrie, Max Schlittchen, wurde wegen seiner Rädelsführerschaft und des Versuches, ein Streikkomitee zu bilden und ein

‚überregionales Aufstandszentrum zu errichten', am 11. Juli 1953 vom 2. Strafsenat des Bezirksgerichtes in Halle zu drei Jahren Zuchthaus verurteilt. Der Staatsanwalt legte wegen dieses ‚niedrigen' Urteils Protest ein. In einer zweiten Verhandlung wurde er zu sechs Jahren verurteilt, mit der Erklärung des Gerichtes, daß er dreimal zu den Arbeitern gesprochen und sie aufgefordert habe, die Freilassung der Inhaftierten und den Sturz der Regierung herbeizuführen." (Siehe dazu: Gerichtsakten 1 Ks 455/53 im Archiv des Gesamtdeutschen Instituts Bonn, Nr. 417/1953 Nr. 310/1953 mit den Namen des Staatsanwaltes und jener Richter, die einen Protestaufruf mit sechs Jahren Zuchthaus beantworteten)

In Görlitz war es der dort ansässige Rechtsanwalt Carl-Albert Brüll, der wegen „Aufruhrs und Gefangenenbefreiung" vom Bezirksgericht Dresden zu fünf Jahren Zuchthaus verurteilt wurde. Im Gerichtsurteil war von „nach Görlitz entsandten Westberliner Provokateuren" die Rede, die dort Unruhe verbreitet hätten.

Der Rechtsanwalt hatte im Görlitzer Gericht lediglich die Akten durchgesehen, um keine Kriminellen freizulassen. Anschließend war er zum Gefängnis hinübergegangen. Er hatte auch hier eine Reihe Akten gesichtet, um die politischen Gefangenen von den rein kriminellen zu unterscheiden. Dies trug ihm fünf Jahre Zuchthaus ein.

In Delitsch wurden ebenfalls sechs Teilnehmer des Aufstandes zu drei bis viereinhalb Jahren Zuchthaus verurteilt, weil sie sich „aktiv an den faschistischen Provokationen in der Stadt beteiligt hatten und als Provokateure aufgetreten" wären. Es waren: der Bahn- und Bauarbeiter Wolfgang Gallus, der 16jährige Arbeiter Robert Bütof, der 22jährige Arbeiter Willi Fabianski, der Arbeiter Kurt Zöllner, der Hilfsarbeiter Heinz Dauer und der Schmied Manfred Wendenburg.

Vergessen werden soll auch nicht der Sekretär der SED-Bezirksleitung Berlin, Heinz Brandt. Er solidarisierte sich bereits am 16. Juni mit den Streikenden und erklärte, daß der „von der Partei proklamierte" neue Kurs zur Wiedervereinigung Deutschlands und zu freien Wahlen führen müsse. Am nächsten Tag sprach er zur Belegschaft der Bergmann-Borsig-Werke und beschwor sie, ihr Eigentum nicht zu zerstören. Brandt in seinem 1967 in der BRD erschienenem Werk „Ein Traum, der nicht erfüllbar ist": „Die ‚unabhängige und souveräne' DDR war besetztes Land, das mit dirigistisch-kolonialen Methoden mittels einer deutschen Statthalterschaft beherrscht wurde."

Die Intellektuellen im Abseits

Während der sowjetrussische Hauptmann Lew Kopelew davon sprach, daß Deutschland ungeteilt und eine Einheit bleiben müsse, weil man die Kultur einer Nation nicht teilen kann und auch keine Mauern dagegen helfen, waren die ostdeutschen Kulturschaffenden ganz anderer Überzeugung.

In Mitteldeutschland standen an jenen Tagen, da Blut floß und Deutsche von Deutschen umgebracht wurden, die deutschen Dichter und Denker und alle übrigen „Kulturschaffenden" abseits. Als die Arbeiter mit Steinen und Brechstangen gegen russische T 34 anstürmten und das Deutschlandlied sangen, waren die „Kämpfer der Kulturfront" brav zu Hause geblieben. Neben den bereits genannten Namen waren dies noch Bredel, Strittmatter, Kantorowicz, Arnold Zweig, Fühmann und Uhse, um die bekanntesten zu nennen. Es war der Blochschüler Günter Zehm, der am 17. Juni seine eigene große Wende verspürte und der später im November 1976 folgende Erinnerung niederschrieb: „Die großen Protestbewegungen der mitteldeutschen Bevölkerung gegen das ihr aufoktroyierte Regime sind bisher stets ohne Autorenbeteiligung abgelaufen. So war es am 17. Juni 1953, und so war es auch später bei den spontanen Streiks der Arbeiter in Magdeburg und Ostberlin, in Leipzig und bei den Bürgerrechtsprotesten dieses Jahres (1976) in Riesa."

Und auch Wolf Biermann, der jahrelang die drei Millionen „Republikflüchtlinge" als Reaktionäre, Verräter und Dünnbrettbohrer beschimpfte, saß plötzlich auf seinen gepackten Koffern, um diesen vor dem Terror geflohenen Menschen nachzueifern. Auf einer DGB-Kundgebung in Köln sagte Biermann über jene Menschen, die in diesem Abschnitt zu Wort kamen oder deren Leidensweg geschildert wurde: „Wenn die russischen Panzer kommen und die faschistische Dimension, die auch an diesem 17. Juni herrschte, niedermachten, würde ich verzweifelt und mit Tränen in den Augen die Mütze herunterreißen und diese Panzer begrüßen!" Die Männer und Frauen des 17. Juni Faschisten? Und niemand hat wegen dieser infamen Unterstellung protestiert! So gesagt am 13. November 1976 in Köln. Wer es vergessen haben sollte, der möge in die bekannten Zeitungsinstitute gehen und sich „sachkundig machen".

Diese Intellektuellen, jene „Parasitenklasse, die in der Partei und nicht in Deutschland ihr Vaterland sahen" (siehe Strauss, Wolfgang: a. a. O.), schwiegen nicht nur. Sie schrieben sogar gegen das Volk. Der Amerikaner Stefan Heym, der Deutschland einen „vergifteten Boden" nannte und alle jene generell zu Verbrechern machte, die einfach nur Deutsche waren und in Deutschland lebten, verzichtete auf seine US-Staatsbürgerschaft und bat Ulbricht um Asyl in der DDR. Er schrieb dafür Pamphlete für den SED-Staat und gegen die Arbeiter, die ihn ausgerechnet am 17. Juni auf offener Straße verprügelten. Dafür rächte er sich in seinem Roman „Fünf Tage im Juni", der allerdings in der DDR nicht erscheinen durfte.

Daß sich Heym nicht scheute, als Gast einer Talk-Show im Westfernsehen den Pfarrer Oskar Brüsewitz zu beschimpfen, der durch seinen Feuertod auf das Unrechtsregime im Osten unseres Vaterlandes hinzuweisen versuchte, kennzeichnet diesen Schriftsteller mehr als alle übrigen Fakten, die über ihn bekannt sind. Stephan Hermlin , hinter dem sich Rudolf Lederer verbirgt, war es, der ebenfalls diesen Aufstand als „Faschistenputsch entlarvte". Hermlin bezeichnet diesen letzten Schritt verzweifelter Menschen als „Totschlagsorgie".

Da war auch noch jener Leutnant „Bertram" des spanischen Bürgerkrieges, alias Bodo Uhse, der nach Mexiko ging und von dort 1948 „heimkehrte" und in Ostdeutschland Literaturprofessor wurde und in seiner Privatvilla in Pankow-Niederschönhausen mit Dienstwagen und Fahrer eine „große Nummer" abzog. Er schob seine Frau ab, um sich mit einer jüngeren zu verheiraten. Sie alle wurden zu „Untertanen" der Regierenden.

So natürlich auch „Kuba", der mit richtigem Namen „Kurt Bartel" heißt. Nationalpreisträger, ZK-Mitglied, Duzfreund

Ulbrichts und Mitglied der Akademie der Künste. Er erlebte den 17. Juni im Büro des Schriftstellerverbandes in der Friedrichstraße, mitten im Zentrum des Volksaufstandes. Kuba wagte sich ins Freie und wurde aufgefordert, den „roten Fetzen" vor dem Literaturpalast einzuziehen.

Einen Tag später revanchierte er sich, indem er kundtat, daß die Rote Armee die Stadt „reingefegt" habe. Dieser Dr. „ehrenhalber" erklärte für seine SED weiter: „Für euch und den Frieden der Welt wachen die Sowjetarmee und die Kameraden der deutschen Volkspartei der SED." Er war es, der die Rufe nach Freilassung der politischen Gefangenen als „Losung der faschistischen Strolche, deren ganzes Trachten nur nach Krieg, Plünderung und Brandstiftung steht", abqualifizierte. (Siehe „Neues Deutschland" vom 28. Juni 1953)

Die Ergebenheitsadresse von Bert Brecht an Walter Ulbricht, die ebenfalls im „Neuen Deutschland" erschien, lautete ähnlich. Als echter Untertan der Bedrücker kniete er vor der Sozialistischen Einheitspartei nieder, um seine Verbundenheit mit ihr zu beteuern. Jener Bert Brecht, der als junger Dichter schrieb:

> „Komm Mädchen, laß dich stopfen,
> Das ist für dich gesund!
> Die Dutten werden größer,
> Der Bauch wird kugelrund."

Dieser „Pornograph" Brecht (so Reinhard Baumgart) „hat eine Mischung ,aus sadistischer Kälte und Muff'", wie der Literaturpapst im Spiegel Nr. 49/1982 schrieb.

Hunderte deutscher Autoren kehrten der DDR den Rücken. Aber auch sie haben den 17. Juni 1953 noch immer nicht literarisch verarbeitet, dem Tag und seinen Geschehnissen noch keinen ihm gebührenden Platz zugewiesen. Und dennoch: Er ist nicht vergessen. Es zeigte sich in den Monaten vom November 1989 bis heute mehr und mehr, daß bei den Deutschen der DDR der Begriff der Nation noch immer und allen brutalen Gewalten zum Trotz eine größere Rolle gespielt hat als im „freien Teil" Deutschlands.

Nachwort zum 17. Juni

Über Willy Göttling, den Westberliner Arbeitslosen, wurde in der Bekanntmachung des Militärkommandanten des sowjetischen Sektors von Berlin verkündet: „Hiermit wird bekanntgegeben, daß Willy Göttling, Bewohner von Westberlin, der im Auftrage eines ausländischen Aufklärungsdienstes handelte und an den gegen die Machtorgane und die Bevölkerung gerichteten banditenhaften Ausschreitungen teilgenommen hat, zum Tode durch Erschießen verurteilt wurde.

Dibrowa – Militärkommandant des
sowjetischen Sektors von Berlin."

Der Justizminister der DDR, Max Fechner, der am 30. Juni 1953 dafür plädierte, daß nur solche Personen bestraft werden sollten, die sich schwerer Verbrechen schuldig gemacht hätten, und daß andere Personen nicht bestraft werden dürften, erklärte weiter im „Neuen Deutschland": „Es werden nur diejenigen einer Bestrafung zugeführt, die Brände anlegten, mordeten oder andere gefährliche Verbrechen begangen haben. Es wird also nicht etwa gegenüber jene, die gestreikt oder demonstriert haben, eine Rachepolitik betrieben."

Wegen dieser Erklärung wurde der Justizminister am 15. Juli 1953 verhaftet und aller Parteiämter enthoben. Er kam ins Zuchthaus, aus dem er 1956 entlassen und zwei Jahre später rehabilitiert wurde. Die nüchterne Chronik des 17. Juni listet Arbeitsniederlegungen in 13 Bezirksstädten, 97 Kreishauptstädten und 134 weiteren Städten und Ortschaften der DDR auf. Demonstrationen fanden in insgesamt 155 Städten der DDR statt. In sechs Bezirksstädten und 22 Kreishauptstädten kam es zu Aufständen. 24 Haftanstalten des Landes wurden erstürmt. Die Zahl der Todesopfer unter den Demonstranten belief sich auf etwa 250. Standrechtlich erschossen wurden 21 Menschen, unter ihnen drei Volkspolizisten. Es gab vier gerichtliche Todesurteile, von denen drei vollstreckt und eines in lebenslange Zuchthausstrafe umgewandelt wurde.

18 sowjetische Soldaten wurden standrechtlich erschossen. In Untersuchungshaft wurden etwa 20 000 Menschen überführt, von denen etwa 3000 zu insgesamt 8000 Jahren Haftstrafe ver-

urteilt wurden. Vier Personen wurden zu lebenslänglicher Zuchthausstrafe verurteilt. An Funktionären, Volksarmisten und Angehörigen der SED kamen während des Aufstandes etwa 20 ums Leben. (Siehe „Der 17. Juni in Zahlen und Dokumentation im Haus am Checkpoint Charlie")

Der 17. Juni 1953 war ein „Tag der Wahrheit". Vor aller Welt wurde deutlich, daß das deutsche Volk im Osten des zerrissenen Vaterlandes einen hohen Preis zu zahlen bereit war, um in die Freiheit zu gelangen. Das Lügennetz der SED und der dortigen Massenmedien wurde an diesem Tage zerrissen.

Die Geschichte hat ihr Urteil über den 17. Juni und seine Politiker in Ost und West noch nicht gesprochen. Die Bürger der DDR waren es, die den Schlußstrich zogen und mit „Deutschland einig Vaterland" auch im November 1989 ihren Willen zur Freiheit in Einheit in einem wiedervereinten Deutschland bekundeten.

Grenzpolizei und
Nationale Volksarmee
Der Mauerbau

Die Deutsche Grenzpolizei

Zu Ende des Jahres 1953 hatte sich die DGP, die am 27. Juni abermals aus „gegebenem Grunde" aus dem Ministerium für Staatssicherheit gelöst worden war, wieder dem Innenministerium der DDR zu unterstellen. Es galt, sie so rasch wie möglich bei Anlässen wie jenem vom 17. Juni einsetzen zu können. Für den Fall der Wiederholung eines konterrevolutionären Putsches wäre somit vorgesorgt. In Blitzesschnelle konnten dann Kader der Grenzpolizei auch gegen protestierende Arbeiter eingesetzt werden.

In einer neuen Anordnung über die Neuregelung der Maßnahmen an der Demarkationslinie wurde bestimmt, daß entlang derselben ein Sperrgebiet eingerichtet werden sollte, das sich aus einem 10 m breiten Kontrollstreifen direkt entlang der Grenze, einem 500 m breiten Schutzstreifen daran anschließend, und einer 5000 m breiten Sperrzone bestehen sollte. Diese Demarkationslinie sollte nur über die bestehenden Kontrollpunkte überschritten werden dürfen. „Das Passieren der Demarkationslinie an anderer Stelle ist verboten", hieß es zum Schluß dieser Anordnung.

Alle DDR-Bürger wurden aufgefordert, jede verdächtige Person, die sich widerrechtlich in dem 500-m-Schutzstreifen befinde, sofort zu melden. Mit diesem Gesetz wurde die alte Polizeiverordnung des Jahres 1952 außer Kraft gesetzt. Das Wechselspiel war damit noch nicht zu Ende, denn im Mai 1955 wurde die DGP wieder aus dem Ministerium des Innern in die Befehlsgewalt des Staatssekretariates für Staatssicherheit überführt. Die letzte Überführung dieser Art erfolgte übrigens im Februar 1990. Daß es sich hierbei nur um Taschenspielertricks handelte, wird aus dem folgenden Text deutlich. Die alleinige Bewachung und Kontrolle der Grenzen wurden der DDR mit dem 20. September 1955 geschlossenen „Vertrag über den Übergang der Souveränität der Staatsführung von der sowjetischen Hohen Kommission an die Staatsführung der DDR" übergeben.

Am 1. Dezember 1955 beschloß die Volkskammer der DDR das „Gesetz über die Schaffung der Nationalen Volksarmee und des Ministeriums für Nationale Verteidigung". Die oberste Volksvertretung der DDR verabschiedete am 18. Januar 1956 (sicher nicht in Erinnerung an den Reichsgründungstag) den Aufbau der regulären Streitkräfte zu Lande, zu Wasser und in der Luft. Die ersten Truppen der NVA wurden von der Kasernierten Volkspolizei gestellt.

Wieder einmal mehr wurde die DGP mit Wirkung vom 1. März 1957 dem Ministerium des Innern unterstellt. Die SED beschloß gleichzeitig die Aufstellung eines Kommandos der Deutschen Grenzpolizei. Diese DGP erhielt folgenden Auftrag: „Sicherung der Land- und Seegrenzen der DDR gegen jegliche Grenzverletzungen und -provokationen. Niederschlagung aller Einbrüche bewaffneter Gruppen des Gegners in das Grenzgebiet mit eigenen Kräften und Mitteln sowie: Verhinderung von Überraschungsangriffen eines Gegners." Damit sollte „der Bonner Aggressionspolitik ein Riegel vorgeschoben werden".

Der Kommandeur der DGP, Generalmajor Hermann Gartmann, erließ am 28. April 1957 einen Tagesbefehl an alle Grenztruppen, den Schutz der Grenze zu verstärken. Der Minister des Innern der DDR, Karl Maron, setzte am 1. Januar 1958 die Bestimmungen für die Dienstlaufbahnen der Soldaten, Unteroffiziere und Offiziere der Grenzpolizei der DDR in Kraft. Darin heißt es einleitend: „Der Dienst zum Schutze der Grenzen der DDR ist eine Ehrenpflicht. Ihre Erfüllung ist ein besonderer Beweis der Treue und Ergebenheit zur Arbeiter- und Bauernmacht." (Siehe dazu Hanisch, W.: Militärpolitische Probleme der Grenzsicherung der DDR 1956–1961)

Am 13. März 1958 vereidigte Generalleutnant der VP, Karl Maron, in seiner Eigenschaft als Minister des Innern, den Kommandeur der DGP und dessen Stellvertreter, und am 17. März wurde der 3. Brigade der DGP in einer Feierstunde die Truppenfahne verliehen. Um Präsenz und Einfluß der SED in der

DGP zu erhöhen, bestätigte das ZK der SED am 1. Dezember 1958 die „Bestimmungen für die Arbeit der Politorgane in der Deutschen Grenzpolizei".

Nachdem die Grenzpolizei stand, ging man staatlicherseits daran, ihnen auch Arbeit zu verschaffen. In diesem Sinne wurde von der DDR der Interzonenverkehr stark gedrosselt. Am 11. Dezember 1957 war bereits das neue Gesetz zum Paßzwang erlassen worden, mit dem „jedes Verlassen der DDR auf nicht legalem Wege als Republikflucht" geahndet wurde. Um diese Bestimmungen auch greifen zu lassen, erhielten Angehörige bisheriger Republikflüchtlinge, Schüler, Studenten und einige Spezialgruppen keine Westreisegenehmigung mehr.

Damit wurde jedoch nur noch ein weiteres Signal zur Republikflucht gesetzt. Nicht zuletzt trug aber auch das Berliner Ultimatum von Nikita Chruschtschow dazu bei, daß die Flüchtlingszahlen mit 143 917 DDR-Bürgern im Jahre 1959 auf über 200 000 im folgenden Jahr emporschnellten. Weitere Anreize und Zwänge für das Aufschwappen dieser Flüchtlingswelle waren: die Vollkollektivierung der Landwirtschaft und die Sozialisierungsbemühungen in Handel, Handwerk und Gewerbe. Die DDR-Führung stand nunmehr mit dem Rücken zur Wand. Der Staat drohte auszubluten. Jüngere und qualifizierte Bürger dieses Staates verließen ihre Heimat in hellen Scharen.

Walter Ulbricht hatte mit seinem Spruch „Nu jetze mache ma eben ooch eene Armee, aber keene Miliz, sondern eene richtige" und der Aufstellung der Nationalen Volksarmee die Absicht verwirklicht, es der Bundesrepublik Deutschland nachzumachen. Seine Beratungen mit Willi Stoph, der als „Stabsgefreiter" in der Deutschen Wehrmacht gedient hatte, führten dazu, daß der hochrangige Experte der ehemaligen Deutschen Wehrmacht, Vincenz Müller, der als Generalleutnant und stellvertretender Kommandierender General des XXVII. Armeekorps und zugleich Ritterkreuzträger ein erfahrener Truppenführer war, eingeschaltet wurde. Auch er war nach seiner Gefangennahme während der sowjetischen Großoffensive „Bagration" im Mittelabschnitt der Ostfront im Sommer 1944 dem Nationalkomitee Freies Deutschland beigetreten und in der DDR Mitglied der NDPD geworden. Müller „verklickerte" den hochkarätigen Politikern, daß es gelte, den Unmut der Bevölkerung zu unterlaufen und die NVA genauso auszustatten, wie dies früher bei Reichswehr und Wehrmacht der Fall gewesen war. Die 80 000 Mann der Kasernierten Volkspolizei wurden zu einer regulären Armee aufgebaut, die das „Feldgrau" des deutschen Feldheeres trug und nicht die Olivfarbe der sowjetischen Truppen. Lediglich die Bewaffnung und die Stahlhelme wurden von der Roten Armee übernommen.

Von nun an wurde in der DDR wieder der „preußische aufrechte Gang" – lies Stechschritt – geprobt, der bei Staatsempfängen die Besucher zu hochachtungsvollem Gemurmel ermunterte.

Damit standen für den Notfall einer geballten Grenzverletzung des Westens genügend Abwehrkräfte bereit. Daß diese „Preußen des Ostblocks" in den Warschauer-Pakt-Truppen sehr bald in der ersten Staffel standen, zeigt auf, daß mit Schliff und Drill nicht gespart wurde.

Dennoch: Die Bewohner entflohen diesem „Vaterland". Dem Problem war durch normale Grenzkontrollen in den Zügen nach Westberlin nicht mehr beizukommen. Zwar vertrat man durch die Stimmen der Staatsführer den Begriff der „sozialisitschen Menschengemeinschaft", von der Walter Ulbricht tönte, daß sie „nicht nur Hilfsbereitschaft, sondern auch Güte, Brüderlichkeit, Liebe zu den Mitmenschen beinhalte und die Entwicklung des einzelnen ebenso wie der vielen zur sozialistischen Gemeinschaft bedeute". Doch zwischen der Theorie, wie sie hier verkündet wurde, und der betriebenen Praxis klaffte ein Himmel.

Die DGP mußte bis Ende 1960 auf 48 000 Mann verstärkt werden. Diese gliederten sich in acht Grenzbrigaden mit jeweils zwei bis fünf motorisierten Bereitschaften. Es waren dies:

1. Grenzbrigade	in Perleberg	(3 Bereitschaften)
2. Grenzbrigade	Magdeburg	(4 Bereitschaften)
3. Grenzbrigade	Erfurt	(5 Bereitschaften)
4. Grenzbrigade	Dittrichshütte	(3 Bereitschaften)
5. Grenzbrigade	Groß Glienicke	(3 Bereitschaften)
6. Grenzbrigade	Rostock	(3 Bereitschaften)

| 7. Grenzbrigade | Frankfurt/Oder | (2 Bereitschaften) |
| 8. Grenzbrigade | Karl-Marx-Stadt | (2 Bereitschaften) |

Diese Truppen waren bereits mit Infanterie- und schweren Begleitwaffen ausgerüstet. Unter die letzteren rangierten auch Schützenpanzer und leichte Geschütze. Die meisten Brigaden verfügten jeweils über eine schwere Abteilung, die sich aus je drei Sturmgeschütz-Kompanien zusammensetzten. Die Bereitschaften (Regimenter) bestanden aus je drei Abteilungen; jede Abteilung verfügte über vier Schützen-Kompanien.

Noch im Jahre 1960 verlegten Pioniergruppen der DGP die ersten Minen. Es waren „Stockminen mit gewaffeltem Eisenmantel und Zugzündern". Diese wurden mit Stolperdrähten verspannt, welche die Minen jedoch nur dann zur Zündung brachten, wenn die Drähte in Ost-West-Richtung gezogen wurden.

Politisches Zwischenspiel 1954–1961

Nachdem die SED das Jahr 1954 zu einem „Jahr der großen Initiative" erkoren hatte, in dem es darum gehen sollte, eine neue „Wohnkultur zu entwickeln und neue Häuser für die Menschen ihres Staates zu bauen, die allen Ansprüchen genügen sollten, hofften die Bewohner der DDR darauf, daß wenigstens ein Teil davon Wahrheit werden würde. Die „volkseigenen Wohnungsverwaltungen", jene Staatsstellungen, die jenen Wohnbesitz verwalteten, der den ehemaligen Besitzern weggenommen worden war, hatten von 1945 bis 1954 diese Häuser derart verkommen lassen, daß viele nach normalen Begriffen nicht mehr bewohnbar waren.

Daß darüber hinaus auch die vielgepriesenen Erfolge in der landwirtschaftlichen Erzeugung nur „Windeier" waren, mußten die Hausfrauen am eigenen Leibe erfahren, wenn sie versuchten, irgendwo ein Stück Fleisch aufzutreiben. Damals kam das Scherzwort von den Werbegebäuden der Fliesenlegerinnung auf, als welche die leeren Fleischergeschäfte erschienen. Dies wurde in den Zeitungen schamhaft mit „kein ausreichendes Sortiment vorhanden" umschrieben. Somit war denn auch die Parole des Jahres 1953 und die „Verordnung über eine bessere Versorgung der Bevölkerung mit Massenbedarfsgütern" zu einer Farce verkommen. Von einer „ausreichenden Versorgung", wie sie im Absatz III, Ziffer 28 dieser bombastischen Verlautbarung des Ministeriums für die Lebensmittelindustrie gefordert wurde, konnte nicht die Rede sein. Dafür hatte man aber ein ganzes Ministerium und damit weitere Posten für Schergen des SED-Staates; und die wurden versorgt, mit allem, was ihr Herz begehrte.

Das HO-Laden-System wuchs sich zum Krebsgeschwür aus. Die hygienischen Verhältnisse in öffentlichen und privaten Toiletten, der unsägliche Schmutz in Hausfluren volkseigener Häuser, der Niedergang des Einzelhandels durch seine Verstaatlichung brachten denn auch beinahe zehn Jahre nach Kriegsschluß Zustände, die beispielsweise in Berlin nicht nach den schlimmsten Bombenangriffen herrschten. Funktionäre und Politiker, wohin man sah, Spitzel und Agenten und alle mit Positionen bekleidet, von denen sie nichts verstanden, hatten fünf Jahre Deutsche Demokratische Republik zu einem Alptraum werden lassen. Eineinhalb Millionen Menschen, die in diesem Lande keine Chance der persönlichen Entwicklung sahen, die sich permanent bespitzelt und verfolgt wußten, kehrten der DDR bis 1954 den Rücken.

Daß sich nach dem Volksaufstand auch in der DDR Stimmen meldeten, die nach Entspannung riefen, die ein vereinigtes Deutschland wollten und einen Friedensvertrag, ist verbürgt. Zurückgehend auf jene Bundestagssitzung vom 10. Juni 1953, auf welcher der Deutsche Bundestag eine Resolution zur deutschen Frage verabschiedet hatte, die wegen ihres dritten Punktes für Moskau unannehmbar war: „Handlungs- und Bündnisfreiheit der dann existierenden gesamtdeutschen Regierung", hatte nach dem Volksaufstand 1953 die DDR die Initiative in Sachen Deutschland übernommen.

Das entsprach denn auch den Intentionen in den westlichen Siegermächten, die darauf verwiesen, daß eine Wiedervereinigung Deutschlands zu dem Zeitpunkt, da Europa geteilt sei, voller Gefahren für den Weltfrieden sei. Der britische Außenminister Selwyn Lloyd brachte dies auf den Punkt, als er am 22. Juni 1953, knapp eine Woche nach dem Volksaufstand, an Winston Churchill schrieb: „Wir fühlen alle im Grunde unseres Herzens, daß ein geteiltes Deutschland die sicherere Lösung ist."

Doch Winston Churchill, von einem Schlaganfall getroffen, schrieb am 6. Juli vom Krankenlager aus jenen bezeichnenden Satz: „Nichts wird das deutsche Volk von der Wiederherstellung seiner Einheit abhalten können." Nicht weil er diese Wiedervereinigung für richtig hielt, sondern für ein „deutsches Problem und eine preußische Gefahr". Er bemerkte, zu dieser seiner Gewißheit habe ihn die Erkenntnis geführt, daß „der Charakter des deutschen Volkes mit den knechtenden Bedingungen der kommunistischen Welt nicht und niemals vereinbar" sei. Sein Schlußwort lautete: „Schließlich haben die Deutschen am Schicksal der Ostzone ein lehrreiches Beispiel von anhaltender Wirkung erhalten, zumal Millionen Menschen über viele Jahre hinaus die Schrecken der kommunistischen Herrschaft – ausgeübt von Deutschen an Deutschen – aus eigener Erfahrung bezeugen können." (Siehe Churchill, Winston: Brief an Lord Salisbury, geschäftsführender Außenminister im Foreign Office) Bereits zu dieser Zeit, als Ostdeutschland noch 36 Jahre der Schreckensherrschaft bevorstanden, wußte Churchill, was deutsche Politker offenbar nie bemerkt hatten.

Die Pariser Verträge vom 23. Oktober 1954 sahen dann die Integration der Bundesrepublik Deutschland zur Westeuropäischen Union und die Einbindung der Bundeswehr in die NATO. Dieser Schritt, weg von der Einheit Deutschlands, ließ auch Moskau handeln. Die Führung der Sowjetunion ließ in einer TASS-Meldung vom 15. 1. 1955 verlautbaren: „Im Falle einer Ratifizierung der Pariser Abkommen übernimmt der Bundestag die schwere Verantwortung für das Fortbestehen der deutschen Spaltung . . . Das deutsche Volk muß durch Abhaltung allgemeiner freier Wahlen in ganz Deutschland als Großmacht, einschließlich Berlin, die Möglichkeit haben, seinen freien Willen zu äußern, damit ein einheitliches Deutschland als Großmacht wiederersteht und einen würdigen Platz unter den anderen Mächten einnimmt."

Gerade diese Formulierungen von einer „deutschen Großmacht" waren das Hemmnis, obgleich deutlich wurde, daß bei einer außenpolitischen Neutralität Deutschlands auch der SED-Staat zur Disposition gestellt werden könne. Adenauer lehnte dieses Angebot am 22. Januar 1955 in einer Rundfunkansprache ab. Die Deutschlandfrage wurde auf der Gipfelkoferenz der vier Siegermächte vom 18. bis 23. Juli 1955 in Genf angeschnitten, ohne jedoch ausdiskutiert zu werden, und Nikita Chruschtschow konnte am 26. Juli in Ostberlin auf dem Marx-Engels-Platz seine berühmte Rede halten, in der er unter anderem ausführte, daß es das beste sei, wenn die deutsche Frage von den Deutschen selber gelöst würde. Sie könnten sicherlich den richtigen Weg für die Entwicklung Deutschlands wählen.

Damit war eine Entwicklung in der DDR eingeleitet worden, die als „Arbeit für die Wiedervereinigung" dargelegt wurde. Den ersten Schritt unternahmen DDR und UdSSR gleichzeitig, als sie in einem gemeinsamen Kommunique erklärten, daß beide Regierungen ihr Streben fortsetzen würden, Deutschland auf demokratische und friedliche Wiedervereinigung hinzulenken. Sie erklärten abschließend: „Die Lösung der deutschen Frage ist ohne Beteiligung der Deutschen, ohne eine Annäherung zwischen der Deutschen Demokratischen Republik und der Deutschen Bundesrepublik unmöglich."

Was folgte, war eine lange Reihe von Wiedervereinigungs- und Konföderationsvorschlägen der DDR. Daß sie dabei immer daran dachte, auch in einem wiedervereinigten Deutschland die „erste Geige" zu spielen, war klar. Mit oder ohne Zustimmung des Wählers, wie dies ja auch in der Zwangsvereinigung von SPD und KPD demonstriert worden war. Aber die Entscheidungen Bonns hatten die DDR vor dem Untergang gerettet. Und die Spaltung Deutschlands „auf immer", wie oftmals betont wurde, beschlossen.

Die SED, bis zur Mitte des fünften Jahrzehnts auf 1,4 Millionen Mitglieder angewachsen, saß zu diesem Zeitpunkt fester denn je im Sattel. Sie bestimmte in der DDR, was zu geschehen habe. Die Mitglieder und Kandidaten des Politbüros der SED führten mit einer Handvoll Männer die Republik, und an ihrer Spitze stand nunmehr Walter Ulbricht, der sich wenig später als

„Schöpfer der DDR" feiern ließ. Als einer seiner engsten Gehilfen zeichnete sich bereits seit 1946 ein Mann mit Namen Erich Honecker aus, der zum Führer der Freien Deutschen Jugend avancierte und unablässig versuchte, die ehemaligen Mitglieder der Hitlerjugend und des Jungvolks in die FDJ zu schleusen. Seit 1950 war Ulbricht, der bis dahin immer im Hintergrund die Fäden gezogen hatte, an denen seine Marionetten hingen, Generalsekretär des ZK der SED. Er proklamierte 1952 den „Aufbau des Sozialismus", tauchte während des Volksaufstandes im Sommer 1953 für einige Monate unter, um nicht gestürzt zu werden, und wurde nachher Erster Sekretär des ZK der SED. Unermüdlich arbeitete er an der Ausgestaltung der DDR zur „Ulbricht-Republik".

Die „Konföderation"

Auf der 3. Parteikonferenz der SED am 26. März 1956 wurde beschlossen, die gesamte Produktion der DDR in den nächsten fünf Jahren um 55 Prozent zu steigern. Es sollte, frei nach dem „Neuen Deutschland", der „Beginn einer neuen industriellen Umwälzung" eingeleitet werden mit „Ausnutzung der Kernkraft", „Ausbau der Schwerindustrie" und dem „Bau der ‚Schwarzen Pumpe', des größten Braunkohle-Kombinates der Welt". Außerdem würde der erste Atomreaktor der DDR in Rossendorf bei Leipzig errichtet. Die Produktionserhöhung der Arbeiter sollte 50 Prozent betragen. Leider gab es keine neuen Maschinen und keine exakt arbeitenden Zulieferbetriebe, von dem Schlendrian der führenden Köpfe einmal abgesehen, der von einer noch so ausgebeuteten Arbeiterschaft nicht ausgeglichen werden konnte.

Nach dem Aufstand in Ungarn wackelten die Throne der DDR-Oberen bedenklich. Ulbricht schlug die „Konterrevolution des Philosophen Wolfgang Harich" nieder. Dieser hatte als Chefredakteur und Mitherausgeber der „Deutschen Zeitschrift für Philosophie" seit 1953 in einem kleinen Grüppchen von etwa zehn Personen diskutiert und bereits damals die fürchterliche Rolle Stalins erkannt. Ulbricht ließ diese Konterrevolutionäre verhaften. Sieben Mitglieder dieser „Bande" wurden zu teilweise hohen Zuchthausstrafen verurteilt. Zehn Jahre darauf wurden sie rehabilitiert. Harich wurde Mitarbeiter an der Deutschen Akademie der Wissenschaften in Ostberlin.

Im Februar 1957 auf der 30. Tagung des ZK der SED versuchte Walter Ulbricht, den Gedanken einer deutschen Konföderation wiederzubeleben. Doch Ministerpräsident Grotewohl ging zu Ulbricht in dieser Frage auf Distanz, indem er verkündete, daß bei einer solchen Konföderation selbstverständlich jeder der beiden deutschen Staaten in seiner gegenwärtigen Form selbständig bestehen bleiben müsse.

Darüber hinaus schlug er ein beiderseitiges Abkommen vor, das vor Abschluß der Konföderation beschlossen werden müsse. Darin eingebettet ein Verbot der Lagerung und Herstellung von Atomwaffen, der Austritt beider deutscher Staaten aus NATO und Warschauer Pakt und eine Vereinbarung über die beiderseitigen Truppenstärken. Vor allem aber müßten beide deutsche Staaten ihre Besatzungsmächte zum Rückzug der Truppen aus ganz Deutschland auffordern. Ein „Gesamtdeutscher Rat" müsse gebildet werden, der die enge Kooperation der beiden Staaten sicherstellen würde. Dieser Rat könne Empfehlungen erlassen, die durchzuführen oder zu erfüllen den beiden Teilregierungen freigestellt sei.

Dieser Konföderationsvorschlag wurde abgelehnt. Konrad Adenauer erklärte am 20. Januar 1958, daß eine Wiedervereinigung beider deutscher Staaten nicht die Sache ihrer beiden Regierungen sei, sondern „in der ausschließlichen Zuständigkeit des ganzen deutschen Volkes" läge. Und am 23. Januar 1958 verkündete Außenminister von Brentano die Bonner Regierungserklärung: „Eine Konföderation ist nicht der geeignete Weg zur Wiedervereinigung. Sie wird im Gegenteil dazu beitragen, die Teilung Deutschlands auf unbestimmte Zeit zu verhärten."

Dieses Angebot einer Konföderation wurde noch einige Male von seiten der DDR wiederholt. Selbst als bereits die Mauer stand, erfolgte dieses Angebot noch einmal im Jahre 1967. Einige weitere Vorschläge, darunter jener von Nikita Chruschtschow vom 27. November 1958, Berlin-West in eine entmilitarisierte Freie Stadt umzuwandeln, löste in der ganzen DDR Entsetzen aus. Diese Lösung hätte Westberlin völlig der Gnade, wahrscheinlicher der Ungnade der DDR ausgesetzt. Die Flüchtlingsströme wurden größer.

Am 20. August 1959 verkündete Walter Ulbricht einen neuen Siebenjahresplan, der bis zum Beginn des Jahres 1966 laufen sollte. Als Ziel nannte er: „Die DDR wird auf allen wichtigen Gebieten der Versorgung der Bevölkerung mit Lebensmitteln und Konsumgütern Westdeutschland einholen und zum Teil *übertreffen*. Obwohl grundsätzlich die Überlegenheit der sozialistischen Gesellschaftsordnung über das kapitalistische System in Westdeutschland schon jetzt feststeht, wird diese Überlegenheit in den nächsten Jahren auf allen Gebieten bewiesen und der Sozialismus durch die Vollendung des Siebenjahresplanes zum Siege geführt."

Die Ereignisse in der DDR und die Enthüllungen über die Verrottung des gesamten Staatswesens ab Ende 1989 haben es jedem Bürger in Westdeutschland vor Augen geführt, wohin der Sozialismus die Brüder und Schwestern jenseits der großen Mauer geführt hatte. Von seiten der Bundesrepublik Westdeutschland wurde im März 1959 der „Deutschlandplan" der SPD verkündet. Dies war die erste realistische Offerte an die Brüder hinter der Mauer, zu einer Wiedervereinigung zu gelangen.

Von der Bonner Führung der SPD verkündet, fiel dieses Angebot im Sommer 1960 durch einen SPD-Vorstoß wie eine Seifenblase in sich zusammen. Herbert Wehner erklärte im Bundestag, daß er mit dem Kurs der Bundesregierung einverstanden sei. Dies bedeutete Bewahrung des Status quo. Was waren seine Gründe – und dahinter auch die der gesamten SPD-Führung zu einer solchen Kehrtwendung? Herbert Wehner war auf dem Wege, die „Wende" mit Hilfe der FDP zu erreichen und die SPD in der BRD an die Macht zu hieven. Er wollte seine Partei in den Augen der Kollegen aus der FDP regierungsfähig machen. Der gesamtdeutsche Patriotismus wurde für die Machtbeteiligung verkauft. Der Grundstein zur Mauer war gelegt.

Mit dem Tode von Wilhelm Pieck am 7. September 1960 ist das Amt eines Präsidenten in der DDR abgeschafft worden.

Nach sowjetischem Vorbild wurde jetzt ein Staatsrat gebildet, dessen Vorsitz der im Hintergrund auf seine Stunde wartende Walter Ulbricht übernahm. Als Staatsratsvorsitzender saß er nun an allen Schalthebeln der DDR-Macht. Seine Stellvertreter wurden Otto Grotewohl, der Volkskammerpräsident, Johannes Dieckmann, Gerald Götting, Heinrich Homann, Hans Prietz und Manfred Gerlach.

Bereits einige Monate früher war die Zwangskollektivierung der Landwirtschaft in Angriff genommen worden. Beinahe die Hälfte allen bewirtschafteten Landes lag damit in den Händen der Landwirtschaftlichen Produktionsgenossenschaften. Ende des Jahres 1960 konnte eine Erfolgsmeldung an Walter Ulbricht gemacht werden: „Fast 85 Prozent der landwirtschaftlichen Nutzfläche der DDR sind in den Händen unserer Produktionsgesellschaften." Dies alles löste die nächste große Fluchtwelle aus, die von 150 000 auf über 200 000 im Jahre 1960 anstieg. Die Industrieproduktion sank 1961 um 40 Prozent. Die Zwangskollektivierung der Landwirtschaft hatte zu einer Ernährungskrise geführt. Die monatliche Fluchtrate stieg 1961 auf über 20 000 Menschen an. Unter den Flüchtlingen fast 5700 Ärzte, 17 000 Ingenieure und Techniker, 18 000 Rechtsanwälte und weit über 22 000 Studenten.

Es lag etwas in der Luft, und was es war, das sollte am 15. Juni 1961 offenbar werden.

Die Mauer durch Deutschland

Grenzpolizei und Nationale Volksarmee

Als Walter Ulbricht, Vorsitzender des Staatsrates und 1. Sekretär des ZK der SED, am 15. Juni anläßlich einer Pressekonferenz gefragt wurde, was es denn mit Gerüchten auf sich habe, die vom Mauerbau und der Abschottung der DDR wissen wollten, erklärte er unzweideutig: „Niemand hat die Absicht, eine Mauer zu errichten. Die Bauarbeiter unserer Hauptstadt sind hauptsächlich mit Wohnungsbau beschäftigt, und ihre Arbeitskraft wird dafür voll eingesetzt."

In der Nacht zum 13. August aber, keinen Monat später, sperrten Verbände der Roten Armee, der Nationalen Volksarmee, der Deutschen Grenzpolizei, der Bereitschaftspolizei und der „Betriebskampfgruppen" alle Übergänge nach Westberlin. Der Schutz der Staatsgrenze zur BRD wurde verstärkt, auch jener zur See. Sechs Kompanien verschiedenster militärischer Verbände markierten mitten auf der Straße, nur 100 m vom Brandenburger Tor entfernt, in „geschlossener Abwehrfront" die Grenze. Die herbeieilenden Schaulustigen wurden von der Polizei abgedrängt. Die Bernauer Straße war nun Zonengrenze. Während die Häuser noch im Ostteil der Stadt lagen, waren die nach Westen gerichteten Fassaden bereits im Westsektor gelegen.

Hier spielten sich erschütternde Szenen ab. Menschen seilten sich an Bettlaken in die Freiheit hinunter. Sie sprangen aus den oberen Stockwerken in die aufgespannten Sprungtücher der Westberliner Feuerwehr. Als wenig später DDR-Maurer in Begleitung von Grenzpolizisten in die Häuser der Bernauer Straße eindrangen, um auch noch die nach Westen zeigenden Fenster der einzelnen Wohnungen zuzumauern, kam es zu einer Reihe von Zwischenfällen.

Eine 77jährige Frau, die bereits auf der Fensterbank ihrer

Wohnung stand und hinunterblickte, wagte den Sprung nicht. Sie hatte fürchterliche Angst. 15 Minuten stand sie auf dem Fenstersims und hielt sich krampfhaft am Fensterkreuz fest. Erst als SED-Funktionäre auch in ihre Wohnung eindrangen und die Maurer gleich mitbrachten, mußte sie sich entscheiden. Man griff bereits nach ihr, während einer der Funktionäre eine Rauchkerze in das Sprungtuch warf. Sie riß sich los, wollte nicht in die Geborgenheit ihres Heimes zurückkehren, sondern sprang. Sie landete wohlbehalten im Sprungtuch. Auch ein sechsjähriger Junge überstand diesen Sprung wohlbehalten. Seine Mutter jedoch erlitt beim Sprung schwere innere Verletzungen; sein Vater trug einen dauernden Wirbelsäulenschaden davon.

Bei Sprüngen aus den Fenstern der Häuser auf der Zonengrenze innerhalb von Berlin starben vier Menschen, weil sie das Sprungtuch verfehlten.

Mit welcher Begründung hatte das SED-Regime diesen Mauerbau vorgenommen? Was bewog Ulbricht und seine Schergen dazu, den deutschen Teilstaat in ein riesiges Zuchthaus zu verwandeln, das für die Augen aller offen daliegen würde? Die SED-Führung erklärte, daß diese Maßnahmen dazu dienten, den „Frieden in Deutschland und in Europa zu bewahren". In Wahrheit war dies jedoch ein letzter verzweifelter Versuch, die Existenz der DDR dadurch zu sichern, daß man niemanden mehr hinausließ. Nun setzte die große Fluchtwelle erneut ein, unter besonders erschwerten Bedingungen. Am 25. August 1961 wurde bei dem Versuch, durch den Humboldthafen nach Westberlin zu entkommen, der erste DDR-Flüchtling von der Volkspolizei nach Errichtung der Mauer erschossen. (Siehe dazu Rühle, Jürgen, und Holzweißig, Gunter: Der 13. August 1961. Die Mauer von Berlin)

In den folgenden Wochen und Monaten wurden fast alle in Grenznähe stehenden Häuser abgerissen, um freies Sicht- und Schußfeld zu erhalten. Binnen Stundenfrist mußten die Bewohner ihre Häuser räumen. Ein Jahr darauf standen an der deutsch-deutschen Grenze 130 Beobachtungstürme, von denen aus Grenzflüchtlinge beschossen und getötet wurden. Am 15. September 1961 wurde die DGP dem Ministerium für Nationale Verteidigung unterstellt und zugleich das Kommando der Grenztruppen der NVA gebildet. Die an der Grenze zu Westberlin eingesetzten Grenzsicherungskräfte in Gestalt der Volkspolizei wurden am 15. September 1961 in zwei Grenzbrigaden zusammengefaßt.

Im Oktober 1961 verstärkte man alle Grenzsicherungsanlagen, dies gleichzeitig an der Berliner Grenze und an der deutsch-deutschen Grenze. Bauarbeiter und Volkspolizisten sowie Angehörige der NVA begannen im November mit dem Bau eines „massiven panzersicheren antifaschistischen Schutzwalles an der Staatsgrenze zu Westberlin". Gleichzeitig erfolgte die Anlage kombinierter Sperren an der Grenze zur BRD. Seit Anfang 1953 waren bis zum Beginn des Mauerbaues auch 17 000 Angehörige der KVP, der NVA, der DVP der DGP und der Transportpolizei in den Westen geflohen. (Siehe Rühmland, Ulrich, Hrgb.: NVA in Stichworten)

Vom 13. August bis zum 31. Dezember gelang es immer noch 51 624 Flüchtlingen, das „Paradies der Bauern und Arbeiter" zu verlassen und in den Westen zu fliehen. Aber bis Ende dieses ersten Jahres des Mauerbaues hatten bereits viele ihren Fluchtversuch mit dem Tode bezahlt.

Von Grenzsicherungskräften erschossen!

Auch vor dem Mauerbau zur Trennung von Ost- und Westdeutschland, die nach dem Bekunden ihrer Errichter 100 Jahre stehenbleiben sollte, hatte es in der SBZ und in der DDR bereits Tote gegeben. So wurde am 29. Januar 1949 Dr. Hermann Hille aus Braunschweig bei Wackersleben in der SBZ erschossen. Dieser Mord wurde unter dem Aktenzeichen 276/64 der Zentralen Erfassungsstelle in Salzgitter dokumentiert und abgelegt.

Fast genau ein Jahr später traf es Richard Hillebrand bei Hohenganden im Kreis Heiligenstadt. Auch er wurde von Grenzsicherungskräften erschossen. Die unter der Nr. 49/62 angelegte Akte wurde der Staatsanwaltschaft Göttingen zur weiteren Behandlung übergeben und dort unter der Eingangsnummer 6 Js 300/62 geführt. Am 15. Juni 1951 wurde Martin David zwischen Gehrendorf und Lockstedt auf unbekannte Art und Weise getötet, als er den Versuch unternahm, die Grenze zu überwinden.

Besonders makaber ist der Tod des Zollassistenten Gerhard Palzer, der am 29. Juli 1952 im Zonengrenzgebiet zwischen Willmars in der BRD und Stedtlingen in der DDR von DDR-Grenztruppen entführt werden sollte. Als er sich mit aller Kraft zur Wehr setzte und laut um Hilfe rief, wurde er kurzerhand von der ostzonalen Grenzpolizei erschossen. Dieses Verfahren ist bei der Staatsanwaltschaft Schweinfurt anhängig. Das Aktenzeichen lautet: 2 Js 453/62.

Bei Steinbach in das Haide im Landkreis Kronach wurde am 9. November 1955 Max Grüber erschossen. Die Staatsanwaltschaft Coburg hat den Fall übernommen.

Einen unbekannten Flüchtling traf die tödliche Kugel am 23. Juli 1956, als er versuchte, bei Schlutup die Trave schwimmend zu überwinden und in die Freiheit zu gelangen. Die Staatsanwaltschaft Lübeck führt darüber die Akte 2 Js 258/60. Der Feldwebel der Grenztruppen der DDR, Pilar, erschoß im Sommer 1959 am Kontrollpunkt im Abschnitt Ilsenburg im Harz einen unbekannten Holzsammler. Das Landgericht München hat den Fall übernommen, der aufzeigt, daß den Grenztruppen der Finger stets am Abzug lag und leicht gekrümmt wurde.

Ein besonders hinterhältiger Mord geschah, als der Stabsgefreite Braun im September 1959 von einem Kameraden erschossen wurde. Der Schütze hatte Braun irrtümlich für einen Flüchtling gehalten. Dieser Vorgang in der Nähe des ehemaligen Sanatoriums „Jungborn", ostwärts von Harzburg, zeigt auf, daß man sich nicht einmal vergewisserte, wen man vor den Lauf seiner Waffe bekam. Die Staatsanwaltschaft Braunschweig wartet auf die Weisung, nun endlich tätig zu werden.

Der letzte Mord vor dem Mauerbau wurde an einer unbekannten männlichen Person verübt, die in der Nähe der „Weißen Brücke" im Harz im Juli 1961 die Grenze erreichte. Dort wurde der Mann von dem Feldwebel Klaus Beuger (oder Beuker) von der Grenzkompanie „Sorge" angerufen. Als er nicht stehenblieb, wurde er von diesem Wächter mit seiner MP der

Marke Kalaschnikow niedergemäht. Das Landgericht München hat den Vorgang unter 11 Js 42/67 abgelegt.

Nach Errichtung der Mauer waren es vor allem die Berliner Sektorengrenze und die Grenzflüsse, die zu Schauplätzen dieser blindwütigen Erschießungen avancierten. Die Ermittlungen des Berliner Polizeipräsidenten, die ebenfalls in der Zentralen Erfassungsstelle Salzgitter registriert sind, haben folgende Morde registriert: Bereits am 19. August 1961, nur sechs Tage nach Beginn des Mauerbaues, versuchte der 47 Jahre alte Rudolf Urban, sich und seine Angehörigen aus der ersten Etage seines Wohnhauses an der Bernauer Straße in den Westen abzuseilen. Er erlitt dabei einen Unterschenkelbruch, an dessen Folgen er am 17. September verstarb.

Ida Sieckmann, 58 Jahre alt, sprang am 22. August 1961 aus der dritten Etage ihres Wohnhauses, Bernauer Straße 48, in die Tiefe und erlitt dabei tödliche Verletzungen.

Das dritte Maueropfer aber, der 24 Jahre alte Günter Litfin, versuchte am 22. August den Humboldthafen zu durchschwimmen. Dies wurde von einem Transportpolizisten beobachtet. Der Mann riß seine Waffe hoch und erschoß den Schwimmer.

Am Teltowkanal wurde ein unbekannter Mann am 29. August bei dem Versuch, durch den Kanal schwimmend den freien Westen zu erreichen, von Grenzposten erschossen. Die Bergung des Leichnams erfolgte erst am Morgen des 30. August in der DDR.

Der 25jährige Axel Brückner wurde am 3. September 1961 bei einem Fluchtversuch von Grenzpolizisten erschossen. Brückner war Leutnant der Volkspolizei. Auch gegenüber ihren eigenen Kameraden kannten die Schützen kein Erbarmen.

Doch eines soll an dieser Stelle bereits eindeutig festgehalten werden! Diese Schüsse an der Mauer erfolgten auf höchsten Befehl. Diejenigen, die die Schießbefehle gaben, sind zur Verantwortung zu ziehen. Das Niederträchtige an allen Morden war die Tatsache, daß die Angehörigen der Getöteten nie eine Benachrichtigung erhielten. Sie wußten nicht, was mit ihnen geschehen war, wo sie verscharrt waren oder was man mit ihnen gemacht hatte. Die Unmenschlichkeit und Menschenverachtung dieses Regimes erwies sich nicht zuletzt an dieser Nichtbeachtung der innersten Gefühle der Unglücklichen.

Als die 80 Jahre zählende Witwe Olga Segler am 25. September 1961 in der Bernauer Straße 34 aus der zweiten Etage ihres Hauses in die Freiheit springen wollte, weil sie den Schikanen der SED nicht mehr gewachsen war, konnte sie zwar das Sprungtuch treffen. Die inneren Verletzungen, die sie beim Aufprall erlitt, führten jedoch am folgenden Tag ihren Tod herbei. Ihr Haus wurde von „Staats wegen" beschlagnahmt. Auf westlicher Seite der Mauer an der Bernauer Straße erinnert ein schlichtes Kreuz an diese alte Frau, die man in den Tod trieb.

Bernd Lünser, 22 Jahre alt, wollte sich in der Nacht des 4. Oktober 1961 mit einer Wäscheleine vom Dach des Hauses der Bernauer Straße 44 abseilen. Als man sein Fluchtvorhaben entdeckte, wurden er und sein Fluchtbegleiter von der Grenzpolizei beschossen. Lünser sprang vom Dach. Er verfehlte das auf westlicher Seite bereitgehaltene Sprungtuch und starb unmittelbar darauf an den erlittenen Verletzungen. Sein Begleiter wurde auf dem Dachboden dieses Hauses von den eindringenden Grenzpolizisten gestellt und erbarmungslos zusammengeschlagen und zu Tode geprügelt, obgleich er keine Hand zur Gegenwehr erhob und sich gefangengegeben hatte.

Grenzpolizisten, Volkspolizisten und SED-Schergen seien „auch Menschen", wird heutzutage immer wieder verkündet. Dies wird in diesem Werk nie bestritten. Aufgezeigt wird lediglich, daß neben der Vielzahl der „Menschen", eine gewisse Zahl „Unmenschen" lebten und leben, deren Untaten *bis heute ungesühnt* sind. Es wird hier mit keiner Zeile versucht, einer Organisation oder Gruppierung das Kainsmal des „potentiellen Verbrechers" anzuheften. *Hier werden Fakten aufgezeigt. Hier werden Morde angemahnt.* Morde, die in Salzgitter dokumentiert sind, sollten nach der Meinung einiger „Politiker" dem Reißwolf überantwortet werden. Offenbar wissen sie nicht oder haben es verdrängt, daß es um Hunderte Morde und andere Verbrechen geht, die sie offenbar weiterhin ungesühnt wissen wollen. Wer die folgenden „Aktionen" der „Grenzsicherungskräfte der DDR" auch noch nach der gewonnenen Erkenntnis über die Täter und Opfer der gleichen Ansicht ist, der sollte sich eindringlich selbst befragen, ob er in einer ähnlichen Situation nicht ebenfalls den „Schießbefehl" erteilen würde.

Am 5. Oktober 1961 stürzte sich der 24 Jahre alte Udo Düllick vom Gröbenufer der Spree ins Wasser, um das rettende westliche Ufer zu erreichen und so seinen Peinigern zu entkommen. In der Mitte des Flusses wurde er von Grenzpolizisten entdeckt und mit Maschinenwaffen beschossen. Nach mehreren abgegebenen Salven ging er unter.

Am selben Tage versuchte, ebenfalls vom Gröbenufer, ein weiterer Mann, dessen Namen unbekannt blieb, die Spree zu durchschwimmen. Auch er wurde entdeckt und von Grenzpolizisten mit MP-Salven erschossen. Nach Aussagen eines Zeugen soll es sich um einen Freund von Düllick gehandelt haben.

Ein weiteres Opfer jener schießwütigen Staatsdiener gab es, als ein unbekannter Mann bei einem Fluchtversuch in einem Güterzug gestellt und von Transportpolizisten erschossen wurde. Tattag war der 13. Oktober 1961.

Am darauffolgenden Tag versuchte Werner Probst, ein 25jähriger Bewohner der DDR, bei der Schillingbrücke die Spree zu überwinden. Die hier lauernden Grenzpolizisten erschossen ihn mit mehreren Salven ihrer Maschinenwaffen.

Damit war die Mordserie des Oktober noch nicht beendet. Am 18. dieses „Rekordmonats", in dem die Wächter des Regimes ihren Plan übererfüllten, trafen die Kugeln eines Transportpolizisten nahe Babelsberg auf dem Gelände des Güterbahnhofs einen Unbekannten, der sich in einen der Waggons in Sicherheit bringen wollte.

Am S-Bahnhof Wilhelmsruh wurde ein Unbekannter, dem es am 27. Oktober gelang, den ersten Stacheldrahtzaun zu überwinden, von Grenzpolizisten angeschossen und schwer verletzt abtransportiert. Er soll einige Tage darauf seinen erlittenen Verwundungen erlegen sein.

Der letzte Oktobertag wurde einem weiteren Unbekannten zum Verhängnis. In der Nähe von Babelsberg wurde er auf Bahngelände von Transportsoldaten erschossen. Diese erhielten für den weiteren „Abschuß" eine besondere Prämie.

Ein weiterer unbekannter Mann wurde am 17. November in

der Nähe der Grotzkowskybrücke von Grenzsoldaten erschossen und tot aus der Spree geborgen.

Als der Volkspolizist Lothar Lehmann, 20 Jahre alt, diesen Gewissenskonflikt nicht mehr aushielt und im November über die Havel in den freien Teil Deutschlands zu entkommen trachtete, ertrank er auf mysteriöse Art und Weise. Dieter Wohlfahrt wurde am 9. Dezember 1961 bei dem Versuch, mit zwei Bekannten der Mutter eines Freundes aus der DDR zu helfen, von Grenzposten auf dem Gebiet der DDR erschossen.

Einen Tag später unternahm der 21jährige Ingo Krüger einen Fluchtversuch durch die Spree. Er ertrank in Höhe der Reichstagsbrücke aus ungeklärter Ursache. Dies war das 19. Todesopfer seit Beginn des Mauerbaues an der inneren Grenze Berlins.

Morde an der Zonengrenze

Der Dortmunder Journalist Kurt Lichtenstein, der am 12. Oktober 1961 zur Zonengrenze fuhr, um im Auftrage der Westfälischen Rundschau zu recherchieren und die Stimmung der DDR-Bewohner einzufangen, trat an diesem Tage zwischen Zicherie und Kaiserwinkel an den Grenzzaun heran, um über diesen hinweg oder durch ihn hindurch mit den sich ihm nähernden Leuten zu sprechen und ihre Stimmung zu erfahren. Er wurde von einem Volkspolizisten von der Ostseite des Zaunes kurzerhand erschossen.

Dieser Mord am Drahtzaun, noch auf dem Gebiet der BRD, erregte großen Abscheu und Haß. Hier konnte weder von einer DDR-Flucht noch von einer Grenzverletzung gesprochen werden. Wochenlang ging dieser Mord durch die westdeutsche und insbesondere durch die Dortmunder Presse. Die strenge Bestrafung des Mörders wurde lauthals gefordert. Und es hieß mehrfach, daß dieser Fall nie vergessen werden würde. Die deutsche Justiz hat bei der Staatsanwaltschaft Lüneburg unter dem Aktenzeichen 2a Js 876/61 den Fall zur späteren Behandlung abgelegt.

Heute hätten die ehemaligen Kollegen des Journalisten die Gelegenheit, die Aufrollung zu fordern und durchzusetzen.

Aber was tun sie, um diesen kaltblütigen Mord zu sühnen? Nichts! Er soll abgelegt werden wie ein altes Paar Schuhe. Alle Rufe nach Gerechtigkeit sind längst verhallt, der Journalist und Kollege Lichtenstein für immer in seinem Grab verschwunden. Zu hoffen, daß ein solcher Vorfall vergessen werden könnte und daß man die Akten sang- und klanglos schließen könne, war vergebens.

Von nun an ging es an der Zonengrenze „Schlag auf Schlag! Und Schuß auf Schuß!" Bis zum August 1981 waren von schießwütigen Staatsdienern 120 Menschen umgebracht worden. Es hagelte Proteste. Die Erfassungsstelle Salzgitter hatte Hochbetrieb und die Zeitungen ihre jeweiligen Knüller. Was wurde nicht alles zusammengeschrieben! Welche Schwüre wurden nicht von allen Seiten ungefragt und unverlangt abgegeben! Welche Versprechungen den Opfern und dem ganzen Volk gemacht, daß alle Untaten ihren Richter finden würden! Plötzlich aber – wo die Gelegenheit greifbar nahe gekommen ist – gehen diese Schwüre alle in Schall und Rauch auf. Man möchte nicht mehr an die Toten erinnert werden. Man möchte die Erinnerung an sie mit ihren Leichnamen verscharrt wissen.

Hatten sie nicht nach den Gesetzen ihres Landes gehandelt? Die Mörder! Sollten nicht vielleicht besser die Angehörigen der Opfer verantwortlich gemacht werden, daß ihre Toten dem Staat solchen Verdruß angetan hatten? Mußten nicht auch die Kugeln bezahlt werden, mit denen sie niedergestreckt wurden? Das Abfahren der Toten, die Pflege der Verletzten: Ließe sich nicht alles den Angehörigen in die Schuhe schieben und der Staat der SED-Schergen blütenweiß auferstehen, wenn nach dem 18. März die neuen alten SED-Männer in fremdem Gewande wieder nach der Macht greifen?

Die Zentrale Erfassungsstelle in Salzgitter, die nicht nur diese spektakulären Vorfälle, sondern Zehntausende anderer Schikanen und Drangsalierungen aktenkundig gemacht hat, sollte nach dem Willen jener Unbelehrbaren, die dieses alles gewissermaßen als „Betriebsunfälle" ansehen möchten, die Akten dem Reißwolf überlassen und die Mordbuben damit rechtfertigen.

Nach Kurt Lichtenstein, der die Trauer des westlichen Teiles von Deutschland erweckte, kam der Oberleutnant der NVA, Fleischer, an die Reihe. Er wurde im April 1962 im Raume Steimke erschossen. Karl-Heinz Krüger aus Bad Liebenstein lief bei einem Fluchtversuch im Frühjahr 1962 auf eine Mine und wurde in Stücke gerissen. Der ehemalige Stabsgefreite der NVA, Fritz Hank, war es, der am 3. Juni 1962 bei Schierke im Raume Braunlage einen Unbekannten anschoß, dessen Tod wahrscheinlich ist. Bei Kronau an der Elbe wurde ein weiterer Unbekannter im Juni 1962 bei einer Beschießung tödlich verletzt und weggeschleppt. Joachim Weinhold wurde am 10. Juli dieses Jahres an der Interzonenstrecke südlich Helmstedt auf DDR-Gebiet erschossen. Ein unbekannter Flüchtling bezahlte seinen Versuch, diesem Staatszuchthaus zu entkommen, an der Werrabrücke bei Lauchröden mit dem Tode.

Vier Morde geschahen im August dieses Jahres 1962, darunter der an dem Soldaten der NVA, Winkler, der erschossen wurde, als einer seiner Kameraden plötzlich die Flucht ergriff. Winkler wollte überhaupt nicht fliehen, aber der Schießbefehl war scharf, und das leiseste Anzeichen einer Westbewegung genügte bereits, daß die Kommandoschützen den Finger am Abzug durchkrümmten. Menschenleben waren in dieser riesigen „Wagenburg" nichts wert. Sie ist auch nicht aufgefahren worden, um die darin lebenden Menschen zu schützen, sondern sie am Verlassen derselben zu hindern.

Im September wurden Karl Ludwig und Günter Schulz im Küstengebiet bei Boltenhagen erschossen. Möglicherweise sind sie aber auch mit Jürgen Schulz und Hans Georg Jacobs ertrunken, die zur gleichen Zeit hier ihren Fluchtversuch unternahmen. Zwei Todesfälle ereigneten sich, als Unbekannte aus Dankmarshausen und Arnstadt in Thüringen in einer dunklen Novembernacht des Jahres 1962 beim Grenzabschnitt Untersuhl in die DDR zurückkehren wollten. Sie liefen auf Minen und fanden den Tod. Günter Stieg und Wendelin Haberl waren die letzten Toten des Jahres 1962. Sie kamen im Raume Wernigerode und an der Grenzlinie zwischen Vogtland und Bayern durch Gewalteinwirkung der NVA ums Leben.

Wendelin Haberl war das 30. Todesopfer an der deutschdeutschen Grenze. Am 13. Januar 1963 wurde Helmut Breuer am Elbeufer bei Boitzenburg von Grenztruppen der DDR erschossen. Fünfzehn weitere Morde sollten das Jahr 1963 überschatten. Besonders tragisch der Tod von Willi Killian aus Saalfeld. Er wurde am 17. Juni 1963 – dem 10. Jahrestag des Aufstandes in Berlin und anderswo in der DDR – bei Probstzella in Thüringen durch einen Bauchschuß so schwer verletzt, daß er nach der viel zu spät erfolgten Bergung an den Folgen dieser Verletzung starb.

Helmut Kleinert wurde noch vor Überschreiten der Demarkationslinie gegenüber Hohengeiß in Thüringen am 1. August 1963 erschossen. Die Staatsanwaltschaft in Lüneburg hat diesen Fall an sich gezogen. Die Aktennummer ist 1 Js 524/65. Wann wird sie in dieser Sache tätig?

Am Vormittag des 18. August 1963 um 11.45 Uhr wurde im Gundersleber Wald bei Walkenried, auf DDR-Gebiet, die Ehefrau von Peter Klein von einem Soldaten der NVA durch einen Hüftschuß schwer verletzt. Sie und das Kind, das sie trug, starben. Zwei Minentote am 28. Oktober und 3. November dieses Jahres waren die Fortsetzung dieser Bilanz des Grauens.

Auch Helmut Ickler versuchte am 3. November zwischen Willershausen und Pferdsdorf in Thüringen, die Zonengrenze zu überwinden. Er lief auf eine Mine und wurde schwer verletzt. Da er nicht weiterfliehen konnte, setzte er seinem Leben selber ein Ende. Dieter Fürneisen lief ebenfalls im November bei Zopten auf eine Mine. Als ein unbekannt gebliebener Grenzpolizist am 16. November dem „Vaterland der Bauern und Arbeiter" zu entkommen trachtete, wurde er am Kutschenberg bei Ecklingerode von seinen Kameraden angeschossen und zurückgeschleppt. Er verstarb wenige Tage darauf an den erlittenen Verwundungen.

Werner Piorek versuchte am 6. Dezember 1963, gegenüber Lübeck-Eichholz die Grenze nach Osten zu überwinden und in die DDR zurückzukehren. Er wurde erschossen, obgleich man einfach auf ihn hätte warten und ihn hätte festnehmen können. Im Jahre 1964 waren es „nur" 12 Tote, welche die Grenze quer durch Deutschland forderte. Eine Reihe von ihnen blieb unbekannt.

Auf der Flucht über die Ostsee wurden die Brüder Albrecht

und Pepi Zahn sowie ein dritter Flüchtling von der Seegrenz-gruppe gestellt und erschossen. Viele Unbekannte wurden von den Grenztruppen erst Tage nach ihrem Tode gefunden. Sie waren auf Minen gelaufen, hatten Gliedmaße verloren und kamen durch den Blutverlust ums Leben. Die überwiegende Mehrzahl der Minenopfer, die in der Nacht deren Detonationen auslösten, blieben bis zum Morgen ohne jede Hilfe liegen und verbluteten.

Ende Mai 1965 wurden im Gebiet der Grenzkompanie Eis-hausen zwei Männer gesehen, die bei Nacht den Versuch unternahmen, in die Bundesrepublik zu gelangen. Das Postenpaar eines Beobachtungsturmes eröffnete das Feuer. Einer der Beschossenen wurde durch eine MP-Salve zu Boden geworfen. Von 12 Kugeln durchsiebt blieb er tot liegen; dem zweiten Mann gelang die Flucht.

Der Gefreite Klaus Noack von der Kompanie Rustenfelde wurde Anfang August an der Grenzstelle Rustenfelde bei einem Fluchtversuch erschossen. Ebenso der Sohn des Optikers Brudöhl aus Mühlhausen, dessen Tod ebenfalls „als auf der Flucht erschossen" bekannt wurde.

Bei einer Postenkontrolle wurde ein Soldat der Kompanie Osterode am 30. September 1965 „aus Versehen" erschossen. Die Finger lagen zu nahe und zu locker am Abzug. Ein Menschenleben galt nicht viel, das eines Republikflüchtlings überhaupt nichts.

Als der 20jährige Reinhard Dahms am späten Abend des 31. Dezember 1965 die Flucht wagte, geriet er genau in den Streifengang einer Doppelstreife hinein. Der Postenführer dieser Streife, Stabsgefreiter Harald Jäger, riß seine Waffe herunter und erschoß den Zwanzigjährigen. So geschehen in Gollensdorf. Das Landgericht Darmstadt hat diesen Fall unter dem Aktenzeichen der Zentralen Erfassungsstelle 162/66 übernommen.

Als zwei Jugendliche am 9. Februar 1966 im Raume der Grenzkompanie Hönbach die Flucht wagten, wurden sie gesehen und sofort beschossen. Einer der Jungen erlitt einen Lungenschuß, an dessen Folgen er wenig später starb.

Hier soll jener Fall folgen, der sich laut Akte beim Landgericht Kempten im Allgäu folgendermaßen abgespielt hat: Mitte Mai 1966 versuchte ein 16 Jahre alter Jugendlicher bei Geisa in der

Rhön die Grenzhindernisse zu überklettern und in den Westen zu gelangen. Die beiden DDR-Soldaten Erich Matzke und Thalhöfer von der Grenzkompanie Geisa eröffneten sofort das Feuer auf diesen Jungen. Von mehreren Schüssen tödlich getroffen, stürzte dieser auf DDR-Gebiet zurück. Für diesen eiskalten Mord erhielten beide eine „Belohnung". Erich Matzke wurde mit 10 Tagen Sonderurlaub, einer Geldprämie und einer „Ehrenmedaille" ausgezeichnet. An diesem Falle zeigte sich ganz besonders, wie solche Morde von der DDR-Staatsführung belohnt wurden.

Einen Monat später erschoß der Grenzsoldat Wolfgang Schiffner einen unbekannten 18jährigen Flüchtling, der bei Probstzella die Grenze überwinden wollte. Im Landgericht Nürnberg wird dieser Fall unter dem Aktenzeichen 93 Js 1088/68 verwahrt.

Bei Hanum wurde ein unbekannter Unteroffizier der NVA am 19. August von seinen Kameraden erschossen, als er die Flucht in den Westen wagte, um nicht mehr auf Menschen schießen zu müssen, die nichts anderes verbrochen hatten, als den SED-Staat zu verlassen. Sicher ist, daß sehr viele Soldaten der NVA und der Grenztruppen willentlich daneben schossen, um nicht schuldig zu werden. *Hätten alle gezielt geschossen, wäre die Grenze in Blut und Tränen versunken.*Aber auch so waren noch genügend Schergen vorhanden, um die Drecksarbeit für ihre Verführer zu machen und sich von diesen dafür belohnen zu lassen.

Als der Gefreite Klee am 23. April 1967 versuchte, im Raume Dippach während des Postendienstes zu fliehen, kam es zwischen ihm und dem Unteroffizier Grapf (oder Gräfe) zu einem Handgemenge, in dessen Verlauf der Unteroffizier den fluchtbereiten Kameraden erschoß. Am späten 31. Dezember 1966 wiederum stieß ein unbekannter Postenführer bei Neu-Garge an der Elbe auf ein Ehepaar, das sich auf dem Wege in den Westen befand. Er nahm den Mann fest. Als sich dieser loszureißen versuchte, kam es zu einer Auseinandersetzung, in deren Verlauf dieser Postenführer den Mann einfach niederschoß und dessen Ehefrau durch einen Streifschuß verletzte.

Beim Grenzkontrollpunkt Marienborn versuchte am

12. März 1966 ein unbekannter Flüchtling gemeinsam mit dem Arbeiter Hans Kessel mit einem vorbereiteten Lastwagen die Grenzsperren zu durchbrechen. Der Wagen blieb an den Sperren hängen. Mit MG eröffneten die Grenzer das Feuer. Der Lastwagen wurde förmlich durchsiebt, der Fahrer fand dabei den Tod.

Im Herbst 1965 bereits wurde ein unbekannter Soldat der NVA auf eine Weise getötet, die von kaum zu überbietender Brutalität war. Der Soldat bat den Unteroffizier Kliem von der Ausbau-Kompanie, ihm den Weg zur Grenze zu zeigen. Der Sodat bedrohte Kliem angeblich mit seiner Waffe, woraufhin dieser seine Waffe hochriß und den Soldaten erschoß.

Die beiden Jugendlichen, Christian Block und Peter Brückner, die im September 1965 versuchten, die Ostsee durch die Lübecker Bucht schwimmend zu überwinden, wurden bei diesem Versuch von den Grenztruppen der Marine gestellt und erschossen.

Hans Dieter Genau, ein 18jähriger Jugendlicher aus Treffurt, hatte sich am 24. August 1969 einer Gruppe von DDR-Flüchtlingen angeschlossen, die bei Treffurt die Grenze zu überwinden versuchten. Angehörige der 6. Grenzkompanie Treffurt eröffneten das Feuer auf sie, Genau erhielt einen tödlichen Kopfschuß und starb im Niemandsland.

Ein weiterer Fall, bei dem ein Verletzter ohne Hilfeleistung liegengelassen wurde, ereignete sich am 27. Dezember 1969 bei Kutschenberg nahe Duderstadt. Hier eröffneten Angehörige der 9. Grenz-Kompanie Ecklingerode eineinhalb Stunden nach Mitternacht das Feuer auf einen Flüchtling. Der Beschossene stürzte schwer verletzt zu Boden. Bei starkem Frost ließen ihn die Grenzer bis zum anderen Morgen um 9.00 Uhr liegen und verbluten. Als er geborgen wurde, war er steifgefroren und tot. Diese Art des Tötens ist nicht einmal bei jagdbarem Wild erlaubt und widerspricht der Jägerehre. Bei und an Menschen verübt, ist es ein grausiges Verbrechen. Das Aktenzeichen der Zentralen Erfassungsstelle zu diesem heimtückischen Mord lautet: 1099/69.

Ein weiterer Angehöriger der NVA versuchte am 6. August 1969 in der Flurgemarkung Rothausen im Landkreis Königshofen im Grubenfeld in die Bundesrepublik zu gelangen. Er vermochte die Grenzhindernisse zu überwinden und den freien Westen zu erreichen. Bereits auf westdeutschem Boden wurde er von den ihn dorthin verfolgenden Soldaten beschossen. Ein Halsschuß warf ihn zu Boden. Die „Volkssoldaten" überschritten die Grenze, griffen sich den Mann und schleiften ihn in die DDR zurück.

Der Flüchtling starb. Die Proteste der BRD hielten sich in Grenzen. Der Tod an der Demarkationslinie war zu etwas Alltäglichem geworden. Immerhin schien ja auch die Zeit der Entspannung angebrochen, und es durfte ja nichts unternommen werden, um das sich anbahnende verbesserte Klima wieder zu verschärfen. Man hatte lediglich dieses neue „Vorkommnis" der Staatsanwaltschaft Bamberg übergeben, wo es zu den Akten genommen und unter der Nr. 2 Js 327/69 wahrscheinlich den Motten zum Fraß dienen wird.

Im Frühjahr 1970 ereignete sich ein Vorfall, der die Gemüter nicht nur auf westlicher Seite des Todesstreifens bewegt. Ein bis heute unbekannt gebliebenes Kind geriet bei Steinach über die Demarkationslinie. Es spielte selbstvergessen mit einem Ball. Dieses *Kind* wurde von entmenschten Todesschützen blindwütig abgeknallt. Wer angesichts dieser Vorkommnisse immer noch die Vernichtung der Akten fordert, die diese einmaligen Schweinereien festgehalten haben, der wird später auch selber solche Befehle geben, wenn er dazu in der Lage ist.

Karl-Heinz Fischer überwand in der Nacht zum 29. März 1971 bei Sondhofen im Landkreis Mellrichstadt die Zonengrenze. Allerdings trat er dabei auf eine Mine und wurde so schwer verletzt, daß er nach Erreichen des westdeutschen Gebietes verblutete. Auch Klaus Seifert, der am 9. April 1971 im Grenzabschnitt Schwickershausen den Todeszaun zu übersteigen versuchte, lief vorher auf eine Mine und wurde so schwer verletzt, daß er zwar die Grenze lebend überwinden konnte, aber in einem Krankenhaus der BRD am 4. Mai 1971 verstarb.

Bernhard Sperlich erlitt ein ähnliches Schicksal. Er wurde bei dem Versuch, im Gebiet der Grenzkompanie Probstzella am Nordabhang der Thüringer Warthe den Todeszaun zu überwinden, angeschossen und so schwer verletzt, daß er kurz darauf starb.

Mit völlig zersplitterten Beinen wurde im Frühjahr 1971 bei Gladdenstedt eine männliche Leiche gefunden, die bereits in Verwesung übergegangen war. Der Mann mußte in der Nacht seiner Flucht auf eine Mine gelaufen sein. Er war völlig ausgeblutet. Sein Tod hatte Stunden gedauert. Dies waren die Wirkungen der als „verhältnismäßig harmlos" beschriebenen Minen der DDR, die jedem Genfer Gesetz Hohn sprachen.

Als der Gefreite der NVA, Granert, am 1. Juni 1971 den Versuch unternahm, die Demarkationslinie bei Geisa zu überwinden, wurde er von einem Gefreiten der NVA – einem „Kameraden" – erschossen.

Einem Unbekannten, der im Bereich des Kontrollpunktes Marktgöritz im Mai 1968 die Flucht versuchte, wurde von dem Volkspolizisten Schäffler die tödliche Kugel angetragen. Die Akten darüber sind unter der Nr. 5 Js 287/70 bei der Staatsanwaltschaft Coburg einzusehen.

Diese Volkspolizisten und Angehörigen der NVA bildeten nach den Bekundungen des DDR-Verteidigungsministers Heinz Hoffmann die „Elite der DDR". Sie wurden von diesem als „Garde der Nationalen Volksarmee" verherrlicht. (Siehe Hoffmann, Heinz: Sozialistische Landesverteidigung. Aus Reden und Aufsätzen. 1963 – Februar 1970, Teil I)

Als Ende des Jahres 1970 die ersten Metallgitterzäune mit eingebauten Selbstschußanlagen des Typs SM 70 an der innerdeutschen Grenze auftauchten, wurden die Versuche, diese Grenze zu überwinden, vollends zu einem Todeskommando. Die Sperrsysteme der DDR waren bis zum Jahre 1970 weiter vervollkommnet worden. Es handelte sich um folgende Anlagen: eine fünf km weite Sperrzone, einen 500-m-Schutzstreifen, 600 Wachtürme, davon 45 aus Beton, 1000 Erdbunker, 315 Kettenlaufanlagen mit 460 Hunden, 900 km Kolonnenwege, davon 130 km betoniert und für motorisierte Kolonnen geeignet.

Hinzu kam ein 80 cm tiefer Sperrgraben auf einer Länge von 150 km, insgesamt 95 Lichtsperren und einen sechs km breiten

Kontrollstreifen. Ein 1140 km langer doppelter Draht- und Stacheldrahtzaun, in dessen Zwischenraum Minen der dargestellten Art verlegt waren, sorgte für eine große Anzahl Toter. Straßengräben und ein 25 bis 30 m breites Brachfeld führten zu jenem 10 m breiten Kontrollstreifen – bekannt als „Todesstreifen" -, der nur noch zum Teil gepflügt wurde. Schließlich noch der Warn- und Stacheldrahtzaun unmittelbar an der Grenze, der bereits stark zerrottet war.

Von der insgesamt 1345 km langen deutsch-deutschen Grenze waren zur Mitte des Jahres 847 km vermint. Und wer glaubte, damit sei es den SED-Machthabern genug an Sicherheit, der sollte sich wundern, wie die späteren Jahre unter Beweis stellten.

Ingesamt hatte die DDR zum schlechten Schluß eine Summe von mindestens 10 Milliarden Mark in diese Grenze investiert und sie mit einem Personalaufwand von bis zu 60 000 Mann bestückt, die alle einer sinnvollen Arbeit entzogen worden waren. Dieses Geld, in neue Investitonen eingebracht, hätte es Hunderttausenden ermöglicht, in neuen Betrieben für die Volkswirtschaft zu arbeiten. Nur ein Viertel, in die Sanierung der Wohnungen hineingesteckt, hätte die ärgsten Übel beseitigt.

Welch ein Aufwand für eine solche Mauer der Schande! Welch eine Planung und Lobby, welch ein immenser Arbeitseinsatz, nur um Menschen festhalten zu können, notfalls, indem man sie tötete!

Inzwischen war von Erich Honecker der Schießbefehl erneuert worden. Dieser und die nunmehr aufzustellenden Metallgitterzäune mit ihren Todesautomaten der Selbstschußanlagen forderten in der ersten Hälte der siebziger Jahre eine Vielzahl an Toten und Verletzten.

Die Ostverträge, über die im politischen Teil dieses Reports die Rede sein wird, einschließlich des Grundlagenvertrages, vermochten diese verfahrene Lage nicht mehr zu entschärfen. Eher war das Gegenteil der Fall.

Die DDR schottete sich hermetisch gegenüber dem Westen ab. Dies ging um so leichter, als ja auch der Westen selber von einer Wiedervereinigung nicht mehr sprach, sondern das Gegenteil einer solchen verkündete und beschwor. „Wandel durch

Annäherung" war das Wort der Stunde. Wiedervereinigung war nach den Worten der Verfechter dieser Geisteshaltung „nicht einmal in 100 Jahren zu haben", so wurde jedenfalls getönt und so wäre es gewesen, wenn sie das Sagen gehabt hätten. Daß sie dabei das gesamte deutsche Volk – besonders aber die Menschen im geknechteten Ostdeutschland – vergaßen, das führte ihre großen Reden sämtlich ad absurdum und zeigte den staunenden Bürgern in Ost und vor allem in West, daß sie das Volk waren. Daß sie zu bestimmen hatten, nicht die Vorbeter einer kleinen Clique, die es schon immer besser gewußt hatten.

Ein Volk, dessen Leidensmaß übervoll war, begab sich auf die Flucht vor seinen Peinigern und verabschiedete sich für immer von diesem verbrecherischen SED-Regime. Ein Teil aber, der zu Hause ausgeharrt hatte, entzündete die Fackel des friedlichen Aufstandes. Bis zuletzt hatten westdeutsche Politiker in Reden und Erinnerungen diese Entwicklung weit von sich gewiesen; sie hatten mit den Führern des Ostens ihre Bruderküsse und die Versicherungen gegenseitiger Hochachtung getauscht. Bis das ganze Kartenhaus eines Staates zusammenkrachte. Und nun zeigte sich ein ganz besonderes Phänomen: Sie waren eigentlich schon immer gegen diesen SED-Staat und deren Kerkermeister, denen sie wenige Wochen vorher noch beinahe zu Füßen gefallen waren und die sie händeringend angefleht hatten, doch ja nicht ihre Besuche in Westdeutschland wieder abzusagen. Man werde sie auch gut mit Hilfsmitteln aller Art und Krediten in Milliardenhöhe ausstatten, wenn sie nur kämen.

Aber sie kamen *auch weiterhin* in hellen Scharen über die Todesgrenze, und der Grundlagenvertrag, vielgelobt und gehätschelt, der normale nachbarschaftliche Beziehungen im Verhältnis zwischen der DDR und der BRD herstellen sollte, zeigte sich als nicht vollziehbar angesichts jener tödlichen Grenze, die Deutschland von Deutschland trennte. Daß diese Grenze von einer gewissen politischen Richtung von nun an negiert wurde, daß sie trotz der hallenden Salven aus Kalaschnikows und Maschinengewehren für diese Gruppe einfach nicht vorhanden war, änderte nichts daran, daß sie da war und daß an ihr weiter gestorben wurde.

Von Würde wurde getönt und von einer gegenseitigen Achtung; von allen Errungenschaften einer freien Welt. Verwirklicht aber wurde dies an der deutsch-deutschen Grenze nicht!

Damit gerieten zwar nicht die westdeutschen Politiker, mehr aber die DDR-Politiker in Beweisnot. Selbst die Angehörigen der DDR-Grenztruppen akzeptierten diese Abschottung durch Todesstreifen und Selbstschußanlagen nicht mehr länger. Und wenn der DDR-Verteidigungsminister „Hoffmann" von den „sogenannten Todesautomaten" sprach, dann wußte doch jeder Bürger seines Landes, daß es hier nichts von „sogenannt" gab, daß es hier wirkliche *Todesfallen* waren, an denen ihre Brüder und Schwestern den Tod fanden. Errichtet gegen die eigenen Brüder und gegen deren freien Willen, dort leben zu wollen, wo das Leben für sie noch lebenswert war.

Der Verteidigungsminister sah sich genötigt, auch noch die Grenze und die Todesschüsse zu verteidigen: „Wir lassen uns von unserem Gegner keine Vorschriften machen, welche Mittel wir in der Grenzsicherung anwenden und welche nicht", verkündete er lauthals. Er wußte offenbar noch immer nicht, daß es nicht nur die Gegner der DDR waren, sondern seine eigenen Mitbürger, die dieses Regime zum Teufel jagen würden, wenn es in ihrer Macht gestanden hätte.

Grundlagenvertrag und deutsch-deutsche Grenze

Als der Grundlagenvertrag im Jahre 1973 in Kraft trat, änderte sich an der deutsch-deutschen Grenze nichts. Es wurde weiter auf „Republikflüchtlinge" geschossen. Im Gegensatz zu den Bitten der sozial-liberalen Koalition in Bonn ließ die SED-Führung die Grenzanlagen weiter ausbauen und immer mehr heimtückische Selbstschußanlagen installieren. Nur kurze Zeit nach Unterzeichnung des Grundlagenvertrages wurde der Metallgitterzaun errichtet, der auf weite Strecken durch Meldesysteme und Selbstschußgeräte des Typs SM 70 gesichert wurde.

Während in Industrie und Wirtschaft der DDR und auch auf dem Sektor der Landwirtschaft und des Handels der technische Status der Jahrhundertwende herrschte, während die Braunkohlekraftwerke ihren tödlichen Dreck in die Luft bliesen und die Chemieriesen das Land verpesteten und die Kunstwerke zerfraßen, war man in Sachen der Grenzsicherung auf dem neuesten Stand der Technik, gab man weitere Milliarden aus.

Ende 1977 war der Metallgitterzaun bereits auf einer Länge von 1083 km installiert. An den neuralgischen Punkten der Grenze wurde er auf 248 km Länge mit Selbstschußanlagen versehen. Es gab bereits 392 Beobachtungstürme aus Beton und 123 aus Holz. Die scharfkantigen Splitter der Selbstschußanlage sprachen der Genfer Konvention Hohn. Sie waren fast immer tödlich. Oftmals starben die auf Minen auflaufenden Menschen eines langen schweren Todes im Niemandsland, weil sie nicht geborgen wurden.

Auch die Grenze mitten durch Berlin und Westberlin herum war inzwischen hermetisch geschlossen worden. 120 km Betonplattenwände – die Mauer – 3,5 bis 4,00 Meter hoch, waren errichtet. 55 km Metallgitterzaun kamen hinzu. 248 Beobachtungstürme, 135 Erdbunker, 260 Hundelaufanlagen und 122 km Kontaktzaun, der bei jeder Berührung aufleuchtete und die Posten in den Wachtürmen alarmierte, hatten die Stadt „für alle Ewigkeit" in zwei Teile zerrissen. Aber so, wie es der letzte Oberbürgermeister in der geteilten „Frontstadt" Berlin, Momper, sagte, war es nicht. Die Stadt war nicht auf immer geteilt, man mußte und durfte sich nicht damit abfinden und – man tat es auch nicht und strafte auch ihn Lügen.

Am 30. November 1976, dem 30. Jahrestag der Gründung der DDR-Grenztruppen, verkündete Verteidigungsminister Hoffmann: „Seit 1949 wurden 20 unserer Genossen vom Klassenfeind ermordet. Nach ihnen wurden Kasernen und Unterkünfte der SED-Grenztruppen benannt, um das Andenken der Gefallenen in Ehren zu halten."

Die überwiegende Mehrzahl dieser „Gefallenen" ging auf das Konto ihrer eigenene Kameraden. Auch solcher, die sich mit diesen Schüssen den Weg in den Westen freikämpfen wollten. Sie wurden in Westdeutschland vor Gericht gestellt und wenn ihre Schuld erwiesen war, auch verurteilt.

Das Fazit dieser Entwicklung: Zu Ende der siebziger Jahre wurde jeder Versuch, die Grenze der DDR in westlicher Richtung zu durchbrechen, zu einem Todesunternehmen. Nach wie vor wurde von den 50 000 Soldaten der Grenztruppen, von Transportsoldaten und anderen „Soldaten", auf Flüchtlinge geschossen. Die Reihe der weiteren Toten und Schwerverletzten ist lang. Einige der schrecklichsten Fälle seien noch im folgenden aufgezeigt, um darzulegen, daß trotz aller „gepredigter", aber nicht gelebter Entspannung das Morden an der Mauer weiterging.

Das Morden geht weiter!

Im September 1971 wurde im DDR-Bezirk Magdeburg eine unbekannte Person nach Überwinden der Demarkationslinie in ostwärtiger Richtung am Wennigröder Tunnel von einer Grenzstreife der 1. Grenzkompanie Abbenrode gestellt. Der Gefreite Naumann und sein Mitstreifengänger „untersuchten" diesen Unbekannten. Im Wachbuch wurde diese Untersuchung samt Ergebnis wie folgt festgehalten: „Im Zuge der körperlichen Untersuchung wurde der Gestellte durch MPi-Schüsse beider Soldaten getötet."

Wie man im Zuge einer Untersuchung einen Mann ohne Vorsatz töten konnte, wie zwei Maschinenpistolen gewissermaßen von selber „losgingen", das blieb ungeklärt. Es ist jedem Menschen freigestellt, sich seine eigenen Gedanken darüber zu machen. Die Staatsanwaltschaft Köln ist aufgerufen, in dieser Sache tätig zu werden, die Mörder zu benennen, sie vor Gericht zu stellen und diesen Fall zu untersuchen.

Der erste Flüchtling, der offiziell durch eine Selbstschußanlage zu Tode kam, ist Hans Franck. Er versuchte, bei Blütlingen den Zaun zu überklettern und wurde durch die schrapnellartigen Stahlstücke getötet.

Beim Überklettern des Metallgitterzaunes im DDR-Grenzbezirk Gera wurde am 22. Juni 1973 Laszlo Balogh von dem Gefreiten Engelbrecht von der 10. Grenzkompanie Spechtsbrunn durch einen Schuß aus einem leichten MG getötet. Dieser Fall kam auf der 72. Pressekonferenz der „Arbeitsgemeinschaft 13. August" am 11. August 1986 zur Sprache. Die Ereignisse jenes unseligen 22. Juni 1973 erhielten ihre Aufhellung. Einer der

Sechs Kompanien verschiedenster DDR-Verbände bilden 100 Meter vor dem Brandenburger Tor eine Mauer. Es ist der 13. August 1961. Berlin wird Frontstadt.

Dieses Kind will zu seinen Eltern zurück. Der Stacheldraht hat es gestoppt. Aber dieser Posten zeigt Herz und macht eine Lücke frei. Das Kind kehrt zurück und der Volkspolizist wird strafversetzt.

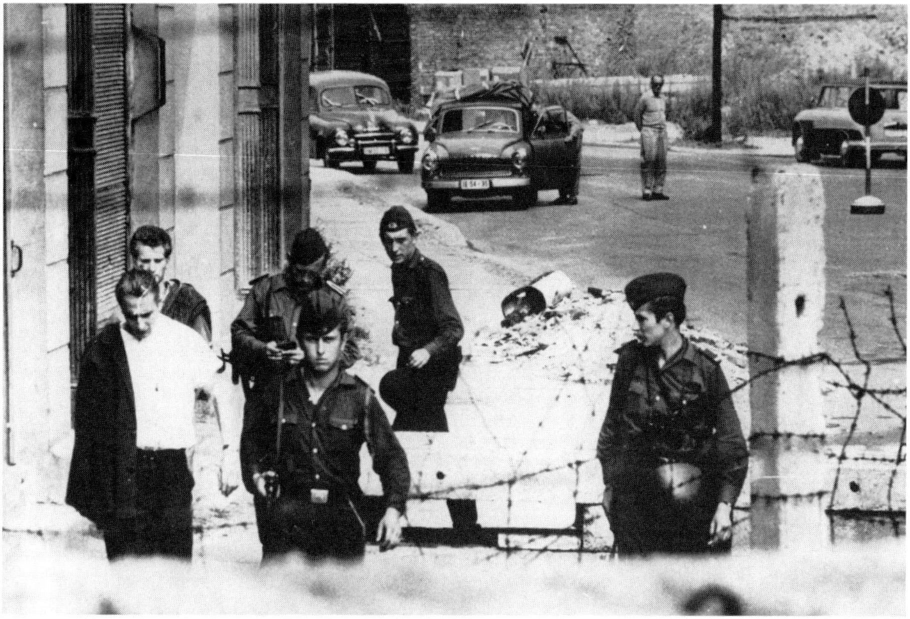

Dieser junge Mann wurde bei einem Fluchtversuch gestellt und abgeführt.

Von diesem Wachtturm aus wurde ein Flüchtling von Grenzpolizisten erschossen.

*Dieser Volkspolizist ergreift am 15. August 1961 die sich ihm bieten-
de Chance zur Flucht.*

Immer bereit, auf »Republikflüchtlinge« zu feuern!

Flüchtlinge späterer Tage mit Namen Horst Schulz – zu damaliger Zeit 21jähriger Angehöriger der 10. Grenzschutzkompanie des Grenzregimentes 15, Abschnitt Spechtsbrunn nahe Kronach – gab nach seiner Flucht in den Westen zu Protokoll: „Anlaß meiner Flucht war der Grenzzwischenfall am 22. Juni 1973 in meinem Abschnitt, bei dem ein 22jähriger ungarischer Staatsbürger [Laszlo Balogh] erschossen wurde. Der junge Mann versuchte mit seiner 19 Jahre alten deutschen Braut zu flüchten. Das Mädchen wurde durch eine Minenexplosion schwer verletzt. Ihr rechtes Bein mußte amputiert werden. Während dieses Vorfalles war ich im Objekt. Meine Gruppe wurde alarmiert. Wir mußten die Sicherung des Abschnitts übernehmen. Ich kann nie vergessen, wie verzweifelt das Mädchen über seinem getöteten Freund lag und geschrien hat. Wegen ihres abgerissenen Fußes und des Todes ihres Freundes.

Nach übereinstimmender Darstellung meiner Kameraden hat sich dieser Vorfall wie folgt zugetragen: Die Flüchtenden hatten bereits unbemerkt den letzten Grenzzaun erreicht, als das Mädchen auf eine Mine trat. Diese explodierte. Dadurch wurde der in der Nähe eingesetzte Grenzposten aufmerksam und eilte herbei. Er gab mit seinem leichten MG nur einen Schuß ab, als der flüchtende Mann bereits auf der Höhe des Grenzzaunes war. Von einem Herzschuß getroffen, fiel der Flüchtling auf die Westseite des Zaunes herunter. Diese Stelle ist aber noch Territorium der DDR. Das Bergungskommando meiner Kompanie war schnell zur Stelle.

Der Schütze erhielt eine der höchsten Auszeichnungen der Nationalen Volksarmee: die Verdienstmedaille der NVA in Bronze und eine Geldprämie in Höhe von 200 Mark. Diese beiden Auszeichnungen wurden ihm ‚für ausgezeichnete Leistungen im Grenzdienst' zugesprochen. Ich kenne den Namen des Schützen, möchte ihn aber nicht nennen, denn ich bin der Überzeugung, daß er mit dem Geld und dem Orden nicht glücklich ist. Mein Eindruck war, daß er noch lange mit seinem Gewissen zu kämpfen hatte und ein zweites Mal nicht mehr so handeln würde.

Verantwortlich für diese Fälle des Mordens sind die hohen Funktionäre des SED-Regimes."

Man will diese Aussage nicht glauben: Da gab es (und gibt es noch heute) in der DDR Menschen, die „Abschußprämien" und Orden für ermordete Flüchtlinge verteilten! Man muß diese Aussage zweimal lesen, um sie überhaupt zu begreifen. Die ganze Niedertracht dieses Regimes trat mit diesem einen Vorfall grell ins Rampenlicht. Menschenverachtung und Brutalität halten sich bei dieser Verhaltensweise der DDR-Führung gegenüber ihren Bürgern die Waage.

Auch der Oberfeldwebel Howagummineum „erledigte einen der Republikflüchtlinge". Bei Probstzella an der Demarkationslinie knallte er ihn im Mai 1971 ab. Als ein Unteroffizier der 5. Grenzkompanie Hönbach Ende Januar 1971 zu fliehen versuchte, wurde er ebenfalls von einem Soldaten seiner Kompanie erschossen. Franz Möller starb ebenfalls im Februar 1971 im Kugelhagel zweier Grenzposten.

Als Hans-Georg Lemmel, eben erst 21 Jahre alt, am 20. August 1974 die Elbe zu durchschwimmen und so dem Zuchthaus DDR zu entkommen versuchte, wurde er von einem Boot der DDR-Grenztruppen verfolgt. Als es dieser Bootsbesatzung nicht gelang, ihn zu fassen, überfuhren sie ihn mehrfach mit ihrem Boot. Lemmel wurde durch die rotierende Schraube des Bootes zerfetzt und starb. Dazu kann die Staatsanwaltschaft Lüneburg Näheres sagen, die diesen Fall unter dem Aktenzeichen 2 b Js 109/74 aufbewahrt.

Als Michael Gartenschläger am 30. April 1976 versuchte, einen Schußapparat an der Grenze bei Bröthen abzumontieren, wurde er von Grenzpolizisten erschossen. Am Grenzübergang Marienborn, wo immer wieder zum allerletzten entschlossene DDR-Bürger in die Freiheit durchzubrechen versuchten, wurde am 21. April 1973 ein von Fred Woitke gefahrener Lastwagen zur Durchbruchsflucht genutzt. Als der Wagen gegen eine Betonklotz prallte, wurden Woitke und sein Mitfahrer hinausgeschleudert. Die Soldaten der NVA eröffneten aus ihren Maschinenwaffen das Feuer auf beide. Woitke wurde erschossen. Sein Freund Günther Wojciechowski blieb von diesem Tage an verschollen. Was ihm geschah, war nicht mehr zu erfahren.

Ein tragisches Ende nahm eine läßliche Vergeßlichkeit des italienischen Lastwagenfahrers Benito Corghi. Dieser hatte bei

Hirschberg bereits die DDR mit seinem Transit-Lkw verlassen, als er bemerkte, daß er seine Papiere am Grenzübergang hatte liegen lassen. Er parkte seinen Wagen auf dem Randstreifen und ging zur Abfertigungshalle zurück. Als er die Grenze überschritt, wurde er warnungslos von einem Soldaten der NVA erschossen. Die Zentrale Erfassungsstelle in Salzgitter hat diesen Vorfall unter dem Aktenzeichen AR-ZE 978/76 „für immer aufbewahrt".

Jene beiden DDR-Bürger, die am 1. August 1977 bei Hirschberg mit einem Lkw die Grenzsperren an der dortigen Übergangsstelle durchbrechen wollten, wurden ebenfalls sofort beschossen. Der Wagen prallte gegen eine Betonsperre. Das Feuer wurde erst eingestellt, als er völlig durchsiebt war. Die beiden jungen Flüchtlinge wurden tot aus dem Fahrzeug geborgen. Die Staatsanwaltschaft Stuttgart hat ihr Alter mit 19 und 21 Jahren angegeben. Ihr Aktenzeichen: 15 Js 424/79.

Als Michael Poppenhäuser bei Sülzfeld mit einem Pkw den Kontrollpunkt zu durchbrechen versuchte, zerbrach er zwar die Schranke, fuhr dann aber gegen einen Baum, weil er die Gewalt über das Fahrzeug verlor. Sein Wagen wurde beschossen. Poppenhäuser starb auf der Stelle. Ein weiter Fall von unterlassener Hilfeleistung, an deren Folge ein Mensch verblutete, ereignete sich am 29. März 1982 bei Sickenberg, nahe Bad Sooden-Allendorf. Dort hatte der Landwirt Heinz-Josef Große Weisung erhalten, im „Schefflers Grund" mit einer Planierraupe Erdarbeiten auszuführen. Diese Arbeit wurde von zwei Grenzsoldaten beaufsichtigt, die sich im Hintergrund hielten.

Als Große plötzlich seine Raupe bis an den Metallgitterzaun heranfuhr, die Schaufel senkrecht stellte, an ihr emporkletterte und aus deren Mulde über den Zaun gelangte, riefen die beiden „Grenzer" ihn an, stehenzubleiben. Große lief weiter, um den nächsten Grenzzaun auch noch zu überwinden und damit die Freiheit zu erreichen. Er wurde mit gezielten Schüssen zu Boden gestreckt. Aus mehreren Wunden blutend, blieb er liegen. Die beiden Wächter ließen den Mann verbluten. Sie forderten lediglich über Funk Verstärkungen an.

Erst um 16.00 Uhr wurde der Tote, nachdem er von einem herbeigekommenen Offizier untersucht und fotografiert worden war, abtransportiert. All dies wurde von westlicher Seite der Grenze beobachtet und fotografiert. Der Staatssicherheitsdienst ließ im Dorf Sickenberg verbreiten, daß Große Agent eines westlichen Geheimdienstes gewesen sei und daß er bei seiner Flucht eine Aktentasche mit geheimem Material mit sich geführt habe und diese Staatspapiere dem Feind übergeben wollte. Kein einziger Mensch im Dorf glaubte dieses Lügenmärchen, denn Große hatte als Landwirt sein Dorf überhaupt nie verlassen, und im Dorf Sickenberg gab es keine Staatsgeheimnisse. Ein Mahnkreuz zu Ehren des ermordeten Landwirtes Heinz-Josef Große wurde gegenüber seiner Sterbestelle errichtet. Dort finden alljährlich zum 17. Juni Gedenkfeiern statt. Das Aktenzeichen der Zentralen Erfassungsstelle, das zu den Unterlagen dieses Mordes führt, hat die Nummer 131 Js 27176/82.

Als am 7. Februar 1982 ein unbekannter Flüchtling bei dem Versuch, den Metallgitterzaun 20 km südlich Helmstedt zu überwinden, durch eine der heimtückischen Selbstschußanlagen zu Tode kam, wurde vom Kriminalkommissariat Wolfenbüttel dazu ein Protokoll erstellt, in dem der Tathergang exakt ermittelt und dargestellt wurde. Der Zweite Strafsenat des Bundesgerichtshofes hat nach Anhörung des Generalbundesanwaltes am 16. Juni 1982 den Beschluß gefaßt, „die Untersuchung und Entscheidung der Sache wird gemäß Paragraph 13 der Strafprozeßordnung dem Landgericht Braunschweig übertragen".

In der Zentralen Erfassungsstelle Salzgitter wird unter dem Aktenzeichen AR-ZE 699/84 folgende Aussage festgehalten, die den Tod der Frau Irmgard Stark am 16. März 1950, der erst durch den Brief des Herrn J. Schilling vom 5. Mai 1984 seine Anzeige fand, betrifft: Frau Stark wurde zwischen Philippstal und Vacha bei dem Versuch, die Demarkationslinie nach Osten zu überschreiten, erschossen. Dazu Herr Schilling in seinem Brief an die Zentrale Erfassungsstelle: „Meine Schwester wurde am 16. März 1950 beim Grenzübertritt von der Bundesrepublik Deutschland nach der Sowjetzone von dem Volkspolizisten Manfred Gransky, wohnhaft in Rudolstadt oder Saalfeld, durch einen gezielten Schuß getötet. Manfred Gransky, Jahrgang 1930, ging straffrei aus und verrichtete weiterhin seinen Dienst bei der Volkspolizei."

In einem folgenden Brief ergänzte Herr Schilling diese Aussagen wie folgt: „Die Gewehrkugel drang meiner Schwester in den Rücken ein und durchschlug die Halsschlagader. Da von der Volkspolizei nicht die geringste Hilfe geleistet wurde, verblutete meine Schwester. Sie war in Begleitung ihres Mannes, der mich über diese Einzelheiten unterrichtete. Ich veranlaßte, daß im selben Jahr ein Verfahren gegen den Volkspolizisten bei der Staatsanwaltschaft Meiningen eingeleitet wurde. Das Verfahren wurde vom Innenministerium der DDR eingestellt." In seinem dritten Brief vom 26. Januar 1986 schrieb Georg Schilling erneut an die Erfassungsstelle in Salzgitter: „Ich bin erschüttert über die naiven und eigenartigen Ansichten und Vorstellungen westdeutscher Politiker, die die rechtliche Bedeutung der Erfassungsstelle noch immer nicht erkannt haben." Sie haben sie erkannt. Deshalb fordern sie ja die Abschaffung dieser Erfassungsstelle und die Vernichtung aller Dokumente!

Wie eine große Zahl vor ihm und viele weitere danach erlitt auch Andrè Bauer durch die Auslösung einer Selbstschußanlage schwere Verletzungen, an denen er starb.

Peter Fechter – das Opfer eines Mordes

Mit diesen genannten Morden an der Demarkationslinie war der Tötungen und Verwundungen lange nicht genug. An der Berliner Sektorengrenze wurde ebenso blindlings auf fliehende Menschen geschossen. Es ist der Zentralen Erfassungsstelle in Salzgitter und der „Arbeitsgemeinschaft 13. August" zu verdanken, daß diese Morde und viele weitere Untaten des SED-Regimes nicht dem Vergessen anheimfielen, sondern für alle Zeit festgehalten wurden. Sie starben an der Bernauer Straße und in der Spree, auf Güterbahnhöfen und in Kanälen, in Tunnels und auf anderen Fluchtwegen, in der Havel und in der Zimmerstraße.

In der Zimmerstraße war es auch, wo der 18 Jahre alte Peter Fechter, der gemeinsam mit seinem Freund die Flucht wagte. Peter Fechter stand bereits auf der Mauer, als er von einem Grenzsoldaten von einem dem Fluchtort gegenüberliegenden

Haus durch einen Schießschlitz mit einem Lungenschuß heruntergeschossen wurde. Er fiel in den Ostsektor der Stadt zurück. Dicht neben der Mauer liegend begann Peter Fechter um Hilfe zu rufen. Vergeblich versuchte er, den Blutfluß zu stillen. Und wähend die Wächter und Schützer der Unfreiheit diesem fürchterlichen Todeskampf mit Erstickungsanfällen am eigenen Blut erbarmungslos zusahen, versuchten westdeutsche Polizisten, dem Sterbenden einige Verbandspäckchen zuzuwerfen. Sie wagten dabei das Äußerste, indem sie an der Mauer emporkletterten. Doch der Junge war bereits zu schwach geworden, um die ihm zugeworfenen Verbandspäckchen benutzen zu können.

50(!) Minuten nach den ersten Hilferufen hauchte dieser junge Mann an der Mauer sein Leben aus. Entmenschte Verbrecher hatten sich 50 Minuten – wie im Zirkus – den Todeskampf Peter Fechters angesehen, sich an den Verzweiflungsschreien des mit dem Tode ringenden geweidet und ihn erst dann abtransportiert, als er mit Sicherheit tot war. Die Gesichter jener Volkspolizisten sind bekannt. Sie sind erkannt!

Das Gedenkkreuz für Peter Fechter an der Mordstelle weist auch heute noch auf diese entmenschte Handlungsweise der DDR-Grenztruppen hin. Es weist darauf hin, daß diese Befehle von einer Führung gegeben wurden, denen sich anzubiedern, hochkarätige deutsche Politiker keine Bedenken hatten.

Waren alle jene Politiker, welche die radikale Vernichtung aller Dokumente in Salzgitter fordern, schon einmal an dieser Stelle? Haben sie auch nur einen Gedanken daran verschwendet, wie ihnen zumute gewesen wäre, wenn es ihr eigener Sohn gewesen wäre, der hier verblutete? 50 Minuten des Flehens um Hilfe genügten nicht, die Herzen dieser Schergen zu erweichen.

Der Todesschütze verließ erst zwei Stunden nach diesem Schuß das Haus, durch dessen Schießschlitz er gefeuert hatte. Die Beobachter auf der westlichen Seite riefen ihm im Sprechchor „Mörder! – Mörder!" hinterher, als er den Ort seiner Untat im Laufschritt verließ. Jene Beobachter auf östlicher Seite aber blieben stumm. Sie mußten stumm bleiben, um nicht selber in das Getriebe dieser mörderischen Mühle zu geraten, denen ein Menschenleben nichts bedeutete.

Die Zentrale Erfassungsstelle Salzgitter

Spätestens an dieser Stelle soll aufgeklärt werden, was diese Erfassungsstelle ist und wie sie ins Leben gerufen wurde. Wer anzunehmen bereit ist, sie sei eine private Einrichtung und könne deshalb auch einfach wieder geschlossen werden, der wird eines besseren belehrt.

Der Entschluß der Justizminister und der Senatoren der BRD in ihrer Sitzung vom 25. bis zum 27. Oktober 1961, eine Zentrale Erfassungsstelle zu schaffen, hat sich – das wird heute mehr denn je erkannt – als notwendig erwiesen, um die Fülle der SED-Übergriffe auch nur annähernd festzuhalten und später einmal alle Verantwortlichen zur Rechenschaft ziehen zu können. Der niedersächsische Minister der Justiz errichtete durch Erlaß vom 15. November 1961 die „Zentrale Erfassungsstelle der Landesjustizverwaltungen der BRD in Salzgitter". Die Art der zu registrierenden Gewaltakte und deren Beweisführung wurden genau umrissen, damit nur Fakten dort Aufnahme fänden.

Sehr bald schon war zu erkennen, daß die Untaten des SED-Regimes in der DDR den Tatbestand des Völkermordes, der Verschleppung und der politischen Verdächtigungen erfüllten. Die Rechtsprechung des Bundesgerichtshofes hat darüber hinaus erkannt, daß die Gerichte der Bundesrepublik Deutschland befugt und ermächtigt sind, alle in der DDR von Deutschen an Deutschen begangenen Straftaten unter strafrechtlichen Gesichtspunkten zu würdigen.

Im ersten Halbjahr 1989 wurden eine Masse von Fluchtversuchen, ihr Gelingen oder Mißlingen, der Schußwaffengebrauch und dessen Folgen in der westdeutschen Presse veröffentlicht, ohne jedoch die sich daraus ergebenden rechtlichen Fragen und jene der Sühne auch nur andeutungsweise aufzugreifen. Eher als Sensationsbericht, als „Knüller" waren alle diese Veröffentlichungen gedacht, mit denen der Kern dieser hochexplosiven Geschehnisse nicht getroffen wurde, weil man bis zum Herbst 1989 noch immer nicht daran glauben wollte, daß es die Bürger des am meisten geschundenen Staates der Erde sein würden, die die Freiheit errangen und die Möglichkeit eröffneten, diese Verbrechen auch zu ahnden.

Am 20. Juni 1989 meldete die österreichische Presse, daß es vier Bewohnern der DDR gelungen sei, sich in Budapest in die Bonner Botschaft zu flüchten. Diese Gruppe ersuchte den Botschafter um politisches Asyl in der BRD. Damit wurde jene Entwicklung eingeleitet, die rasch zu einer ungeheuren Fluchtwelle führte, in der Ungarn als erster und entscheidender Helfer dieser Unterdrückten und Geknechteten aufstand, Hilfe anbot und in beinahe unglaublicher Hilfsbereitschaft das Tor weit aufstieß, durch das der Weg in die Freiheit führen würde.

Im letzten Abschnitt dieses Werkes soll dieser Beginn einer neuen Zeit und eines neuen Freiheitsgefühls für alle DDR-Menschen dargelegt werden. Es soll aufscheinen, was es an Enthüllungen über einen Staat auszugraben galt und wie die Träger dieses Staates in das große Netz der Ausbeuter, der Skalventreiber und der Nutznießer am System einzuordnen waren: alle jene, die Sozialismus predigten, aber in Saus und Braus vom Schweiße ihrer Menschen lebten.

Doch noch einmal zurück zu den Tötungsaktionen an der Grenze. In der Exklave Eiskeller auf dem S-Bahnhof Bornholmer Straße, an der Bernauer-Bergstraße und an der Oberbaumbrücke wurden sie zusammengeschossen. Das Gedenkkreuz für Otfried Reck am Nordbahnhof mahnt und beschwört, nichts davon zu vergessen. Und die Zentrale Erfassungsstelle hat dafür gesorgt, daß es unvergeßlich bleiben wird, wenn nicht doch noch alles dies, was die Schande der Führung eines verrotteten Staates dokumentiert, in den Reißwolf gerät.

Nicht die Bürger dieses Staates waren es, die den Untergang herbeigeführt hatten. Sie waren die Geknechteten und Entrechteten des SED-Regimes. Es war dessen Führung, jene Männer, die den harten Kern der zu allem entschlossenen Henker bildeten. Sie hatten zu verantworten, was am Griebnitzsee und an der Oberbaumbrücke passierte, was in Kreuzberg und am Teltowkanal im Bezirk Wedding und in Adlershof geschah. Sie haben den Tod jener Menschen zu verantworten, die an diesen Stellen verbluteten oder ertranken, weil sie das „Verbrechen" begehen wollten, diesem Staat und dieser SED-Führung den Rücken zu kehren und wieder als Menschen zu leben.

Der DDR-Grenzsoldat Egon Schultz ließ am 5. Oktober

1964 sein Leben, als er im Zuge der Aktion „Tunnel 57" – die noch besonders im Abschnitt „Frontstadt Berlin" dokumentiert werden soll, von seinen eigenen Kameraden erschossen wurde. Sie hatten ihn mit dem Auftrag, zu erkunden, in jenen Hof geschickt, in dem die Tunnelbauer herauskommen würden. Als die gestellten Tunnelbauer einen Warnschuß abfeuerten, eröffneten die Grenzsoldaten das Feuer aus ihren Maschinenwaffen blindlings in den Hof hinein. Diesem Feuer fiel Egon Schultz zum Opfer. Der von der Familie des Getöteten angeforderte Obduktionsbericht, der bewiesen hätte, daß der junge Mann von einer Vielzahl von Kugeln getroffen worden war, wurde nicht herausgegeben. So konnte man immer noch verkünden, der Mann sei durch den einen Warnschuß der Tunnelbauer getötet worden.

Sie starben auf dem Invalidenfriedhof ebenso wie überall. Auch hier wurde geschossen und gemordet. Der Britzer Zweigkanal und die Köpenicker Straße, Alt Glienicke und immer wieder der Teltowkanal wurden Schauplätze der Menschenhatz.

Heinz Schönberger versuchte am 26. Dezember 1965, am Grenzübergang Heinrich-Heine-Straße mit seinem Bruder Horst und zwei Freundinnen im Personenwagen nach Westberlin zu fliehen. Der Wagen wurde beschossen und blieb liegen. Heinz Schönberger riskierte, die Demarkationslinie zu Fuß zu erreichen. Er wurde von den hinter ihm herfeuernden Grenzbeamten mehrfach getroffen, erreichte aber den freien Westen, um dort zu sterben. Die übrigen drei Personen wanderten in die Zuchthäuser der DDR.

Als 70. Deutscher fand der Soldat der NVA, Burkhard Niehring, an der Berliner Sektorengrenze den Tod, als er am 5. Januar 1971 versuchte, unter Geiselnahme eines Offiziers seiner Truppe beim Übergang Friedrichstraße die Freiheit zu gewinnen. Er wurde von seinen Kameraden in den Rücken geschossen und blieb im Osten – als Leiche.

Marietta Jirkowski, zur Tatzeit, dem 22. November 1980, erst 18 Jahre als, wollte bei Frohnau mit zwei Freunden flüchten. Während ihre beiden Freunde die Mauer überklettern konnten, wurde sie – bereits auf der Fluchtleiter stehend – ohne Wahrnschuß gezielt beschossen. Schwer verletzt stürzte sie am

Rande der Mauer zu Boden. Auch sie blieb sterbend 50 Minuten lang liegen, ehe man sie abholte. Am selben Tage erlag sie ihren schweren Verletzungen.

Das vorläufig letzte Opfer dieser schießwütigen Soldateska wurde der 31 Jahre alte Amerikaner Chris Gueffroy. In Begleitung seines Freundes Christian Gaudian wurde er bei dem Versuch, die Demarkationslinie zu überwinden, durch gezieltes Feuer schwer verletzt. Chris Gueffroy starb, seinen Freund schleppten sie schwer verletzt fort.

Der US-Stadtkommandant von Berlin, General Haddock, protestierte im Namen aller Schutzmächte. Doch das war auch alles. Proteste aber, ohne einschneidende Folgen, schreckten die DDR-Führer nicht ab.

Zehn weitere Opfer des Honeckerschen Schießbefehls starben bei dem Versuch, in der Ostsee oder durch die Elbe schwimmend das rettende Ufer des freien Westens zu erreichen. Die meisten ertranken. Das Leben der 22jährigen hochschwangeren Maiga Adryan wurde hingegen durch gezielte Schüsse der Grenzposten ausgelöscht. Sie schrie die schießenden Soldaten an: „Schießt nicht, ich habe ein Baby im Bauch!" – als ob dies diese schießwütigen Schergen abgehalten hätte! Von Kugeln durchsiebt starben Mutter und Kind.

Wer, so ist immer wieder zu fragen, gab diese Schießbefehle? Wer ist für dieses menschenverachtende Verhalten der Grenztruppen verantwortlich? Bereits im Jahre 1948 wurde ein solcher Schießbefehl erteilt, mit dem notfalls Menschen an der Flucht aus der DDR gehindert werden sollten. In der Polizeiverordnung des Jahres 1952 wurde dieser Schießbefehl öffentlich wiederholt. In der „Schußwaffengebrauchsbestimmung" aus dem Jahre 1963 „für Wachen, Posten und Streifen der Nationalen Volksarmee" war das Schießen zu einem Muß gworden. Die fünf Abschnitte des Paragraphen 27 des DDR-Grenzgesetzes aus dem Jahre 1982 schreiben diesen Einsatz fest: „Die Anwendung von Schußwaffen gegen Personen ist erst dann zulässig, wenn durch Waffeneinwirkung gegen Tiere oder Sachen der Zweck nicht erreicht wird."

Der Zweck wurde nicht erreicht, wenn Flüchtlinge nicht gestoppt werden konnten. Dann dürfte und mußte geschossen werden. Der Absatz 5 dieses Paragraphen ist in seiner ganzen Verlogenheit zu erkennen, wenn man die hier in den vorangegangenen Abschnitten dargestellten Morde daraufhin ansieht. Dort heißt es: „Bei Anwendung der Schußwaffe ist das Leben von Personen nach Möglichkeit zu schonen. Verletzten ist unter Beachtung der eigenen notwendigen Sicherheitsmaßnahmen Erste Hilfe zu leisten."

Was es damit auf sich hatte, ist am Beispiel des qualvollen Todes von Peter Fechter aufgezeigt worden. Dies war nur ein Beispiel unterlassener Hilfeleistung von vielen Hunderten, Tausenden.

Wenn der DDR-Verteidigungsminister Heinz Keßler im September 1988 gegenüber einer westdeutschen Zeitung erklärte: „Es hat nie einen Schießbefehl gegeben. Den gibt es auch jetzt nicht", so ist er ein infamer Lügner und Ignorant. Jedoch ohne Bestehen der Erfassungsstelle in Salzgitter dürfte eines ferneren Tages dieses gleichbleibende Leugnen unzweifelhafter Tatbestände so weit gewirkt haben, daß alle diese genannten Schandtaten ins Reich der Fabel verwiesen werden können. Allerdings müßte dann auch jener mündliche Befehl geleugnet werden, der jeweils bei der Vergatterung der Posten gegeben wird: „Grenzverletzer sind aufzuspüren, festzunehmen oder zu vernichten." (Siehe dazu die Auskünfte des übergelaufenen Offiziers der NVA, Molter)

Allein im Jahre 1988 mußte die Zentrale Erfassungsstelle in Salzgitter 1232(!) Gewaltakte der DDR-Führung zu den Akten nehmen. Damit hatten sich die gemeingefährlichen Aktionen des SED-Staates auf insgesamt 38 418 „aufgerundet". Die Zahl der Dunkelziffer dürfte um das Zehnfache höher sein. Insgesamt mußte die Zentrale Erfassungsstelle seit 1961 – dem Jahr ihrer Einrichtung – 4387 Tötungshandlungen, 27 901 politische Urteile, 613 schwere Mißhandlungen im Strafvollzug und bei Vernehmungen, 2932 politische Verdächtigungen und 2585 Festnahmen ohne Grund registrieren. An der innerdeutschen Grenze wurden 111 Menschen durch Schußwaffengebrauch getötet. An der Mauer und am Ring von Berlin waren es 77.

Als im Jahre 1987 der US-Präsident Ronald Reagan an der Berliner Mauer stand und ein Bekenntnis zur Freiheit auch in der DDR ablegte, als er fast prophetisch ausrief, daß diese Schandmauer bald fallen werde und daß das Volk in der DDR bald frei sein werde, da wurde dieser „tumbe Cowboy" von den hochkarätigen Politikern aus Ost und West belächelt. Da glaubte man lieber dem Genossen Honecker, der im selben Jahr im Saarland und anderswo mit Freudenbekundungen und Bruderküssen empfangen wurde.

Die Wirklichkeit hat sie eingeholt! Sie hat die Prognosen der exzellentesten Politiker auf den Kopf gestellt und dem „Cowboy im Präsidentenamt" recht gegeben, weil dieser die Hand am Puls der Zeit hatte, während alle anderen nur ja ihre eigene Meinung durchgesetzt wissen wollten, ganz gleich, ob dies für die Menschen in der DDR die Hölle war, oder nicht.

Auch George Bush, Ronald Reagans Nachfolger, hielt die Zustände in der DDR für so entsetzlich und brutal, daß er anläßlich seiner Rede vom 31. März 1989 in Mainz jene vier Worte hinausrief, die für alle Menschen in Ost- und Westdeutschland wie ein Fanal der Freiheit klangen: „Die Mauer muß fallen!"

Weiter bekundete der Präsident: „In meiner Eigenschaft als Präsident werde ich alles in meiner Macht Stehende tun, um die geschlossenen Gesellschaften Osteuropas zu öffnen. Wir streben die Selbstbestimmung für ganz Deutschland an. Wir werden nicht ruhen und uns nicht beirren lassen. Die Welt hat lange genug gewartet."

Frontstadt Berlin: Tunnelbau und Sklavenhandel

Neue Voraussetzungen zur Verfolgung

Das DDR-Strafgesetzbuch von 1957 setzte man am 1. Juli 1968 durch das StEG außer Kraft. Das neue Strafrecht, das für immer Gültigkeit haben sollte, wurde von Walter Ulbricht wie folgt vorgestellt: „Es ist ein bedeutender Schritt zur Festigung unseres sozialistischen Staates. Jeder Bürger kann sich an Hand der vorliegenden Dokumente ein klares Bild vom Wesen und Inhalt des sozialistischen Strafrechtes der Republik machen. Er kann sich davon überzeugen, daß das Strafgesetzbuch und die dazu gehörenden weiteren Gesetze nur einem Ziel dienen: Uns, die DDR, die sozialistischen Errungenschaften des werktätigen Volkes und das friedliche geordnete Leben eines jeden Bürgers gegen alle imperialistischen Angriffe und andere Störungen zu schützen.

Jedermann kann sich davon überzeugen, daß die Strafgesetze der DDR vom Geist der Gerechtigkeit, von wahrer Humanität, dem Schutz und der Wahrung der Würde und Freiheit des Menschen und dem Grundsatz der Gleichheit aller vor dem Gesetz durchdrungen sind."

Das war selbst dem einfachsten Menschen zuviel des Guten. Das Gesetz enthielt Strafen für neue Straftatenbestände sowie weitere Verschärfungen jener Strafen, die bereits vorher im alten Strafgesetzbuch enthalten waren. Im Abschnitt über „Verbrechen gegen die Deutsche Demokratische Republik", den Paragraphen 96 bis 111, war dem Staat freie Hand gegeben, „jeden Menschen zu verurteilen und ihn als Straftäter zum Sozialismus zu erziehen, oder – wenn er nicht erziehbar ist – seine Isolierung von der Gesellschaft durchzusetzen".

Die „Staatsfeindliche Hetze" wurde nunmehr mit einer Strafe bis 5 Jahre Zuchthaus geahndet. Bei „Landesverräterischem Treuebruch" waren zwei bis zehn Jahre Zuchthaus vorgesehen und: „In besonders schweren Fällen kann auf lebenslängliche Freiheitsstrafe oder Todesstrafe erkannt werden." Das „Verleiten zum Verlassen der DDR" wurde mit einer Mindeststrafe von sechs Monaten belegt. Im § 105 der neuen Strafprozeßordnung mit dem Titel „Staatsfeindlicher Menschenhandel" wurde eine Strafe von zwei Jahren obligatorisch. Die Schauprozesse über Fluchthelfer, auf deren Aktivitäten in einem der folgenden Abschnitte hingewiesen werden soll, zeigen auf, welche drakonischen Strafen dafür vorgesehen und verhängt wurden.

In 12 Paragraphen dieser neuen StEG ist die Todesstrafe durch Erschießen vorgesehen. Eine Unzahl politischer Verbrechen wurde in diesem neuen Gehilfenbuch für die Schergen des SED-Regimes festgeschrieben. Als Begründung dazu erklärten die Richter des obersten sowjetischen Gerichtes: „Die unnachsichtige Bestrafung von Verbrechen gegen die Souveränität der Deutschen Demokratischen Republik, den Frieden, die Menschlichkeit, die Menschenrechte und Kriegsverbrechen ist die unabdingbare Voraussetzung für eine stabile Friedensordnung in der Welt und für die Wiederherstellung des Glaubens an grundlegende Menschenrechte, an Würde und Wert der menschlichen Person, und für die Wahrung jedes einzelnen."

„An Würde und Wert der menschlichen Person"! – Diese einfach groteske Vorstellung, daß all das, was im vorangegangenen Teil dieses Werkes an Menschenverachtung bloßgestellt wurde, auch nur im entferntesten etwas mit der Wahrung der „Würde und dem Wert der menschlichen Person" zu tun habe, ist an Zynismus nicht mehr zu überbieten. Die 210 bis zu dieser neuen Formulierung von „Wert und Würde des Menschen" verhängten Todesurteile sprechen jeder Menschlichkeit Hohn. (Siehe Mitteilung des Parlamentarischen Staatssekretärs im Bundesjustizministerium, Hans de With, in der Fragestunde des Bundestages 1975).

Das Jahr 1955 hatte bereits – als Rekordergebnis – 120 hochkarätige politische Prozesse zu verzeichnen, in denen neun Todesurteile gesprochen worden waren. Nicht weniger als 22 Angeklagte wurden zu lebenslanger Zuchthausstrafe verurteilt, und alle übrigen, die sich insgesamt auf über 1800 Jahre summierten, erhielten Zuchthausstrafen. Ingenieure, Techniker und

Ärzte waren nun die begehrten Objekte der Justiz. Sie wurden mit Anzeigen wegen „Staatsfeindlicher Hetze überzogen". Dieser Passus beinhaltete den Hauptanklagepunkt aller politischen Prozesse. Die DDR war ein Polizeistaat und sie bestätigte dies in ihrer neuen Gesetzgebung weiterhin.

Wer den „demokratischen Schutzwall" als Mauer bezeichnete, der wanderte für zwei und mehr Jahre in den Knast. Als es einem 15jährigen Jungen bei seinen Eltern nicht mehr gefiel und er zu seiner Großmutter nach Westdeutschland ausreißen wollte, wurde er an der Grenze gefaßt, mit Fußtritten traktiert und für zwei Tage in eine Dunkelzelle gesperrt. Anschließend verurteilte ihn ein DDR-Gericht zu 18 Monaten Haft, die er in der Jugendstrafanstalt Dessau zu verbüßen hatte. Dort traf er auf Tausende Einsitzende, die genau die gleiche „Republikflucht" begangen hatten.

Justizminister Kurt Wünsche hatte alles fest im Griff. Ihm standen mit dem Obersten Gericht der DDR, den 14 Bezirksgerichten, dem Stadtgericht Berlin und 236 Kreisgerichten genügend „Rechtsanstalten" zur Verfügung, um mit allen „Rechtsbrechern" fertig zu werden.

Gerichte – Gefangene – Verurteilte

Nachdem auf diese Art und Weise ein paar Dutzend neuer Paragraphen und ein paar Hundertschaften Richter – unter Schützenhilfe durch die 85 000-Mann-Truppe des Staatssicherheitsdienstes – das unzweifelhaft beste System der Kriminalisierung andersdenkender Menschen aufgerichtet hatten, konnten die „Hetzer gegen den DDR-Staat" nicht nur dingfest gemacht, sondern auch massiv aus dem Verkehr gezogen werden. Die „Landesverräterische Nachrichtenübermittlung", derer sich beispielsweise Rudolf Bahro angeklagt sah, brachte ihm acht Jahre Haft ein. Diese Nachrichtenübermittlung bestand im Druck seines Werkes „Die Alternative" im Westen.

Wer an die Heckscheibe seines Autos beispielsweise eine Plakette mit der Aufschrift „Weltkirchentag – für Frieden und Freiheit" angepappt hatte, der mußte für 14 Monate hinter Gitter.

Die „40 Jahre UNO-Menschenrechte" in einem Aufkleber auf dem Heck eines „Trabi" brachte 16 Monate Haft und Entzug des Führerscheines ein.

Insbesondere aber wurde der „Illegale Grenzübertritt" geahndet. Über die Hälfte aller politischen Prozesse entfielen auf diesen Paragraphen 213 des neuen StEG (seit dem 1. 4. 1975 in etwas geänderter Fassung erneut herausgegeben). Wer sich kritisch über die Zustände in der DDR zu äußern wagte, der riskierte 18 Monate Haft. Wenn sich ein Flüchtling zur Vorbereitung seiner Flucht eine Landkarte kaufte, oder gar eine Drahtschere zum Zerschneiden des Zaunes mitnahm, dann erhielt er bis zu acht Jahre Haft, denn dann lag ein „schwerer Fall" von versuchter Republikflucht vor.

Als das Kreisgericht Rostock gegen die Angeklagte Friedlinde Krupka verhandelte, kam es zu einer weiterreichenden Verurteilung, „weil die Einstellung der Verklagten zu unserem Staat negativ ist". Die Verschärfung bestand darin, daß man der Frau das Sorgerecht über ihre beiden 11 und ein Jahr alten Kinder entzog.

„Die tägliche Rechtsbeugung gehörte zum System des SED-Staates." Dies alles wurde von Erich Honecker auf dem VIII. Parteitag der SED im Jahre 1971 folgendermaßen gepriesen: „Die Entwicklung der sozialistischen Gesellschaft bestimmt die Funktion und den Ausbau des sozialistischen Rechtes. Dieses Recht ist Ausdruck der Macht der Arbeiterklasse. Es dient der Sicherung unserer sozialistischen Ordnung und setzt die juristischen Normen für das Zusammenleben der Menschen."

Daraus folgerte der seinerzeitige Generalstaatsanwalt der DDR, Josef Streit, daß der Richter der DDR „ein verläßlicher politischer Funktionär sein" müsse. Daraus wiederum resultierte: So oft und wo auch immer DDR-Richter einen Prozeß entscheiden müssen, geht es nicht um Recht oder gar um so etwas wie Gerechtigkeit, sondern um Politik. Sie hatten also zwangsläufig Unrechtsentscheidungen zu fällen, wenn sie sich an das geltende Recht klammerten. Damit wurde der Unrechtsstaat sogar legitimiert.

Dadurch ist es beispielsweise diesen Richtern, allen Stasifunktionären und selbst dem Ersten Vorsitzenden Erich Honecker möglich, sich nicht als Täter, sondern als Opfer zu sehen und sich persönlich für unschuldig zu halten. Daß Honecker und seine Minister aber zu den Initiatoren der Unrechtsgesetze gehören und sie zu verantworten haben, daß aus einem Unrecht – wenn es zum Gesetz erhoben wird – kein Recht wird, das dämmert diesen Menschen nicht einmal mehr, die verlangen, daß sie jetzt nach ihrem Gesetz anzuklagen seien.

Alle diejenigen, die dieses Unrecht in jahrzehntelanger Tätigkeit zum Recht verbogen haben, die immer still schwiegen und fleißig verurteilten, die amtieren weiter und drehen jetzt den Spieß um. Sie mußten sich allerdings von anderen Juristen ihres Landes fragen lassen, was sie vorher gemacht hatten. Fast 20 Jahre lang hatten Honecker und sein SED-Staat das Recht mit Füßen getreten, hatten mit Eifer den Unrechtsstaat praktiziert und sich frei nach den Worten von Andrej Wyschinski – dem blutbefleckten Säuberer stalinistischer Prägung – als „unfehlbare Waffen gegen den Klassenfeind betrachtet" und damit den Terror in der DDR verbreitet.

Sie hatten die Männer des 17. Juni ebenso in den Tod und in die Zuchthäuser geschickt wie die vielen Hunderttausende vor- und nachher. Karl Wilhelm Fricke, dessen Eltern und er selber die SED-Zuchthäuser kennenlernen mußten, hatte diese Haltung in einem seiner Werke auf „den Punkt" gebracht: „Jeder realistische Maßstab für Unrecht und Strafe der DDR-Justiz ist in den Jahren nach dem Mauerbau abhanden gekommen." (Siehe Fricke, Karl Wilhelm: Politik und Justiz in der DDR) Der Staatssicherheitsdienst hatte nunmehr das Heft fest in der Hand. Er wurde zur „Tscheka der DDR", wie auch Mielke von sich sagte, er sei der erste Tschekist seines Landes.

Wie hatte dieses System des Staatssicherheitsdienstes überhaupt so weit kommen können? Gab es denn in der DDR niemanden, der die heraufziehende Gefahr früh genug erkannte und ihr einen eisernen Riegel vorschob?

Der Staatssicherheitsdienst: Vom Kommissariat 5 zum größten Fangkommando der Erde

Bereits im Jahre 1945 wurde Erich Mielke in Berlin zum Chef der unmittelbar nach Kriegsschluß gegründeten politischen Polizei ernannt. Sein Chef, der Minister Zaisser, war es, der die SPD-Männer des Ostbüros als „Schumachers Agenten" bezeichnete und auch die Verfolgungswelle der unbotmäßigen SPD-Angehörigen in Gang setzte. Das Kommissariat C 10 hielt sich bis Ende 1949, bevor sich sein Chef, Wilhelm Zaisser, mit dem Aufbau des Apparates der Geheimpolizei befaßte und in Ostberlin ebenso wie in allen Hauptstädten der Länder der SBZ seine Führungsstäbe errichtete.

Mielke übernahm die alten Mitarbeiter der Abteilung K 5, mußte sie aber, da einige „alte Nazis" waren, in anderen Städten und teilweise unter anderen Namen einsetzen. Die V-Männer der Gestapo wurden nur in den allerseltensten Fällen übernommen, denn sie waren der Bevölkerung bekannt, und damit auch enttarnt.

Ab Oktober 1949 erhielt das Kommissariat C 10 die Bezeichnung Kriminalpolizei Dezernat D und mauserte sich zu einer von der Polizei abgekoppelten und völlig unabhängigen Organisation. Über ihr stand niemand, außer dem MGB, das allein Befehle und Weisungen erteilen konnte. Nachdem Zaisser von seinem Polizeichef Mielke die Einsatzbereitschaft dieses Dezernats D am 1. Januar 1950 erfuhr, wurde aus ihm durch den Beschluß der neuen Regierung der DDR das „Ministerium für Staatssicherheit".

Dieses Ministerium unter der Führung Zaissers baute sich wie die militärischen Streitkräfte auf. Seine führenden Männer standen im Militärdienstrang. Der Etat der nach kürzester Frist auf 10 000 Mitglieder angewachsenen Organisation wurde im Staatshaushalt – da streng geheim – nicht ausgewiesen. Die Führung der SED übernahm Kontrolle und Führung des SSD. Dafür wurde im Zentralkomitee die „Abteilung Sicherheit" gebildet. Chef des MfS wurde der soeben in den Rang eines Generalmajors aufgestiegene Erich Mielke. Sehr bald kamen zu den amtlichen Mitarbeitern inoffizielle Mitarbeiter hinzu, deren

Zahl sich rasch auf 100 000 erhöhte. Außerdem wurde das „Wachregiment Feliks Dzierzynski" aufgestellt, dessen Stärke man auf 6000 Mann anhob. Damit hatte sich der SSD eine eigene „Haustruppe" geschaffen, die jederzeit einsatzbereit war.

Nunmehr hatte jener Mann die Führung im Apparat des SSD übernommen, der sich selbst zum „ersten Tschekisten der DDR" ernannte. Über zwei Jahrzehnte sollte er sich zum Herrn und Zuchthausdirektor von Hunderttausenden von Strafgefangenen und Internierten aufschwingen. Erich Mielke, durch Gerichtsurteil vom 19. Juni 1934 als Haupttäter der am 9. August 1931 durchgeführten Ermordung der beiden Polizeioffiziere Paul Anlauf und Franz Lenck überführt, wurde zum Hüter von Recht und Gerechtigkeit, von Menschenwürde und Ehre und dergleichen Formeln, die im Sprachschatz der DDR-Schergen noch herumgeisterten.

Seit 1940 war er in der UdSSR ausgebildet worden. Zunächst betätigte er sich unter Wilhelm Zaisser als Staatssekretär. Nach dem Sturz Zaissers, der 1953 wegen der „Rebellion gegen Walter Ulbricht" ausgebootet worden war, blieb Mielke auch unter Zaissers Nachfolger, Ernst Wollenweber, Staatssekretär (um 1957), als auch für Wollenweber „die Stunde schlug", selbst Minister für Staatssicherheit zu werden und es bis zum Generaloberst zu bringen. Mielke war es auch – was er heute natürlich nicht mehr wissen will und eifrig abschwört –, der „die Erfahrungen der Tscheka", der berüchtigten sowjetischen Geheimpolizei, „auf den SSD übertragen" wollte, was ihm auch voll gelang.

„Das MfS entwickelte sich mehr und mehr", so Mielke, „durch die Ergebnisse der Arbeit der Tschekisten in der DDR zu einem von der Arbeiterklasse geachteten, vom Feind gefürchteten und gehaßten Organ unserer sozialistischen Staatsmacht." Als Mitglied des Zentralkomitees der SED und seit 1958 als Mitglied der Volkskammer konnte sich Mielke immer weiter verbessern.

Nach Ulbrichts Ende und Honeckers Aufstieg auf dem VIII. Parteikongreß der SED im Jahre 1971 wurde er zum Kandidaten des Politbüros gewählt. Seine Stellvertreter waren die Generalleutnante Beater, Schröder und Wolf.

Das MfS unterhielt für seine Tätigkeit eigene Untersuchungs-Haftanstalten. Das Zentrale Untersuchungsgefängnis in Berlin-Lichtenberg aber blieb den „schweren Kalibern" vorbehalten. Dort in Berlin-Hohenschönhausen wurden sie jenen berüchtigten Verhören unterzogen, die immer Geständnisse erzielten. Daß auch jede Bezirksverwaltung des MfS über ein eigenes Untersuchungsgefängnis verfügte, ergab sich aus der Natur der Sache, denn überall gab es politische Verdächtigungen und die Unzahl der Spitzel sorgte für immer neuen Nachschub. In jeder Kreisstadt der DDR bestanden weitere Untersuchungshaftanstalten für die „kleinen Fische".

Die Untersuchungshaft durch den SSD gestaltete sich in der Art, daß jeder Häftling bis zu seiner Hauptverhandlung in Einzelhaft und damit in totaler Isolierung blieb. Hier gab es tatsächlich die Isolationsfolter und sie wurde bei allen Gefangenen, ohne Ansehen der Person, angewandt. Kontakte zur Außenwelt waren auf einen Besuch der engsten Verwandten im Monat und den beiden Briefen im gleichen Zeitraum reduziert. Zeitungen, Zeitschriften, Radio oder gar Fernseher waren nicht drin. Der Rechtsbeistand beschränkte sich auf das Formale und wurde dem Häftling erst dann gestellt, wenn seine Hauptverhandlung bereits vor der Tür stand. Wer von den Häftlingen versuchte, seine katastrophale Lage durch einen Hungerstreik zu verändern, der sah sich eines Schlechteren belehrt, wenn ihm auch noch das Wasser entzogen wurde. So erging es dem Häftling L. L., der über seine Untersuchungshaft in Neustrelitz berichtete: „Ich entschloß mich zum Hungerstreik. Anstaltsleiter und Chefvernehmer versuchten durch Warnungen, meinen Hungerstreik zu beenden. Vom Chefvernehmer wurde mir versichert, daß mir im Falle der Weiterführung des Hungerstreiks das Wasser entzogen werde. Er sagte wörtlich: ‚Und Durst ist schlimmer als Hunger!

Wenn auch das nicht wirken sollte, würde ich in das Haftkrankenhaus eingeliefert und künstlich ernährt werden. Als ich mich dennoch weigerte, den Hungerstreik abzubrechen, schrie mir der Chefvernehmer ins Gesicht: ‚Dann verrecken Sie doch!'" (Siehe: Stern, Joachim R.: a. a. O.)

In der Sonderanstalt der Strafvollzugsanstalt Bautzen II waren jeweils bis zu 180 politische Gefangene untergebracht. Es handelte sich bei ihnen um „ganz besonders gesellschaftsgefährdende Individuen". So auch Prof. Dr. Adolf Henning Frucht, der 1968 vom Militärstrafsenat des Obersten Gerichts zu lebenslangem Zuchthaus verurteilt worden war. Dipl.-Ing. Hans Möhring erging es ähnlich. Er war bereits 1958 zu lebenslänglichem Zuchthaus verurteilt worden und hatte in den 20 Jahren seines Eingesperrtseins mit allen Schikanen, Martern und Foltern dieser Haftanstalt Bekanntschaft gemacht. So mit den „Tigerzellen" ebenso wie mit dem „Wasserbad" und anderen Spezialitäten. Seine Frau wurde – völlig unschuldig, aber doch seine Frau – zu fünf Jahren Zuchthaus verurteilt.

Über das Schicksal des Diplomingenieurs Möhring kam erst etwas an die Öffentlichkeit, als im Jahre 1964 die ersten Freikaufaktionen anliefen, bei denen die DDR ihre politischen Gefangenen – von denen es ja immer genug gab, um Nachschub für die Zuchthäuser zu haben – für Bares verscherbelte. Freigelassene Häftlinge berichteten von Hans Möhring, dem ehemaligen Mitglied der Staatlichen Planungskommission und Freund des Chefs dieser Abteilung, Erich Apel, der sich 1965 das Leben nahm, weil er die Torturen, vor allem die Isolationsfolter im Zuchthaus, nicht mehr aushielt. Man hoffte, aus Möhring die Namen weiterer „Mitwisser und Helfer Apels" herauszuholen. Was aus Dipl.-Ing. Möhring wurde, ist unbekannt. Als sicher gilt, daß er noch bis 1975 in Zuchthaushaft saß und daß Frau Möhring von ihm nichts mehr hörte.

Als es einem Häftling gelang, im Jahre 1967 aus Bautzen II zu entkommen, gelang es dem SSD, ihn wieder einzufangen. Der wegen Fluchthelferschaft zu neun Jahren Zuchthaus verurteilte junge Mann wurde nun zu einer auf 17 Jahre erhöhten Strafe verurteilt. Im selben Atemzuge aber erfuhren auch die Haftbedingungen in Bautzen II eine derartige Verschärfung, daß dieses Zuchthaus nunmehr als völlig ausbruchssicher galt. In Bautzen II waren auch eine Vielzahl an Ausländern inhaftiert. Der Iraner Hossein Yazdi ist beispielsweise am 26. Oktober 1961, am Tage des Schahgeburtstages, zusammen mit seinem Bruder und mehreren anderen Iranern vom Staatssicherheitsdienst verhaftet worden. Sein Bruder wurde zu acht Jahren Zuchthaus verurteilt, während Hossein eine lebenslängliche Zuchthhaus-strafe erhielt. Sie alle hatten sich gegen das „Gesetz zum Schutz des Friedens" vergangen.

Was man als Vergehen gegen das „Gesetz zum Schutz des Friedens" anprangerte und verurteilte, war nichts anderes als ei-nige Berichte an die Presse im Iran darüber, daß die in Mittel-deutschland untergeschlüpften Mitglieder der Tudeh-Partei einen neuen Umsturz planen. Dies wurde auch in einer Unter-grundzeitung in der DDR gedruckt, die für Menschen im Iran bestimmt war. Yazdi hatte den Fehler gemacht, sich nicht nur gegen die Tudeh-Partei zu stellen – deren Anhänger er gewesen war –, sondern auch noch zu berichten, daß diese von der SED unterstützt werde, daß die Spitzel des SSD den Tudeh-Anhän-gern, die zu Sabotageakten in den Iran zurückgingen, falsche Pässe verschafften.

Yazdi war Dolmetscher, als SED-Chef Walter Ulbricht und sein Gehilfe Peter Florin – der spätere UNO-Botschafter in New York – mit den Tudeh-Anhängern konferierten. Der SSD verschaffte denn auch dem Abtrünnigen Yazdi eine besonders schwere Haft. Als die iranische Regierung versuchte, ihn freizu-kaufen, lehnte die DDR ab. Die Bemühungen von Amnesty In-ternational, den Mann wieder in Freiheit zu bekommen, schlu-gen ebenfalls fehl.

Das zeigt, daß der Arm des Staatssicherheitsdienstes nicht nur weit reichte, sondern daß er überall war, und das war er auch im wahrsten Sinne des Wortes.

Die Staatssicherheits-Hierarchie

Der Staatssicherheitsdienst der DDR hatte seine Zentrale in Berlin-Lichtenberg. Dort steht das gigantische Verwaltungsge-bäude mit seinen 3000 Arbeitsräumen. Generaloberst Mielke befehligte eine Armee von 85 000 festen Mitarbeitern. Hinzu kamen 110 000 inoffizielle Mitarbeiter und ein weiteres unab-sehbares Heer von Amateur-Spionen, die überall saßen. Da die gesamte Struktur des SSD militärisch aufgebaut war, verfügte er auch über ein reichhaltiges Waffenarsenal von etwa 125 000 Pistolen und 76 000 Maschinenpistolen. Die Zahl der Gewehre, der Maschinengewehre und der Panzerbüchsen ging ebenfalls in die Tausende.

Der gesamte Immobilienbesitz des SSD belief sich auf über 2000 Gebäude, Wohnungen oder Grundstücken. Allein in Berlin verfügte er über 652 Amtssitze. In den zwei Dutzend Erholungsheimen fanden die Beamten nach erfolgreichem Coup ihre Ruhe. Jede der Bezirksverwaltungen hatte einen in bombensicheren Bunkern installierten Kommandostab für die Einsatzleitung im Ernstfall. Infolge der jahrzehntelangen Beschattungen erfaßte der SSD ein Drittel der gesamten Einwohner der DDR mit ihren Daten. Wo auch immer jemand auffällig geworden war, wurden dessen Daten gespeichert, um im Ernstfall darauf zurückgreifen zu können. Ein perfektes Netz, wie es George Orwells Visionen in seinem Werk „1985" nicht besser ausdenken hätten können, umspannte die gesamte DDR. Dies nicht etwa zur Sicherung der Bürger des Staates, sondern der Führer desselben, der Politbonzen und der an der Spitze des Staates stehenden Militärs und Stasi-Chefs.

Jeder Mitarbeiter des SSD hatte geschworen, der SED und seinem Staat unbedingten Gehorsam zu leisten. Der SSD war in allen Sparten der DDR-Gruppierungen anwesend. Er fuhr mit, wenn Studentengruppen ins Ausland reisten. Er war dabei, wenn Tanzensembles im Westen gastierten, zu allen Olympiaden hatte er die Sportler der Nation zu observieren. Den Stasi fand man an allen Urlaubsstränden, an denen DDR-Urlauber ihre Freizeit verbringen durften.

Seit seiner Gründungsfeier am 8. Februar 1950 war der SSD präsent. Gesehen oder nicht gesehen, offiziell oder inoffiziell nahm er an jeder Veranstaltung teil. Jeder Bürger der DDR wurde von ihm durchleuchtet, wenn er sich um eine Stelle bewarb. Jede Entscheidung über Stellungen im politischen Bereich, oder jenem des Erziehungswesens, wurde vom SSD gefällt. Alles und jeder wurde ausgeforscht: Universitäten, Familien, Kirchen, Arbeitsplätze und Institutionen. Die Überwachung Andersdenkender führte die Hauptabteilung XX unter Generalleutnant Kienberg. Dazu standen dem General etwa 400 hauptamtliche Mitarbeiter zur Verfügung. Hinzu kamen über 1300 halbamtliche Mitarbeiter „vor Ort", in den Gemeinden und Kirchen.

Die Installierung dieses gigantischen Sicherheitsaufbaues kostete den Staat 20 Milliarden. Der jährliche Etat belief sich auf 3,5 bis 4 Milliarden. Alles zu dem einen Zweck, die SED-Spitzenfunktionäre zu schützen und diese über jedes Ereignis und jedes Wort zu unterrichten, was gegen sie gerichtet sein könnte, und diese Gefahrenelemente zu beseitigen, auf welche Weise auch immer.

Die Stellenbesetzungsliste präsentierte sich in der Hochzeit dieses Spitzelapparates wie folgt.

Ministerium für Staatssicherheit:

Minister: Generaloberst Erich Mielke, Referent: Generalleutnant Carlson

Die Stellvertreter des Ministers: Generalleutnant Großmann, Generalleutnant Neiber, Generaloberst Mittig, Generalleutnant Schwanitz

Hauptverwaltung Aufklärung: Spionagedienst in der BRD, Chef: Generalleutnant Großmann

Hauptabteilung I: Sicherung der NVA und der Grenztruppen, Chef: Generalleutnant Dietze

Hauptabteilung II: Spionageabwehr, Chef: Generalleutnant Kraatsch

Hauptabteilung III: Elektronische Aufklärung, Chef Generalmajor Männchen

Hauptabteilung VI: Sicherung und Kontrolle der Grenzen, Chef: Generalmajor Fiedler

Hauptabteilung VII. Sicherung der Organe des Ministeriums des Inneren, Chef: Generalmajor Büchner

Hauptabteilung VIII: Observierung, Chef: Generalmajor Coburger

Hauptabteilung IX: Untersuchungsabteilung, Chef: Generalmajor Fister

Hauptabteilung XVIII: Sicherung der Volkswirtschaft, Chef: Generalleutnant Kleine

Hauptabteilung XX: Bekämpfung der politischen und ideologischen Diversion und der politischen Untergrundtätigkeit, Chef: Generalleutnant Kienberg (Nach: Der Spiegel, 6/1990)

Unter Generalmajor Damm stand die Abteilung X, die als Verbindungsstelle zu den Geheimdiensten der sozialistischen Bruderländer fungierte. Generalmajor Birke war Chef der Abteilung XI, der die Sicherung des Chiffrier- und Nachrichtenwesens oblag, während Oberst Roth der Zentralen Kartei, Abteilung XII, vorstand, in der jeder, der irgendwann einmal der Führung der SED oder dem MfS bekannt geworden war, erfaßt wurde. Hinzu kam eine Datenbank mit allen Fakten oder Verleumdungen über Einzelpersonen. Dorthin wurden von der Abteilung XII die nicht benötigten Akten überwiesen und eingespeichert.

Weitere wichtige Abteilungen waren: Die Abteilung XXII, die unter dem Befehl von Oberst Franz den Terrorismus zu bekämpfen hatte. Das Überwachungssystem für Telefon- und Fernmeldewesen stand unter der Leitung von Generalmajor Leber. Die Untersuchungshaftanstalten wurden von der Abteilung XIV, Oberst Ratajzick, geführt.

Eine der im Sinne der DDR-Führung wichtigsten Stellen war die Hauptabteilung Projektschutz. Generalmajor Wolf, der „Mischa" der Revolutionszeit, der auch von Herrn Bahr als wichtiger Mann zur Aufklärung aller SSD-Verbrechen genannt wurde, weil er im Besitz der Unterlagen sei, stand ihr vor. Diese Abteilung stellte die „persönlichen Begleiter" für die SED-Führer, wohin auch immer sie gingen, fuhren oder flogen. Alle im Polizeiviertel Wandlitz arbeitenden Menschen waren Mitarbeiter des SSD, vom Stubenmädchen über die Ordonnanzen, Diener, Chauffeure bis hinaus zum Hauswart und Filmvorführer. Generalmajor Wolf befehligte auch die Eingreiftruppe des SSD, das Wachregiment „Feliks Dzierzynski".

Der Postverkehr wurde von Oberst Trobel überwacht, und hier gab es für die SED-Führer eine Möglichkeit des Zugriffs auf Waren, Geld und andere Dinge, die aus der BRD in die DDR versandt wurden. Vom Hundertmarkschein an, den die Witwe in Westdeutschland an ihre darbenden Verwandten in der „Zone" schickte, über Fernsehgeräte, Videorekorder und Delikatessen wurden die Pakete gefilzt und beraubt. Von 20 Millionen Paketen in die DDR meldete man auf diese Weise „nur" ein Prozent als abgängig. Aber dieses eine Prozent bedeutete 200 000 Pakete mit allem, was das Funktionärsherz nur begehrte.

Der größte Postraub englischer Herkunft war ein Nichts gegenüber dieser Fledderei. Wenn man dazu bedenkt, daß die Hüter des Gesetzes diesen Raub veranstalteten, dann wird einem klar, welcher Geist in der obersten DDR-Führung herrschte. In den beschlagnahmten Villen richtete sich die Führung des SSD häuslich ein, nahm die Jachten und Segelboote in Beschlag und verzehrte die gestohlenen Waren.

Alle diese zusammengestohlenen Pakete ihrer Bürger wurden in das, vom Wachregiment „Felix Dzierzynski" mit geladener Waffe streng gesicherten „Militärischen Abschirmgebiet Freienbrink" geschafft, das nur etwa 10 Kilometer südostwärts von Berlin an einer Autobahnzufahrt lag. Es war mit riesigen Zäunen, Wachtürmen, Todesstreifen und allem anderen Zubehör versehen. Alles, was irgendwo „an Land gezogen", lies geraubt und enteignet worden war, landete in diesem Lagerbereich.

Bereits zu Anfang der siebziger Jahre wurden hier die ersten „abgestaubten" Pakete, deren Adressaten nicht ausfindig zu machen waren, unter die Führerschaft verteilt. Zu Beginn des Jahres 1984 veröffentlichte Stasichef Mielke einen Erlaß, daß nunmehr jedes Paket der BRD, das – aus welchen Gründen auch immer – irrtümlich in der DDR landete, nicht zurückgeschickt, sondern hierher gebracht wurde. Dort, wo sich bis zu diesem Zeitpunkt insonderheit alle Werte stapelten, die von geflohenen DDR-Bürgern hatten zurückgelassen werden müssen, strömten nun die Waren des Westens herein.

Um den Anschein zu erwecken, daß alle fehlgeleiteten Pakete zurückgesandt würden, schickte man etwa fünf Prozent derselben tatsächlich zurück. Nicht ohne sie vorher zu durchleuchten, um zu sehen, ob nicht noch ein „fetter Fisch" darin war.

Alles Geld, das diesen Sendungen beilag, wurde entnommen. Nach den Bekundungen der DDR-Staatsbank waren dies 6,5 Millionen DM, die auf das Konto des MfS eingingen. Das Zehnfache soll erbeutet und in dunkle Kanäle geflossen sein. Dieser staatlich vorgeschriebene Postraub geht denn auch weit über jedes Maß der Duldsamkeit hinaus – nicht wegen seines materiellen Wertes, so hoch er auch war, sondern weil diese Güter den darbenden Bürgern der DDR fortgenommen wurden und weil sich Menschen in der BRD dafür krummgelegt hatten.

So konnte es passieren, daß die Bewohner der DDR zwar von ihren Verwandten im Westen erfuhren, daß ein Paket zu Weihnachten unterwegs war, sie aber dieses Paket nicht erhielten. Ein Teil dieser Werte wurde der Abteilung Kommerzielle Koordinierung zum Verkauf übergeben. Diese stand unter der Führung von Oberst Alexander Schalck-Golodkowski, von dem wir noch hören.

Daß die überaltete Führungselite des SED-Staates mit den aus Paketen und Päckchensendungen entwendeten westdeutschen Arzneimitteln versorgt und behandelt wurde, sei am Rande vermerkt. Überwiegend handelte es sich um teure Medikamente, die Menschen der BRD ihren schwerkranken Angehörigen in der DDR schickten, weil sie dort nicht zu bekommen waren.

Daß man nach der friedlichen Revolution im November 1989 in der DDR bei sehr vielen SED-Führern Waren und Geräte in mehrfacher Ausführung fand, zeigt, wie kräftig sich diese zu bedienen wußten. Der ehemalige Parlamentspräsident Horst Sindermann, dessen unrühmliche Rolle beim Aufstand der Arbeiter am 17. Juni 1953 bereits dargelegt wurde, schlug gleich mehrfach zu. So fand man bei ihm einige komplette Fernseh- und Videoanlagen. Zwei hochwertige Stereoanlagen standen zur dritten, die in Betrieb war, im Keller als Ersatz bereit.

Natürlich fällt es leicht, mit Wolf Biermann zu sagen, daß dies alles „Kleinigkeiten" seien und daß die „Hühner" über solche und ähnliche Lappalien wie einen eigenen Swimmingpool oder Schmuck im Werte von 9000 Mark für die Erste „Lady" des Staates aus der Staatskasse lachen würden. Aber dies waren jene Kleinigkeiten, welche die Führenden, die ohnehin Privilegierten und mit vielfach höheren Bezügen ausgestatteten Menschenjäger den Bürgern fortnahmen, die nichts besaßen – das, was man mit „Kameradendiebstahl" zu bezeichnen pflegte und dauernde Verachtung zur Folge hatte. Eine so schäbige Handlungsweise deckt mehr als alle anderen Unterschleife auf, welch Geistes Kinder diese „Posträuber" waren.

Der Abteilungsleiter der Posträuber-AG, Generalmajor Rudolf Strobel, verteilte an seine „Genossen Generale" freigebig alles und bediente sich natürlich selbst ebenso großzügig. Er hatte sich im alten Forsthaus, dem „Objekt Linde", eingerichtet. Und das mit Sauna und Solarium und einer Jagd, deren Sauenbestand durch Kuchen und Brot aus den Westpaketen bei guter Gesundheit gehalten wurde. Noch bevor dieser General des Volkes vom Volkswillen gestellt und verhaftet war, hatte er alle Akten durch den Reißwolf laufen lassen.

Doch nun zurück nach Berlin, zu den Bewohnern der Stadt und ihren Schergen.

Befreiungsversuche nach dem Mauerbau

Neben jenen Menschen, die über Sprungtücher an der Bernauer Straße, schwimmend durch Häfen und Kanäle oder per Bahn Berlin zu verlassen suchten, gab es auch eine Reihe „Republikflüchtige", die auf den abenteuerlichsten Wegen unter Einsatz ihres Lebens die Flucht wagten.

In einem einzigen Fahrzeug, das hinter dem Kühlergrill vorne rechts einen Hohlraum aufwies, wurden von 1959 bis 1965 nicht weniger als 18 Personen in die Freiheit gekarrt. Erst als die Grenzkontrolleure mit Meß- und Kontrollstäben an die Arbeit gingen und sich auch verschiedenster Spiegelsysteme bedienten, um jeden Hohlraum ausmessen, ausleuchten und einsehen zu können, wurde dieses Versteck enttarnt.

In einer „Isetta" – auch „motorisierte Wanze" genannt – gelang es 1964 nacheinander neun Flüchtlingen, auf engstem Raum eingepfercht, die Grenzkontrollen zu passieren. Im Museum am Checkpoint Charlie ist dieses kleinste Fluchtfahrzeug zu besichtigen. Eine Kabelrolle diente jeweils vier Menschen zweimal als Fluchtversteck. In selbstgeschneiderten sowjetischen Uniformen fuhren drei „Sowjetoffiziere", ehrfürchtig begrüßt, über die Grenze, ohne nach ihren Papieren gefragt zu werden. An Bord noch eine Frau, die zwischen den beiden Sitzreihen lag und mit einer Decke zugedeckt war.

Einer der Flüchtlinge ging mit Frau und Kind in das nahe der Grenze stehende Haus der Ministerien. Er hatte sich mit einer

Spezialseilrolle und einer Sitzvorrichtung sowie einer langen Leine ausgerüstet. Die ganze Familie schloß sich in der Toilette ein, verließ bei Nacht ihr Versteck und kletterte auf das Dach des Gebäudes. Indem er einen Hammer an das Seil band, gelang es dem Familienvater, es über den Drahtzaun zu werfen. Auf der anderen Seite standen die Fluchthelfer mit einem Wagen bereit. Sie banden ein bereitgehaltenes Stahlseil an die Schnur, so konnte das Stahlseil zum Ministerium emporgezogen und am Fensterkreuz befestigt werden. Auf einem selbstgebastelten über das Drahltseil laufenden Lift verließen Frau, Tochter und Vater die DDR. Dem Staatssicherheitsdienst blieb nur noch die Aufgabe, das Drahtseil einzuziehen.

In einer Reihe spektakulärer Tunnelfluchten gelang es einigen hundert Bewohnern der DDR, ebenfalls in die Freiheit zu gelangen. Im längsten dieser Tunnel erfolgte zwischen 1966 und 1971 die durch ihn in Szene gesetzte größte Massenflucht. Der Tunnel war 145 Meter lang und verlief 12 Meter unter der Erde.

Im Toilettenhaus eines Hinterhofes war der Einstieg, während sich der Ausstieg im Keller einer stillgelegten Bäckerei in der Bernauer Straße befand. Um ungestört arbeiten zu können, hatten die führenden Köpfe dieses Unternehmens die Bäckerei für 100 RM als Lagerraum gemietet. Um die abzutransportierenden Erdmassen nicht ins Uferlose anwachsen zu lassen und nicht endlos Erde karren zu müssen, konnte der Tunnel nur etwa 70 Zentimeter hoch ausgeschachtet werden. Vor allem in der Bäckerei wäre kein Platz mehr für weitere Erdmassen gewesen.

Eigens zu diesem Zweck konstruierte flache Transportbehälter nahmen das herausgeschippte und losgehackte Erdreich auf. Mittels eines Flaschenzuges wurde der Karren aus dem Tunnel gehievt, an dessen Ende der Mann mit der Schubkarre bereitstand, um die Erde umzuladen und dann auf die einzelnen Räume der Bäckerei zu verteilen.

An diesem Unternehmen waren 36 junge Menschen, in der Mehrzahl Studenten, beteiligt. Eine Frau im Alter von 23 Jahren kam hinzu und kümmerte sich um Essen und Trinken der in

Schichten arbeitenden Männer. Sechs Monate dauerte diese Schinderei, die überwiegend bei Nacht geleistet wurde, ehe am späten Abend des 3. Oktober 1964 der Durchbruch erfolgt war und die Ausschleusung der Flüchtlinge beginnen konnte. Durch diesen Tunnel krochen die fliehenden Menschen in großen Zeitabständen auf Händen und Knien in die Freiheit. Der jüngste Flüchtling saß auf dem Schoß eines Fluchthelfers. Er meinte nach gelungener Flucht: „Wo bleiben denn die wilden Tiere? Diese Höhle hat ja gar keine wilden Tiere!"

Daß es bei einer der sporadischen Unternehmungen einem herzkranken Mann nur unter Anspannung der letzten Kraft gelang, mit Hilfe eines jungen Helfers die Freiheit zu gewinnen, wurde mit einem Stoßseufzer der Erleichterung begrüßt. Man hatte bereits das Schlimmste befürchtet, als er auf der Hälfte der Strecke völlig erschöpft liegenblieb. Doch dann raffte er sich noch einmal auf und – schaffte es.

Daß dies nicht immer so reibungslos vonstatten ging, daß auch Fluchthelferaktionen verraten oder durch Zufall entdeckt wurden, soll hier nicht verschwiegen werden. Die SED-Schergen und die Männer des SSD scheuten nicht davor zurück, die Fluchttunnel mit Handgranaten zum Zusammensturz zu bringen, selbst wenn sich noch Menschen darin befanden. In einigen Fällen wurden auch Gasbomben in die entdeckten Tunnels geworfen, um die Menschen wie Wühlmäuse zu „erledigen".

Die Schar der Fluchthelfer erhöhte sich von Monat zu Monat, von Jahr zu Jahr. Schließlich waren es 1500 Männer und Frauen, die sich diesen Aufgaben widmeten. Unter ihnen viele Ausländer, die diesen „Job professionell" und gegen Geld ausübten. Frauen wurden als Kuriere eingestellt, um das Nachrichtensystem in Gang zu bringen. „Einige dieser Studenten, die sich dieser Aufgabe gewidmet hatten, sind heute bereits verdienstreiche Ärzte und Wissenschaftler." (Siehe: Es geschah an der Mauer. Eine Bilddokumentation des Sperrgürtels um Berlin(West), seine Entwicklung vom „13. August" 1961 bis heute mit den wichtigsten Geschehnissen) Um die 12 Meter bis zur Erdoberfläche zu schaffen, wurden alle Flüchtlinge, auf einem Brett sitzend, mittels eines Flaschenzuges emporgehievt.

Daß sich im Jahre 1979 Menschen im Heißluftballon aus der

Frontstadt Berlin auf den abenteuerlichen und gefährlichen Weg in die Freiheit machten, ist bereits Geschichte geworden. Sie legten mit ihrem selbstgebastelten „Luftfahrzeug" in 28 Minuten eine Strecke von 40 Kilometern zurück und stiegen bis auf 2600 Meter empor, ehe sie sieben km südlich der DDR-Grenze wohlbehalten landeten. Die beiden Familien hießen Strelzyk und Wetzel. Sie hatten jeweils zwei Kinder, die diese Flucht in lichten Höhen ebenfalls wohlbehalten überstanden.

Ein selbstgebasteltes Flugzeug erregte in Österreich die Aufmerksamkeit der Grenzbehörden, als der Student Ivo Zdarsky damit am 4. August 1984 aus der CSSR nach Österreich floh. Der Motor dieser „Maschine" war aus einem ausgedienten Trabi ausgebaut worden. Alle anderen Teile hatte der Student selber entworfen und angefertigt. Mit dieser „Fliegenden Kiste" legte er eine Distanz von 100 Kilometer zurück. Der Student erbaute das Flugzeug auf seiner „Bude" im 5. Stockwerk eines Hauses. Das war das bisher größte und genialste Werk eines Menschen zur Flucht in die Freiheit.

In dem Werk „Es geschah an der Mauer" ist dokumentiert, daß bei dem Versuch, „Von Deutschland nach Deutschland, von Berlin nach Berlin zu gelangen, über 60 000 Menschen wegen des Versuchs der ‚Republikflucht' oder auch nur der Vorbereitung dazu, verhaftet" wurden. Die Durchschnittsstrafe dafür betrug 16 Monate. Für Beihilfe zur Republikflucht (dazu zählt auch die Hilfe, die ein Familienvater seinen Angehörigen leistet) ist die Durchschnittsstrafe 4 Jahre. Für organisierte Fluchthilfe wurden lebenslängliche Zuchthausstrafen verhängt. Außer Deutschen wurden über 800 Personen aus etwa 30 verschiedenen Ländern gefangen gesetzt, weil sie Bewohnern aus der DDR Fluchthilfe leisteten. (Siehe: Es geschah an der Mauer, S. 77).

In einem besonders tragischen Falle endete die Fluchthilfeaktion tödlich. Es begann mit dem Versuch von Siegfried Noffke, Frau und Baby aus der DDR zu befreien. Noffke ahnte nicht, daß nur zwei Häuser weiter zur gleichen Zeit Studenten an einem Fluchttunnel bauten. Als dieser an einer Stelle einstürzte, waren gleich SSD-Kräfte zur Stelle. Ein Trupp der „Sonderabteilung" durchkämmte die Häuser. Sie kamen auch in das Haus, in dem Noffke den Fußboden gerade mit einem Wagenheber durchbrach. Als Siegfried Noffke ausstieg, traf ihn die tödliche Kugel. Zwei seiner Helfer wurden gestellt und zu lebenslänglichem Zuchthaus verurteilt.

Ein böses Ende nahm auch eine Fluchthilfeaktion, zu der ein Mädchen den Studenten Dieter Wohlfahrt überredete, von dem sie gehört hatte, daß er bereits 50 Menschen zur Flucht verholfen habe. Das Mädchen flehte Wohlfahrt an, auch ihre Mutter herüberzuholen. Dieter Wohlfahrt erklärte sich zu der Befreiungsaktion bereit. „An einer bestimmten Stelle in Staaken, wo die Mutter bereits in Grenznähe wartete und das verabredete Zeichen gab, schnitt Dieter Wohlfahrt den Zaun auf, um den Weg freizumachen. Die Aktion begann am 9. Dezember 1961." Doch: „Aus dem Hinterhalt ratterten plötzlich Maschinenwaffen, trafen ihn deren tödliche Schüsse." (Siehe: Es geschah an der Mauer)

Der aus Abscheu über dieses Verbrechen in den Westen geflohene Soldat der NVA, Heinz Kliem, deckte den Hintergrund dieser Schüsse und des Verrats an dem Fluchthelfer auf. Er berichtete, daß die Mutter des Mädchens bereits zwei Stunden vor der vereinbarten Zeit zu jener Grenzkompanie gekommen war, welcher der Schutz dieses Grenzabschnittes zufiel. Sie verriet dieses Vorhaben. Das Mädchen selbst war ebenfalls am Tatort, als Dieter Wohlfahrt erschossen wurde. Ob sie die ganze Entführungsgeschichte inszeniert hatte, um den berüchtigten Fluchthelfer zu stellen, ihn zu erledigen und eine besondere Prämie zu kassieren, wurde nicht bekannt.

Den Fluchthelfer Harry Seidel fing man bei einer späteren Aktion ab. Er hatte eine Pistole in der Tasche und das stempelte ihn zu einem „Gewalttäter". Gegen ihn wurde dann nicht wegen der Fluchthilfe verhandelt, sondern wegen Entführung. In der Urteilsbegründung sagte der Staatsanwalt: „Seidel und andere Mitglieder von Terrororganisationen drangen in einer großen Anzahl von Fällen durch unterirdische in das Hoheitsgebiet der DDR vorgetriebene Stollen mit schußbereiten Pistolen und Maschinenpistolen ein und entführten Bürger der DDR. Die von dem Angeklagten begangenen Verbrechen stellen die unmittelbare Verwirklichung der aggressiven Gewaltpolitik der revanchistischen und militaristischen Kreise der Bonner Regierung und des Westberliner Senats dar, die die Welt in die Katastrophe eines mit Atom- und Raketenwaffen geführten dritten Weltkrieges zu stürzen droht. Die staatlich organisierte systematische Unterminierung der Staatsgrenze der DDR ist daher Kriegsvorbereitung und Aggression."

Harry Seidel gelangte nach vierjähriger Zuchthausstrafe, nicht zuletzt durch die Proteste aus aller Welt, auf freien Fuß.

Im weiteren Verlauf der Fluchthelfereinsätze wurden in westdeutschen Medien mehr und mehr Stimmen laut, daß sich der Staat der Fälle annehmen sollte und die Fluchthelfer verurteilen müßte. Diese seien Verbrecher, die das friedliche Zusammenleben und den guten Stand der beiderseitigen Beziehungen gefährdeten.

So weit war es in Westdeutschland gekommen, daß man Ursache und Wirkung miteinander verwechselte.

Die ersten Besserungen in der Frontstadt

Als zu Weihnachten 1963, 16 Monate nach dem Mauerbau, für die ersten Westberliner wieder Passierscheine in den Osten der Stadt ausgestellt wurden, falls diese Verwandte dort hatten, schien der Anfang zu einer freizügigen Haltung der DDR-Stellen gemacht.

In zweiseitigen Verhandlungen konnten die westdeutschen Stellen das Passierscheinabkommen mehrfach erneuern, ohne die im Gegenzug dazu geforderte Anerkennung der DDR als selbständigen Staat geben zu müssen. Als aber der seinerzeitige Regierende Bürgermeister von Berlin, Klaus Schütz, die zu Westberlin gehörende Exklave Steinstücken besuchen wollte, wurde ihm das Überschreiten der Demarkationslinie versagt. Er mußte in einem US-Hubschrauber zu seinen 200 Westberlinern fliegen. Erst nach der Unterzeichnung des Grundlagenvertrages im Jahre 1972 wurde diese „Insel" durch einen unkontrollierten Korridor wieder mit Westberlin verbunden.

Im Viermächteabkommen vom 3. Juni 1972 und dem Grundlagenvertrag mit seinen Einzelpositionen des Transitabkommens, der Regelung über Erleichterungen des Reise- und Besuchsverkehrs für Westberliner in die DDR und nach Ostberlin erzielte man weitere Verbesserungen. Dennoch war dies „das Problem einer Freizügigkeit, die überwiegend nur in eine Richtung gewährt wurde".

Nach der hermetischen Schließung der Grenzen durch Mauerbau und Selbstschußanlagen mußte die Mehrzahl der dennoch alljährlich dem SED-Staat entfliehenden 5000 Menschen über Drittländer flüchten. So kamen sie denn aus der CSSR und Ungarn, aus Rumänien und Bulgarien oder aus Polen. Damit erwies sich die mit ungeheuren Mitteln errichtete und mit ebenso hohen Mitteln erhaltene Sperrlinie an der Grenze als Fehlinvestition.

Erst als die DDR im Jahre 1984 erstmalig – aber auch einmalig – über 27 000 Menschen die Aussiedlung gestattete, schien der Flüchtlingsstrom gebannt. Bis zum 31. Juli 1985 konnten insgesamt 312 393 Personen legal die DDR verlassen. Der überwiegende Teil davon waren Rentner und Kranke. Damit schob man die „arbeitsunfähigen Fresser" nach Westdeutschland ab. Mochte man ihnen dort Wohnung und Brot geben.

Daß in zunehmendem Maße auch die Ständige Vertretung der BRD in Ost-Berlin oder seit 1984 die Prager Botschaft bemüht wurde, zeigte an, daß sicherlich noch weitere Wege zur Flucht gefunden werden würden. Im Juni und Juli 1984 befanden sich 55 Bürger der DDR in der Deutschen Ständigen Vertretung in Ostberlin. Volkspolizei und SSD versuchten, diesen Strom durch einen dichten Wachkordon zu stoppen und die Menschen abzufangen. Im Oktober suchten insgesamt 150 DDR-Bürger in der Deutschen Botschaft zu Prag Zuflucht, um damit ihre Ausreise zu erzwingen.

In geheimen bilateralen Gesprächen gelang es nach monatelangem Tauziehen, diese Menschen freizubekommen. Welche Gegenleistungen die BRD dafür erbringen mußte, entziehen sich der Kenntnis aller, die nicht daran beteiligt waren. Wir können aber davon ausgehen, daß sie zu ähnlichen Bedingungen wie die freigekauften Menschen „gehandelt" wurden.

„Der Schutzwall gegen westliche Revanchisten, Militaristen und Imperialisten", wie die Zuchthausmauer von den SED-

Machthabern genannt wurde, sei nur errichtet worden, „um die bis zur Oder strebenden Revanchisten" zu stoppen, die nach Erreichen dieses Flusses „den Großen Krieg beginnen" würden. Die Ursache des Mauerbaues, die Fluchtbewegung, wurde mit keinem Wort erwähnt.

Alle die Hunderttausende, die durch die DDR-Zuchthäuser gingen, vor den Tribunalen dieses menschenverachtenden Regimes standen, zu hohen Zuchthausstrafen und zum Tode verurteilt und hingerichtet wurden, alle wären völlig sinnlos und umsonst gestorben, wenn das Zeugnis ihrer Leiden nicht aus der DDR in den freien Westen gelangt wäre, wenn ihre Marter nicht durch eine Handvoll beherzter Menschen aufgezeichnet und der ganzen Menschheit sichtbar gemacht worden wäre.

Dies hat Erika von Hornstein in ihrem Buche „STAATSFEINDE – Sieben Prozesse in der DDR" in wenigen Worten sichtbar gemacht, als sie auf Seite 317 ihres Werkes schrieb: „Nur als Zeugnis hat das Martyrium seinen Sinn. Die Zeugen eines Glaubens aber werden in der DDR als Spione und Diversanten, als Agenten und Saboteure verurteilt. Für Kommunisten ist jeder ein Staatsverbrecher."

Als solche wurden sie mißhandelt und als solche gingen sie in den Tod.

Das Leben im „Bau"

Alle Beschuldigten, vor allem die „Politischen" erfuhren bereits in der Untersuchungshaft die „besondere Betreuung" durch die Wächter und Aufseher, die Vernehmer und deren Gehilfen. Zunächst wurden sie total von ihrer Umwelt isoliert. Ihre Anwälte – wenn sie überhaupt in der Lage waren, einen zu bestellen – erhielten erst nach Abschluß des Ermittlungsverfahrens Zutritt zu ihnen. Obwohl jeder der Beschuldigten darauf brannte, etwas über seine Vergehen zu erfahren, ließ man ihn zunächst einige Wochen in seiner Zelle schmoren, um seinen Widerstandswillen zu brechen.

Dabei lag die Durchführung der Verhörmethoden mit „Zuckerbrot und Peitsche" im Interesse einer raschen Zermürbung der Widerstandskraft des Häftlings. Wenn mildernde Umstände versprochen werden und Hafterleichterungen, wenn der Vernehmende darüber hinaus eine rasche Haftentlassung in Aussicht stellt, dann werden viele bereits weich. Aber auch die Härteren können auf die Dauer nicht standhalten, wie sich an vielen Prozessen erwiesen hatte, in denen die Beschuldigten ihre Schuld schließlich „eingestanden", ohne daß sie überhaupt wußten, worin sie bestand. Dabei stört die Vernehmenden auch nicht, daß der Paragraph 9 der Strafprozeßordnung zwingend vorschreibt, daß „jede Strafsache unvoreingenommen zu untersuchen und zu entscheiden" sei.

Nach einer Verurteilung – und kaum einer ging in 40 Jahren dieser Justiz als freier Mensch aus dem Gerichtssaal – wurden die Häftlinge in die Strafanstalten geschafft. Hier erhielten sie ein Hemd pro Woche und einen Anzug im Jahr. Ein Stück Seife zur Körperpflege und eine Tube Zahnpasta hatten drei Monate zu reichen. Einmal im Vierteljahr durfte der Häftling einen engen Angehörigen empfangen. Einmal im Monat erhielt er einen Brief ausgehändigt, der natürlich vorher gefilzt war, und ebenso oft durfte er einen Brief von einer Seite Länge schreiben, der selbstverständlich vorher durchgelesen wurde, ehe er auf den Weg ging. Damit sollte erreicht werden, daß „den Tätern und auch allen Bürgern die Schwere und Verwerflichkeit der Straftat und die Unantastbarkeit der sozialistischen Staats- und Gesellschaftsordnung bewußt gemacht und die Gesellschaft vor erneuten Straftaten geschützt wird". (Siehe Strafprozeßordnung der DDR, Paragraph 9)

Neben dieser beabsichtigten Abschreckung sollte der Häftling während seiner Strafzeit umerzogen werden. Dies forderte der Absatz 2 dieses Paragraphen, in dem es heißt: „Die Strafgefangenen sollen durch kollektive, gesellschaftlich nützliche Arbeit, staatsbürgerliche Erziehung und Bildung dazu erzogen werden, künftig die sozialistische Gesetzlichkeit gewissenhaft zu achten und ihr Leben gesellschaftlich und verantwortungsbewußt zu gestalten."

Dies bedeutete im Klartext, daß alle Gefangenen hart zu arbeiten hatten. So etwa für den VEB „Pentacon" in Dresden, dessen Kameras dann in der BRD verkauft wurden. Wer eine solche Kamera kauft, sollte wissen, daß sie von Sträflingen des SED-Regimes „für einen Schlag Suppe" gefertigt werden. Die Wochenarbeitszeit im „Bau" betrug 48 Stunden. Wer die ihm zugewiesene Arbeit verweigerte, der erhielt bis zu 21 Tagen strengen Arrest. Dies war die Mindesstrafe, die der Leiter des Zuchthauses Brandenburg, Oberstleutnant Ackermann, verhängte.

Daß diese Arbeit von Häftlingen sogar Teil des Volkswirtschaftsplanes der DDR wurde, zeigt ihre Intensität auf. So wurde der „sozialistische Strafvollzug" zu einer immer sprudelnden Quelle des Staatsprofites. Mehr als 80 Volkseigene Betriebe ließen hier arbeiten. 75 Prozent des Nettolohnes der Häftlinge wurde von den Anstaltsleitungen einbehalten. Neben den Zuchthäusern gab es zu diesen Zwecken 32 Haftarbeitslager.

Was mit den Kranken geschieht, das wird besonders drastisch am Beispiel eines Strafgefangenen deutlich, der an einer Zahnfistel litt. Er wurde von einer Ärztin behandelt, die bei der Operation eine Ader zerschnitt. Dann wurde der noch unter Narkose stehende Gefangene in die verschlossene Krankenzelle zurückgefahren. Dort begann er plötzlich zu stöhnen. Und weiter erfahren wir: „Als die ebenfalls kranken Zellennachbarn durch das Röcheln des Mithäftlings aufmerksam wurden, hämmerten sie mit den Fäusten gegen die Tür, um Hilfe herbeizurufen. Als dann endlich Hilfe kam, war der Häftling bereits erstickt." (Siehe Stern, Joachim R. a.a.O.)

Eine Zusammenfassung

Die Amnestie des Spätherbstes 1987 in der DDR und die Fortdauer des Freikaufes von 1200 bis 1700 politischen Gefangenen im Jahr sollte eigentlich zu einer „Leerung der Zuchthäuser und Haftlager" geführt haben. Doch dem war nicht so. Auch heute noch sind viele Haftanstalten mit politischen Häftlingen belegt.

Die Zeit von Herbst 1987 bis zum Winter 1989 leitete zwar eine bedeutende Erleichterung ein, dergestalt, daß sich selbst bei Hundertfünfzigprozentigen SED-Schergen ein gewisses Unbehagen zeigte, das auf die Fluchtwelle und die Lockerungen der SED-Führung zurückging, die den Anfang vom Ende der DDR einleiteten. Dennoch waren die Haftanstalten immer noch mit etwa 3000 politischen Gefangenen belegt. 90 Prozent der Inhaftierten wurden wegen ihrer Ausreisewünsche und Fluchtversuche eingesperrt. Wegen ihrer Tätigkeit in „Unabhängigen Gruppen" war der Rest inhaftiert worden.

So wurde beispielsweise der Dachdecker André Theile, der in der Umweltbibliothek arbeitete und dort Flugschriften druckte und verteilte, im Jahre 1988 zu 22 Monaten Haft verurteilt, aber nach Verbüßung von 16 Monaten entlassen. Das heißt: er wurde von der BRD freigekauft. Der Baufacharbeiter Udo Jeschke, der in seiner Flugschrift die „Söldner des Systems" angeprangert hatte, erhielt 20 Monate Haft. Er wurde bereits nach acht Monaten ebenfalls in die BRD entlassen.

Der Gebäudereinigermeister Rudolf Geller, der an der Antenne seines Wagens ein unbeschriftetes weißes Band angebracht hatte, wie dies auf dem Kirchentag zu Görlitz zum erstenmal praktiziert wurde, um sich selber als Ausreisewilligen zu kennzeichnen, wurde mit Frau und Sohn verhaftet. Ein weißes Band genügte also, um eine ganze Familie ins Zuchthaus zu werfen.

Alle jene, die 1988 bei Fluchtversuchen gefaßt wurden, konnten bis zum Sommer und Herbst 1989 von der BRD freigekauft werden.

Eine besondere Aufstellung vom 1. April 1989 stellt fest, daß in den verschiedensten Haftanstalten der DDR noch immer 3300 Häftlinge einsaßen. Was mit ihnen geschah, sei im Endabschnitt dargelegt.

Lassen wir hier abschließend das Schicksal der Familie Geller aufscheinen, das symptomatisch für alle übrigen aus dieser Endzeitstimmung in der DDR ist. Erika Geller berichtete über den 12. September und die folgenden alptraumartigen Tage wie folgt: „Dieser Tag war mein letzter Arbeitstag, denn ich wurde am 12. September 1988 verhaftet. Mein Mann, mein Sohn und ich hatten einen Antrag zur Übersiedlung nach Westberlin gestellt. Unsere Begründung lautete: Familienzusammenführung.

Als wir am 12. September in Leipzig einen Gottesdienst besuchen wollten, wurden wir auf dem Wege dorthin öfter durch Organe der Volkspolizei gestoppt, nach den Papieren gefragt und sogar an der Abfahrt Michendorf fotografiert. Wir hatten voher an der Antenne unseres Wagens ein weißes Band befestigt, um zu zeigen, daß wir ‚Antragsteller' waren. Das Band hatten wir an diesem Tage allerdings am Innenspiegel befestigt. An der Autobahnausfahrt Leipzig wurden wir auf einen freien Platz eingewiesen. Nach uns kamen weitere 16 Personen, die ebenfalls an diesem Gottesdienst teilnehmen wollten. Bis 18.30 Uhr wurden wir festgehalten. Dann wurden wir nacheinander bis kurz vor Leipzig auf ein Polizeirevier gebracht. Dort saßen wir wartend bis 20.50 Uhr, ohne zu wissen warum. Von hier aus wurden alle eingebrachten Personen in einen ‚Ikarus-Bus' gesetzt und in die Normannenstraße nach Berlin gefahren. Hier begann nach der Wegnahme aller persönlichen Habe um 24.00 Uhr ein Verhör, das sich über acht Stunden hinzog. Um 16.00 Uhr des 13. September wurde uns gesagt, daß wir noch dort bleiben müßten, bis der Sachverhalt geklärt sei. Um 19.00 Uhr wurde gegen unsere Familie Haftbefehl erlassen. In einem Zellenwagen, mit 45 x 45 Zentimeter großen Zellen, wurden wir nach Hohenschönhausen gebracht. Auf diese Weise wurden wir bis Ende September jeden Tag zu Verhören hin und zurück transportiert.

Am 22. November fand vor dem Stadtbezirksgericht Lichtenberg die Verhandlung statt. Zwei Tage darauf erfolgte die Urteilsverkündung: 10 Monate Haft nach § 214 Abs. 1 und 3 ‚Beeinträchtigung'. Wir durften während des Prozesses weder sprechen noch uns berühren.

Am 30. November wurde ich dann zur Keibelstraße geschickt. Dort blieb ich bis zum 12. Dezember 1988. Die Zellen waren katastrophal. Ratten kamen aus den Toiletten, vor den Schaben konnten wir uns nicht retten. Am 12. Dezember wurde ich mit sechs kriminellen und acht politischen Häftlingen ‚auf Transport' geschickt. Auf dem Fernbahnhof Lichtenberg wurden wir in den ‚Grotewohl-Expreß' – in einen Waggon mit der Aufschrift ACHTUNG LEBENDE FRACHT – gesetzt und erreichten nach 17stündiger Fahrt Leipzig. Jede Zelle im Zug in der Größenordnung von einem mal einem Meter war mit fünf Häftlingen belegt.

Unsere Einlieferung in die StVE Markkleeberg erfolgte gegen 17.00 Uhr des 13. Dezember. In Markkleeberg befanden sich zu Ende des Jahres 1988 300 Gefangene, unter ihnen 75 bis 80 politische Häftlinge. Sie waren wegen ‚Beeinträchtigung‘, ‚Öffentliche Herabwürdigung‘ und ‚Republikflucht‘ verurteilt. Hier gab es einen Arrest bei dem der Häftling – beispielsweise bei Arbeitsverweigerung – mit Händen und Beinen an seine Pritsche angekettet wurde.

Am 13. März 1989 wurde ich in die Strafanstalt des Staatssicherheitsdienstes Karl-Marx-Stadt überführt und am 23. März 1989 in die Bundesrepublik entlassen." (Siehe: DDR Haftwesen und Justiz; Interviews und Zusammenstellung Dr. Rainer Hildebrandt und Horst Schumm; Arbeitsgemeinschaft 13. August)

Daß aus solchen Strafvollzugsanstalten und Haftarbeitslagern, die oftmals für westdeutsche Firmen, auch bekannte Versandfirmen, arbeiten mußten, jeder so schnell wie möglich hinauskommen wollte, erklärt die große Freude über die Freikäufe, von denen in diesem Abschnitt abschließend berichtet werden soll. Eines aber sollte sich der Leser in die Erinnerung zurückrufen. Die Familie Geller wurde verhaftet und unter menschenunwürdigen Umständen eingekerkert, weil sie ein weißes Band gezeigt hatte.

Abschließend jedoch noch ein Bericht, der wohl eine der letzten Schandtaten der SED gegenüber einem Republikflüchtling bedeutete, bei der Ungarn Hilfestellung leistete. Es handelte sich um die 22jährige Industrie-Kauffrau Birgit Wahle aus Henningsdorf, die in einem Interview vor der Arbeitsgemeinschaft 13. August zu Protokoll gab: „Im Mai 1988, kurz nachdem ich meinen Freund Silvio Hoffmann kennengelernt hatte, faßten wir gemeinsam den Entschluß, einen Fluchtversuch an der ungarisch-jugoslawischen Grenze zu unternehmen. Unabhängig voneinander hatten wir schon lange vorher den Wunsch gehabt, die DDR zu verlassen. Konkret wurde meine Absicht im Herbst 1987, nachdem im Juli desselben Jahres ein Fluchtversuch von zwei Bekannten, darunter der Freund meiner Schwester Carola Wahle, gescheitert war. Sie und ich versuchten zu-

Der Kontrollpunkt Friedrichstraße. Das große Gebäude in der Mitte ist das Haus des Union-Verlages »Neue Zeit«.

26. Juni 1963: US-Präsident John F. Kennedy auf dem »Kennedy«-Podest. Von rechts: Willy Brandt, Konrad Adenauer, John F. Kennedy und Rainer Barzel.

17. Januar 1963: Ministerpräsident Nikita Chruschtschow mit seiner Umgebung und DDR-Genossen an der Schranke vor dem Checkpoint Charlie. Ganz oben, dritter von links, Walter Ulbricht.

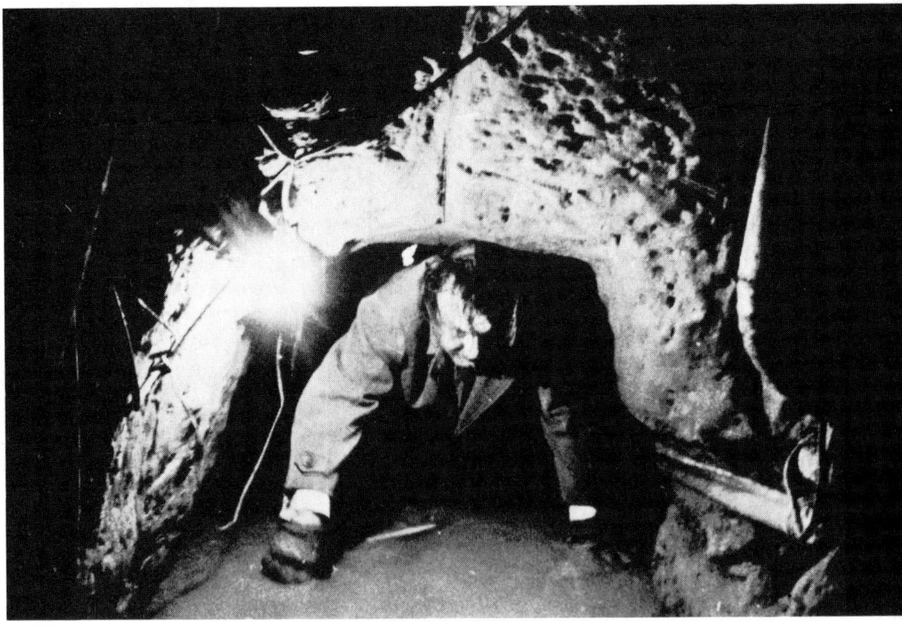

Am Ende seiner Kraft kriecht dieser herzkranke Mann aus dem Fluchttunnel in die Freiheit.

*Nach 145 Metern auf den Händen und Knien geht es nunmehr 12
Meter empor in die Freiheit.*

Beobachtungsposten melden jede »Unregelmäßigkeit« an der Mauer.

nächst, die Erlaubnis zu einer Besuchsreise nach Großbritannien zu meinem dort lebenden Onkel zu erhalten. Da ich mir aber die Chancen, auf diese Weise rauszukommen, sehr gering ausmalte, entschied ich mich für die Flucht. Silvio und ich weihten meine Schwester in das Vorhaben ein und gewannen sie sofort dafür.

Am Abend des 8. Juli 1988 machten wir uns von der ungarischen Stadt Szeged zu Fuß auf den Weg, um die ‚grüne Grenze‘ nach Jugoslawien zu überwinden. Dabei diente uns der Fluß Theiß als natürliche Orientierungshilfe. In dem für uns unübersichtlichen Gebiet täuschten wir uns über den tatsächlichen Grenzverlauf und glaubten nach ca. 6 Kilometern, als wir ein paar Wochenendhäuser sahen, bereits in Jugoslawien zu sein. In der Nähe dieser Häuschen sahen wir dann aber Kraftfahrzeuge mit ungarischen Kennzeichen und am Fluß die ungarische Flagge. Zurück wollten wir nicht und so versteckten wir uns tagsüber am 9. Juli in dem Waldgebiet, um die Flucht in der folgenden Nacht erneut zu versuchen. Wir wurden in unserem Versteck von ungarischen Grenzsoldaten entdeckt, die jedoch nichts weiter unternahmen und weitergingen. Wir konnten uns dieses Verhalten nicht erklären, da die Grenzer uns deutlich gesehen und erkannt hatten. Wir glaubten selbst nicht mehr an das Gelingen der Flucht und wegen fehlender Nahrungsmittel und Getränke verließen wir bei Tagesanbruch des 10. Juli unser Versteck, worauf wir von zwei Grenzern entdeckt und diesmal festgenommen wurden.

Nach 16tägiger Haft in Szeged und Budapest lieferte man uns an die Staatssicherheitsbehörden der DDR aus. Unsere Verurteilung nach § 213 (Republikflucht) zu 22 Monaten Freiheitsentzug für Silvio Hoffmann und jeweils 19 Monate Freiheitsentzug für meine Schwester und mich erfolgte vor dem Kreisgericht Frankfurt/Oder am 27. 10. 1988. Unsere Untersuchungshaft hatten wir in Ost-Berlin und Frankfurt/Oder in den Anstalten des MfS verbracht. Mein Transport in den Strafvollzug ‚Jugendhaus Hohenleuben‘ erfolgte von Dienstag, dem 17. 10. bis Donnerstag, den 19. 11. 1988, nachts per Bahn in winzigen Zellen (ca. 2 qm), während ich den Mittwoch in überfüllten, ungezieferverseuchten sogenannten Transportzellen verbrachte. In Leipzig sah ich meine Schwester das letztemal, da sie in die StVE Markkleeberg gebracht wurde.

Das Jugendhaus Hohenleuben (während meiner Vollzugszeit befanden sich ca. 20 Jugendliche dort) war mit etwa 400 Strafgefangenen, in der Regel sogenannte „Kurzstrafer", belegt, davon waren 80 bis 100 Frauen aus politischen Gründen verurteilt (meist nach § 213 oder 214 ‚Beeinträchtigung‘) und von den übrigen Gefangenen relativ isoliert in einer, ab Dezember 1988 in zwei Brigaden untergebracht. Die Verwahrräume (ca. 8 mal 6 Meter), laut Hausordnung für 12 Personen zugelassen, waren zeitweilig mit 16 Frauen belegt. Zu jedem Verwahrraum gehört ein Naßteil mit drei Waschbecken, einer Dusche und zwei Toiletten.

Ich gehörte zur Brigade V, arbeitete somit für den Leuchtenbau Zeulenroda, 8 ¾ Stunden am Tag. Die Tätigkeiten waren größtenteils leicht und stupide, die Normen bei vielen Arbeitsgängen zu schaffen. Wir waren aber auch gezwungen, bei den regelmäßig anfallenden Be- und Entladearbeiten teilweise sehr schwere Lasten zu heben. In der Brigade V betrug der durchschnittliche Verdienst (Eigengeld) etwa 80 – 100 Mark. Mit meinem monatlichen Geld von knapp 70.– Mark und durch den Umstand, daß ich Nichtraucher bin, konnte ich mir viermal wöchentlich Milch und Joghurt kaufen. Frisches Obst und Gemüse waren generell nicht erhältlich. Die Frauen der Brigade IV mußten in zwei Schichten in der Näherei arbeiten. Die Normzeiten waren viel zu hoch angesetzt, sie bekamen zwischen 10 und 30.– Mark ausgezahlt.

Die medizinische Versorgung war teilweise ‚zu gut‘. Es wurden unkontrolliert ziemlich starke Medikamente, Beruhigungsmittel, Schlaftabletten und Schmerzmittel verabreicht. Die Wartezeiten bei einem gewünschten Arzttermin waren relativ kurz (ca. eine Woche). Ich habe aber auch Mitgefangene erlebt, die bei akuten Schmerzen einen bis mehrere Tage auf Behandlung warten mußten. Sie waren gezwungen, an ihrem Arbeitsplatz zu bleiben, obwohl sie nicht mehr in der Lage waren zu arbeiten.

Häufige Formen der Bestrafung bestanden in Fernsehverbot, Kürzung des Einkaufsgeldes und Schikanen beim Briefeschreiben. Manche Briefe wurden bis zu dreimal von der Zensur abgelehnt, eingezogen und mußten neu geschrieben werden. Die Betroffene wußte oft gar nicht, welche Passage in ihrem Brief sie besser weglassen sollte. Die ‚Erzieherin‘ der Brigade V, Oberleutnant Ratz, ging sogar so weit, jegliche Zitate von Schriftstellern oder Dichtern in Briefen zu verbieten, sowohl den Strafgefangenen als auch deren Angehörigen. Einzelunterbringung wurde als Strafmaßnahme mehrfach angedroht, aber während meiner Anwesenheit nicht an Politischen praktiziert. Bei den übrigen Strafgefangenen war sie gang und gäbe. Eine Jugendliche (17 Jahre alt) befand sich, entgegen der gesetzlichen Regelung, mehr als vier Monate in Einzelunterbringung bzw. Freizeitarrest, angeblich wegen ihrer neonazistischen Einstellung. D. h. sie wurde über die ganze Zeit streng isoliert von Mitgefangenen gehalten. Ich habe nie erlebt, daß das Wachpersonal jemanden schlug.

Im Dezember 1988 wurden vier oder fünf Strafgefangene, darunter keine Politischen, mit Hafturlaub ausgezeichnet. Auch der Tod der Mutter einer politischen Gefangenen war kein plausibler Grund für eine solche Erleichterung, wie sie vom Gesetz her möglich ist. Das Jugendhaus Hohenleuben galt unter den Strafgefangenen als „Abschiebeknast“ für die Politischen. Tatsächlich habe ich in vier Monaten nur eine Entlassung (einer Ärztin) in die DDR erlebt. Seit Januar 1989 gab es in den Brigaden IV und V keine Zugänge mehr. Wahrscheinlich wurden nach den Paragraphen 100 (‚Landesverräterische Agententätigkeit‘) 213 und 214 (‚Beeinträchtigung‘) Verurteilte ab diesem Zeitpunkt auf die übrigen Brigaden verteilt.

Ich wurde am 2. März 1989 gemeinsam mit meiner Schwester von Karl-Marx-Stadt aus nach Gießen abgeschoben.

Was aber hatte es mit dem Freikauf von Häftlingen auf sich? Wer initiierte diesen, und seit wann wurden Menschen von Deutschland nach Deutschland verkauft?

Der deutsch-deutsche Sklavenmarkt

Der ostdeutsche Vertrauensmann von Ministerpräsident Stoph, Hermann von Berg, der die „vertraulichen Verbindungen zu den westdeutschen Politikern der SPD und auch der FDP aufrecht erhielt", rief bereits im Dezember 1961 den Leiter der westdeutschen Landeszentrale für politische Bildung im Berliner Senat, Dietrich Spangenberg an. Er schlug ein inoffizielles Treffen vor, das von Spangenberg akzeptiert wurde.

Bei der ersten Unterredung, die in einem Park stattfand, damit sie nicht durch die überall angebrachten „Wanzen" abgehört werden konnte, erklärte von Berg, daß sich eine Reihe der ersten Folgen der Mauer in humanitärer Weise regeln ließen, wenn man der DDR pekuniär unter die Arme greifen würde. Er schlug vor, daß sich je ein westdeutscher und ein ostdeutscher Anwalt dieser Grenzfälle annehmen sollten und hatte auch gleich zwei vorzuschlagen. Den Westberliner Anwalt Stange und den Ostberliner Anwalt Vogel.

Der Berliner Oberbürgermeister Willi Brandt ließ diese Sache prüfen. Als er zu der Überzeugung kam, daß dies ein gangbarer Weg sei, ließ er „den Vorgang" dem Gesamtdeutschen Ministerium übergeben. Von nun an wurde unter der Decke gegenseitiger Verschwiegenheit menschliche Ware gegen Bares verscheuert. In den Westberliner Amtsräumen der Politiker Grabert, Struve und Bahr trafen sich denn auch bald die Unterhändler aller Schattierungen. Passierscheinfragen und Familienzusammenführungen kamen jedoch trozt dieser geheimen Abkommen nur sehr langsam voran.

Das Mißtrauen auf beiden Seiten schlug hohe Wellen. Darum versuchte der SSD auch ständig, seine Geheimverbindung und Agentenringe im Westen und in Westberlin auszubauen, um immer aus erster Hand unterrichtet zu sein: „Wir glauben nur unseren Leuten, die im Berliner Senat, im Bundeskanzleramt in Bonn, in den Spitzengremien der Parteien, in den Redaktionen der großen Zeitungsverlage, oder in der EG in Brüssel sitzen. Von dort erhalten wir alle Geheimdokumente." (So Mielke in einer Unterredung mit seinem Schwiegersohn Kohl, der als Mitarbeiter des SSD diente. „Mischa"

Kohl ging schließlich als Ostberliner Unterhändler nach Bonn.)

Erst mit Beginn der sozial-liberalen Koalition und der SPD-FDP-Regierung in Bonn gewannen SED-Staat und SSD noch mehr Einfluß und Kenntnisse als vorher. Der Menschenhandel der DDR-Regierung begann im Jahre 1969 und erreichte bis zum Jahr 1974 im August seinen Höhepunkt. Bis dahin waren von der Bundesrepublik insgesamt 265 Millionen DM für Freikäufe gezahlt worden. Dieses „Kopfgeld" wurde über einen Geheimfond verrechnet, in den im Bundeshaushalt die Mittel zur „Förderung der Grundlagen- und Bildungsarbeit, sowie von Maßnahmen im Bereich der innerdeutschen Beziehungen und der Grenzgebiete" einflossen.

Aus diesen Aktionen der DDR-Regierung erwuchsen dem SED-Staat jene drei Vorteile, die kräftig mit aller Energie ausgenutzt wurden.

Erstens verschaffte sie sich durch die Kopfgelder beträchtliche Devisenmittel, ohne einen Finger zu rühren. Zweitens wurden von ihr nicht nur politische Häftlinge, sondern auch Kriminelle, vor allem Agenten mit diesen Gruppen eingeschleust, so daß sie auf diese Art und Weise unbeargwöhnt in die BRD „einreisen" konnten. Damit bezahlte die BRD auch noch die Agententätigkeit der DDR-Spione. Drittens aber wurden diese Austauschaktionen über zwei Berliner und einen Ostberliner Anwalt unter folgendem Terminus abgewickelt: „Um das Schicksal anderer noch in DDR-Haft befindlicher Häftlinge nicht zu belasten oder gar zu verschärfen, wird jeder Entlassene dazu vergattert, nichts über die unmenschliche Behandlung und über die entsetzlichen Vorkommnisse in den DDR-Zuchthäusern zu verlautbaren. Dies gilt ebenso für die Bundesregierung."

Damit hatte die BRD als offiziell zuständiger Mahner und Warner vor dem DDR-Unrechtsstaat ausgespielt. In keiner Weise trat sie mehr für die Einhaltung der Menschenrechte in der DDR ein. Sie ließ alles wortlos geschehen, was den Bürgern der DDR – ebenso Deutsche wie die Bürger in der BRD – angetan wurde. Damit trägt sie dafür die Verantwortung, als habe sie selber diese Unrechtstaten begangen.

Keiner der in das Notaufnahmelager Gießen gelangten Freigekauften wurde dort über seine Erlebnisse und Haftbedingungen befragt. Nach dem System „was ich nicht weiß, das macht
mich nicht heiß" wurde geschwiegen. Damit entfielen naturge-
mäß auch die Möglichkeiten einer genauen Zahlenangabe.
Keine Dokumente über begangenes Unrecht an Hunderttausenden deutscher Menschen wurden erstellt. Das Gesamtdeutsche Ministerium versagte jede Antwort auf Fragen zu diesem
vielschichtigen Komplex. Man schwieg und zahlte!

Am 30. Januar 1975 gab Bundeskanzler Helmut Schmidt vor
dem Bundestag zur Lage der Nation folgende Erklärung ab:
„Heute werden immer noch unmenschlich harte Freiheitsstrafen in der DDR in sogenannten Fluchthelferprozessen verhängt. Ich wundere mich manchmal ein wenig, daß die DDR-
Führung nicht erkennt, wie sehr Terrorurteile als Zeichen der
Unsicherheit gelten müssen und als solche Zeichen gewertet
werden."

Der Herr Bundeskanzler „wunderte sich ein wenig" über
Terrorurteile und Morde an der Mauer. Und was weiter? Was
tat er zur Bekämpfung derselben und zu ihrer Abstellung?
Nichts!

Am 31. März 1975 stand in der „Welt" zu lesen: „Nach fünf-
monatiger Unterbrechung hat die ‚DDR' wieder Häftlinge frei-
gelassen und in den Westen abgeschoben." Unter den Freigelas-
senen, die zumeist wegen Fluchtversuchs oder ‚staatsfeindlicher
Hetze' mehrjährige Freiheitsstrafen verbüßten, befanden sich
nach ersten Ermittlungen der Notaufnahmebehörden, erneut
ein starker Prozentsatz an Kriminellen.

Die Bundesregierung zahlte für jeden von der DDR freige-
lassenen Häftling einen Kopfpreis von 50 000 DM. Zuständige
Stellen erklärten, daß man nach einer Lösung suche, die verhindern soll, daß die DDR-Justiz Kriminelle auf diese Weise – auch
noch gegen Bezahlung – los wird. Im Interesse der politischen
Gefangenen müsse man diese ‚Ausnahmen' in Kauf nehmen.

Die Bundesrepublik „hat allein im vergangenen Jahr 30 Millionen DM für den Freikauf von etwa 700 Häftlingen aus Strafanstalten der DDR aufgewendet". (Siehe Die Welt vom 31. 3.
1975)

Vor Weihnachten 1975 wurden weitere 90 Häftlinge freigekauft. Auch unter ihnen waren Kriminelle mit mehreren Vor-
strafen.

In den sechziger Jahren hatten die gesamtdeutschen Minister
Rainer Barzel und Erich Mende diese Aktionen begonnen und
totales Stillschweigen vereinbart. Dazu stand im Fernseh-Ma-
gazin REPORT Dr. Erich Mende am 1. September 1975 Rede
und Antwort. Er erklärte: „Im Frühjahr 1964 kam der Ostberliner Rechtsanwalt Vogel im Auftrage des damaligen Generalstaatsanwaltes Dr. Streit in Ostberlin in mein Büro und erklärte,
daß er bevollmächtigt sei, 650 politische Häftlinge zur Entlassung anzubieten. Und zwar würden es sogenannte ‚Langzeiter'
sein, daß heißt, Häftlinge, die mehr als zehn Jahre Haft zu verbüßen hatten. Allerdings müsse der Schaden gut gemacht werden, den die Häftlinge dem System angetan hätten. Und zwar in
Geld."

Dr. Erich Mende berichtete dem Interviewer daß für jeden
der Häftlinge – je nach Dauer der zu verbüßenden Haftzeit –
zwischen 40000 und 50000 DM verlangt würde. Er versi-
cherte, daß sie es abgelehnt hätten, Bargeld zu geben, daß sie
aber um der Menschlichkeit willen bereit gewesen seien, die entsprechenden Summen in Waren aller Art zu leisten. Die ersten
50 Millionen DM seien „in Form von Butter, Rohkaffee, Arzneimitteln, Südfrüchten, Düngemitteln und anderen Waren gezahlt" worden.

Die Einzelheiten wurden mit allen drei Fraktionen des Bundestages abgesprochen und auch dem Bundeskanzler vorgelegt
und letztlich dem Finanzminister zur Abwicklung übergeben.
Bedingung Ostberlins war es, diesen Menschenverkauf „unter
der Decke" zu halten. Die DDR-Mächtigen erklärten lako-
nisch: „Das Bekanntwerden der Aktion bedeutet zugleich auch
ihr Ende."

Der Minister für Gesamtdeutsche Fragen und seine Mitarbeiter fuhren zu den Chefredakteuren verschiedener großer Zeitungen und baten darum, dieser Forderung Ostberlins zu will-
fahren, um nicht die Rettung der Häftlinge zu gefährden. Bis
zur Bundestagswahl des Jahres 1965, in der Ludwig Erhard wie-
dergewählt und Erich Mende als Vizekanzler zugleich auch das

Ressort Gesamtdeutsche Fragen behielt, waren auf diese Art und Weise insgesamt 4000 politische Häftlinge nach Westdeutschland entlassen worden. Dafür kassierten die DDR-Stellen 198 Millionen DM.

Bereits damals argwöhnte Minister Mende, „daß die DDR ein Dauergeschäft daraus machen" könnte. Er sollte sich nicht getäuscht haben. „Die Sache", so Erich Mende, „sollte beendet werden", um nicht die DDR dazu zu reizen, sich immer wieder neue politische Häftlinge zu verschaffen, um ein Dauergeschäft in Gang zu bringen, bei dem sie ihrerseits nur mißliebige Feinde der Demokratischen Republik los wurde.

Dr. Mende weiter dazu: „Ein kommunistischer Zwangsstaat ist einer öffentlichen Meinung keine Rechenschaft schuldig. Die können sich jede Eskapade ohne Rücksicht auf Menschlichkeit leisten. Wir nicht!"

Eine weitere Maßnahme entmenschter SED-Schergen war die zu Ende des Jahres bekanntgewordene Zwangsadoption von Kindern inhaftierter oder geflüchteter Eltern. So wurden Klaus Dieter Hilse und seine Frau Lieselotte am 19. September 1971 in Ostberlin festgenommen und zu jeweils einem Jahr Haft verurteilt, ehe sie gegen „Bares" in die BRD abgeschoben wurden. Ihre drei Kinder mußten sie in der DDR zurücklassen. Erst im November 1974 wurde die Ausreise des elfjährigen Sohnes zu seinen Eltern genehmigt. Sieben Monate später konnte der 12jährige Enrico seine Eltern wiedersehen.

Die Tochter Karola allerdings war inzwischen zur Adoption freigegeben und auch adoptiert worden. „Die Eltern haben sich nicht um das Kind gekümmert", wurde verlautbar, obgleich diese mindestens 50 mal auch um Freilassung ihrer Tochter schriftlich an alle Staatsstellen und sogar an Erich Honecker herangetreten waren.

Die endlose Kette der Verhaftungen ging ebenfalls weiter. Nichts hatte sich geändert. Wie sollte es auch? Damit einher lief eine immer mehr gesteigerte Hetze gegen Westdeutschland, ohne die Sehnsucht der DDR-Bürger nach diesem Deutschland zum Erlöschen zu bringen. Der ZK-Ideologe Herrmann schlug dabei Tonarten an, die jedes Fingerspitzengefühl vermissen ließen. Als Chef des „Neuen Deutschland" war er bereits vorher ein getreuer Diener seines Herrn gewesen, der Honecker hieß. Doch die Flut der negativen Ereignisse in der DDR, die nach außen drangen, erschütterten nun auch Honeckers Stellung trotz aller Erfolge in der Außenpolitik, die ihn andererseits selbst im Westen zu einem geachteten Staatsgast machten. Ein verschwindend kleiner Teil der Intellektuellen, die nicht das Brot des SED-Staates aßen, mußten die DDR verlassen. Die Ausbürgerung des Barden Wolf Biermann schlug hohe Wellen. Im freien Westen prangerte dieser die Verhältnisse in seiner ehemaligen sozialistischen Heimat an: „Ich kenne genug Menschen, die im Stasi-Knast saßen und gefoltert wurden. Solche reden mit Abscheu von der Stasi, mit Bitterkeit, mit Verachtung und traurigem Spott ... Es ist die Scham über die eigene Schwäche, das Entsetzen über die eigene Feigheit, Wut über die eigene Mordsgeduld mit diesen Mördern. ... Wie viele Liebende haben einander im Stich gelassen, wie viele Freunde einander verraten. In vierzig Jahren kommt allerhand Schäbigkeit zusammen ... Das flächendeckende Spitzelsystem des SSD funktionierte nicht ohne die gelegentliche Mitmacherei des Bespitzelten. Die verdrängte Scham des gelernten Untertanen über seine selbstverschuldete Unmündigkeit brach sich schließlich Bahn. Die Menschen sind von innen mindestens so kaputt, wie ihre Häuser." (Siehe Biermann, Wolf: Das wars: Klappe zu, Affe lebt, in „Die Zeit", 2. März 1990).

Daß es aber nicht nur Duckmäuser und Mitläufer gegeben hat, ist durch die vielen Terrorurteile gegen alle jene verbürgt, die sich zu Wort gemeldet haben. Auch durch jene beiden Pfarrer, die mit ihrem eigenen Feuertod ein Fanal zu setzen versuchten, als ihre Kirche sich taub und blind und stumm stellte.

Fanale des Todes

Als die evangelische Kirche von Sachsen dem spätberufenen Theologen Oskar Brüsewitz im Dorf Rippicha 1970 die erste Pfarrstelle gab, versuchte Pfarrer Brüsewitz für diese kleine Gemeinde so etwas wie ein Vorbild zu werden. Nur etwa 10 Kilometer von der alten Bischofsstadt Zeitz entfernt, verlief in Rippicha das Leben noch verhältnismäßig ruhig. 200 Menschen galt es geistlich zu betreuen.

Pfarrer Brüsewitz predigte Sonntags von der Kanzel, er machte Hausbesuche und nahm sich der Alten und Schwachen an. Er legte einen Gemüsegarten am Pfarrhaus an, pflanzte Kartoffeln, züchtete Schafe und Kaninchen, wurde einer der Bewohner dieses Dorfes.

Als Mann Gottes legte er sich sehr bald mit dem auch hier anwesenden Staatssicherheitsdienst an, als er verkündete, daß der Mensch keinen Kommunismus brauche, sondern auf das Reich Gottes warten müsse. Er geißelte die Mißstände, wurde insgeheim von wohlmeinenden Bürgern gebeten, „in den Westen ‚rüberzumachen‘“, weil er auf der „Liste“ stehe.

Hilfe erhielt er nicht. Auch nicht von seinen Kirchenoberen. Die hielten sich weise zurück, als Pfarrer Brüsewitz sich mehr und mehr in die Fallstricke des SSD verhedderte. Pfarrer Brüsewitz wurde beschimpft. Anonyme Briefe flatterten in sein Haus, daß man ihn auch bald holen werde. Er spürte die Isolation und er spürte auch, daß es nun bald so weit war, ein Zeichen zu setzen. Er hatte versucht, mit Worten gegen die erzwungene Sprachlosigkeit seiner Mitbürger gegenüber dem SED-Staat anzugehen. Nun aber mußte er ein größeres Zeichen setzen, gewissermaßen ein Fanal.

Am 18. August 1976 setzte er dieses Zeichen.

Mit seiner Tochter Dorothea (die nichts von der Absicht ihres Vaters ahnte) fuhr Pfarrer Brüsewitz am Vormittag des 18. August 1976 nach Zeitz. Er hielt auf dem Platz vor der Michaelis-Kirche, stieg aus und entfaltete ein Transparent. Die erstaunt stehenbleibenden Menschen lasen den Text:

„Die Kirchen klagen den Kommunismus wegen
der Unterdrückung der Jugend an!“

Dann goß der Pfarrer aus einem mitgeführten Kanister Benzin über seinen Kopf und über das Auto und zündete ein Streichholz an. Sekunden darauf stand Oskar Brüsewitz in Flammen.

Mit schwersten Verbrennungen wurde er in das Krankenhaus Halle-Döhlau geschafft. Hier starb er vier Tage darauf am

22. August 1976 auf der Intensivstation. Er war dort rund um die Uhr von Staatssicherheitsbeamten bewacht worden. Die Familie, die ihn besuchen wollte, wurde abgewiesen. Nicht einmal den Toten durften sie ein letztesmal sehen. Einer der ihn behandelnden Ärzte berichtete der Tochter des durchs Feuer gegangenen Pfarrers, daß Oskar Brüsewitz immer wenn er bei Bewußtsein war, gesungen habe.

Die Tochter Esther, die ihr Abitur mit der Note 1 bestanden hatte und Medizin studieren wollte, erhielt keinen Studienplatz. Sie war nicht linientreu genug, war weder in der FDJ noch in der SED. Sie hatte natürlich auch nicht die Jugendweihe bekommen, sondern war christlich konfirmiert worden. Der Staatssicherheitsdienst nahm sich die überlebende Familie Brüsewitz, die Witwe des Pfarrers und die beiden Töchter Esther und Dorothea vor. „Was die Stasi damals mit mir angestellt hat, war schlimm", berichtete Esther 14 Jahre später. „Wenn ich diesen Leuten nicht hätte vergeben können, wäre ich anders geworden."

Pfarrer Oskar Brüsewitz hatte versucht, die Würde des Menschen für alle zurückzugewinnen. Er wollte ein Fanal gegen das Böse an sich – den SED-Staat – setzen. War er damit erfolgreich?

Vordergründig schien dies nicht der Fall gewesen zu sein, denn anläßlich seiner Beerdigung rang sich die evangelische Kirche nur zu dem Bekenntnis durch, daß sie sich von „ihrem Bruder nicht distanziere". Sie trat auch nicht der eilfertig von den Schreibern des „Neuen Deutschland" veröffentlichten Version entgegen, daß Oskar Brüsewitz ein Geisteskranker gewesen sein soll.

Oskar Brüsewitz wurde in der DDR totgeschwiegen. All, die sich mit seinem Leben und Sterben befaßten, wurden bespitzelt. Und so starb er wirklich. Unbekannt auch bei jenen Menschen, für die er das flammende Fanal setzte.

Zwei Jahre später brannte ein zweiter Pfarrer in Falkenstein, 30 km von Greitz entfernt. Sein Feuertod wurde überhaupt totgeschwiegen. Nicht einmal das „Neue Deutschland" berichtete über einen weiteren „Geisteskranken".

Pfarrer Rolf Guenter war bei der Jugend von Falkenstein nicht nur geachtet, sondern wurde von ihr geliebt. Er wanderte mit seinen Jungen und fällte Bäume, um den Alten und Schwachen Feuerholz zu verschaffen. Auch er wandte sich gegen das Verschweigen der SED-Verbrechen. Er wollte die Gemeinde zu Christus führen und eckte immer wieder an.

Am 17. September 1978 hielt er – wie immer – in der Kirche seinen Gottesdienst. Nach dem Glaubensbekenntnis, das die gesamte Gemeinde sprach, ging er nicht auf die Kanzel, um die Predigt zu halten, sondern zunächst in die Sakristei. Dort übergoß er sich mit Benzin. Aus der Sakristei heraus schritt er zum Altar zu dessen beiden Seiten Kerzen brannten. Als er nahe genug herangekommen war, sprang buchstäblich eine Stichflamme empor und schlug über ihm zusammen.

„Binnen weniger Sekunden war er ein einziger Feuerball. Ich bin zu ihm hingelaufen und habe einen Teppich über ihn geworfen", berichtete der Friedhofsverwalter Keppschul, der dem Gottesdienst beiwohnte. Pfarrer Rolf Guenter war tot.

Die Kirchenoberen und das Landeskirchenamt sprachen ihm politische Motive zu dieser Tat ab. Die anderen Pfarrer der Gemeinde sagten aus, er sei psychisch krank gewesen. Aber das wurde von vielen mißliebigen DDR-Bürgern gesagt, ehe sie in den Haftanstalten verschwanden. Sein Freund, Edwin Keppschul, bestätigte, daß er „niemals geisteskrank" gewesen sein konnte. Er kannte ihn.

Aber es war einfacher, einen Geisteskranken zu vergessen als immer und ewig an diesen zweiten Mahner im Feuer denken zu müssen. Der Feuertod dieses Pfarrers wurde aus dem offiziellen Munde der Kirchenoberen „nicht so sehr als ein politisches, sondern als ein geistiges Fanal" gesehen. Bischof Hempel setzte noch einen drauf, indem er von einer „innergemeindlichen Frömmigkeitsspaltung" sprach, was immer auch das gewesen sein könnte, und daß Pfarrer Guenter eine „nicht einfache Persönlichkeit gewesen" sei.

Zwei Menschen wollten mit ihrem Feuertod in der DDR ein Zeichen setzen. Sollen beide gescheitert sein?

Evangelischen Widerstand gegen den SED-Staat hat es also doch gegeben, aber nicht von *der* Seite, die hätte vorangehen müssen. Die evangelische Kirche, die sich heute nicht genug tun kann mit dem, was sofort geschehen müsse, hatte seinerzeit Gelegenheit ihre ganze Macht für lebenswerte Zustände in die Waagschale zu werfen. Sie hat versagt!

Die beiden Feueropfer des SED-Staates sollten verketzert werden. Zu Wahnsinnigen wollte man sie stempeln, einmal von Seiten des Staates, zum anderen Male von der Kirche. Wie brutal und menschenfeindlich mußte ein Staat sein, daß sich seine Untertanen dem Feuertode überantworteten, nur um ihre eigenen Landsleute wachzurütteln!

Die Ära Honecker – bis zum Untergang

Eine Wachablösung

Am 3. Mai 1971 fand in der DDR die große Wachablösung statt. Auf der 16. Tagung des ZK der SED bat Walter Ulbricht „aus Altersgründen" um „seine Entlassung aus dem Amt als erster Sekretär der SED". Daß dies nicht aus Altersgründen geschah, sondern daß dieser „freie Entschluß" unter starkem Druck von Seiten seines Nachfolgers und dessen Helfer geschah, ist Insidern klar gewesen. Lediglich die Bürger der DDR waren überrascht, nicht so ihre Führung.

Ulbricht war der sowjetischen Führung bis zu diesem Zeitpunkt ständig unbequemer geworden. Er störte die Politik der UdSSR, die sich auf einen Status quo in Europa eingestellt hatte, mit der Teilung dieses Erdteils in eine westliche und eine östliche Interessensphäre. Auch in der DDR mußte man nunmehr „reinen Tisch" machen und für den VIII. Parteitag im Juni des Jahres gerüstet sein. Auf alle Fälle hatten die Sowjets nach der Teilnahme einer Delegation des ZK der SED unter Führung von Walter Ulbricht am XXIV. Parteitag der KPdSU in Moskau vom 30. März bis zum 9. April 1971 erneut feststellen müssen, daß Ulbricht zu „halsstarrig" war.

Es galt, einen Mann zu finden, der immer und während aller Wendungen und Korrekturen die sowjetische Europapolitik vertrat und keinen Schritt vom „rechten" – lies sowjetischen Weg – abging.

Dieser Mann war Erich Honecker. Noch auf der ZK-Tagung ging Honecker zur Sache und vergatterte die SED auf die Gefolgstreue zur UdSSR. Bei Staats- und Parteichef Breschnew war Honecker in guter Erinnerung. So konnte er mit Hilfe des Kreml die Führung an sich bringen.

Der am 25. August 1912 in Neunkirchen an der Saar geborene Honecker, der das Dachdeckerhandwerk erlernt und es nach einem Studium auf der Lenin-Schule in Moskau zum Funktionär im Kommunistischen Jugendverband gebracht hatte, wurde 1935 verhaftet, zwei Jahre später verurteilt und ins Zuchthaus geschickt. 1945, aus dem Zuchthaus entlassen, avancierte er zum Jugendsekretär. Sein erster Leitartikel erschien am 7. Juli 1945 in der Deutschen Volkszeitung. Die Kernsätze desselben lauteten: „Eine einzige und freie deutsche Jugendbewegung, das ist Wunsch und Ziel aller, denen die Zukunft unseres Volkes am Herzen liegt."

Als Mitglied und Jugendsekretär des ZK der KPD – ab Februar 1946 der SED – war Honecker ab 1945 tätig. 1946 avancierte er zum Leiter des Organisationskomitees und 1. Vorsitzenden der am 7. März 1946 aus den 1945 errichteten antifaschistischen Jugendausschüssen gegründeten Freien Deutschen Jugend. In der FDJ wurden alle Jugendlichen der DDR ab dem 14. Lebensjahr zusammgefaßt und im Sinne der SED erzogen. Eine weitere Jugendbewegung gab es nicht.

Neun Jahre lang sollte Erich Honecker diesen Jugendverband führen. Er verkündete jene Thesen, die den Haß der jungen DDR-Bürger gegen alle Weststaaten schürten: „Wer vom Ami frißt", verkündete er, „der stirbt daran!"

Der 17. Juni 1953 bewahrte Ulbricht und seinen getreuen Vasallen Honecker vor der Ablösung, die unmittelbar bevorstand. Ein Jahrzehnt lang war Erich Honecker der „Chef" der „Blauhemden". Darüber hinaus wurde er 1950 Mitglied des Politbüros und amtierte ab 1958 als Sekretär des Zentralkomitees der SED.

Wo auch immer die Partei zusammentraf, war Honecker dabei. Zu den Delegationen in die sozialistischen Länder wurde er abgeordnet. Was es an anderen Auslandsreisen, Staatsempfängen, Paraden oder weiteren Möglichkeiten der Kommunikation mit Staatsmännern oder Parteifunktionären gab, Honecker war dabei. Er war dann auch ohne Wissen seines Obersten Chefs Ulbricht mit einer Gruppe seiner Günstlinge, auf die er sich blind verlassen konnte, 1970 nach Moskau gereist, um gegen Ulbricht zu intrigieren und seinen „Parteifreund und Gönner" abzuservieren.

Ulbricht war nicht gewillt die unter Breschnew begonnene neue Politik der Abgrenzung und der Zurücksetzung aller deutsch-deutschen Interessen zu honorieren und die Zeche zu zahlen. Er hatte die Mahnung erhoben, nicht in die Defensive zu gehen, wenn es um nationale Fragen ging. Anders Honecker, der den Sowjets totale Treue zusicherte. Honecker hatte die richtige Kurve gefunden und war voll in die neue sowjetische Linie eingeschwenkt. Sein Lohn war der Posten des Staatsratsvorsitzenden.

Am 15. Juni 1971 begann in Ostberlin der VIII. Parteitag der SED. Über 2000 Delegierte aus allen sozialistischen Ländern bejubelten den neuen Chef im Staatsrat, Erich Honecker. Walter Ulbricht verschwand übergangslos in der Versenkung. Der neue Mann war Honecker und dieser erklärte auf dem Parteitag, seinem ersten großen Sieg: „Wir kennen nur ein Ziel, das die gesamte Politik unserer Partei durchdringt: alles für das Wohl des Menschen und für das Glück des Volkes zu tun, für die Interessen der Arbeiterklassen und aller Werktätigen einzustehen! Das ist der Sinn des Sozialismus. Dafür arbeiten und kämpfen wir!"

Von den idealistischen Forderungen, die Ulbricht erhoben, aber nie durchgeführt hatte, nahm man überstürzt Abschied. Honecker ging daran, den SED-Staat weiter zu etablieren. Die 25 Jahre der Herrschaft von Walter Ulbricht waren vorüber. Nur einmal machte Ulbricht noch von sich reden, als Staatssekretär Otto Gottsche Anfang 1972 auf der ersten Sitzung des ZK der SED den ehrenamtlichen Vorsitzenden der SED, Ulbricht, hochleben ließ und alle dazu aufforderte, mit ihm gemeinsam auf die Einheit Deutschlands zu trinken, die Ulbricht immer verfochten hatte.

Walter Ulbricht wurde – schwer erkrankt – wenige Wochen später von Erich Honecker in seinem Heim besucht. Honecker führte eine Abordnung des Politbüros an. Beide Streiter für den Sozialismus hatten sich nichts mehr zu sagen. Walter Ulbricht starb am 1. August 1973 in Ostberlin. Zum letztenmal versammelte sich die SED-Prominenz an seinem Grabe, mit dessen Zuschüttung auch der Name Ulbricht für immer begraben werden sollte.

Volkseigentum – Anerkennung der DDR

Hinter den Kulissen dieser spektakulären Ereignisse auf der Politszene der DDR ging es der DDR-Wirtschaft noch einmal an den Kragen. Nachdem 1956 das System der halbstaatlichen Betriebe eingeführt worden war und sich ihre Zahl bis zum Jahr 1969 auf 6000 vervielfacht hatte, wurden schlagartig alle 6000 halbstaatlichen und die 5500 privaten Betriebe in „Volkseigentum" übergeführt. In diesen Betrieben waren 600 000 Arbeiter und Angestellte beschäftigt. Die Erzeugung betrug im Jahr 27 Milliarden Mark.

Der „Erfolg" dieser Aktion, in deren Zusammenhang auch die Zulieferbetriebe einbezogen wurden, womit die geforderte „ökonomische Zentralisierung" erreicht war, bestand darin, daß nun auch die letzte Einzelinitiative abgewürgt wurde.

Auf politischer Bühne begannen im Juni 1972 die Verhandlungen über einen Grundlagenvertrag zwischen der DDR und der BRD. Die Verhandlungen wurden im Eiltempo absolviert, obgleich es hier um die Zukunft des deutschen Volkes als Ganzes ging. Man verhandelte angeblich um Entspannung. Gemeint war die Erhaltung der beiden deutschen Staaten, die Betonierung des Status quo. Was geplant war, lautete: „Die Kapitulation der deutschen Wehrmacht im Mai 1945 sollte nun mit der nachgelieferten Kapitulation des deutschen Volkes gekrönt werden. Deutschland sollte für immer auf die Wiedervereinigung seiner getrennten Teile verzichten."

Sechs Monate lang wurde verhandelt und zu jeder Stunde dieser Verhandlungen waren die Sowjets über alle deutschen Gespräche und internen Verhandlungen voll informiert. Im Bundeskanzleramt saß der Superspion der DDR, Guillaume. So konnte es nicht ausbleiben, daß die Sowjets bis zum Schluß hoch pokerten, denn sie kannten das „Blatt" der Bundesrepublik Deutschland.

Als der Grundlagenvertrag im Dezember 1972 unterzeichnet wurde, hatte die DDR alles erreicht, um was sie Jahrzehnte vergebens gekämpft hatte. In diesem Vertragswerk heißt es: „Es sollen normale, gutnachbarliche Beziehungen zueinander auf der Grundlage der Gleichberechtigung entwickelt werden."

Die immer wieder bestrittene Souveränität der DDR war damit vollzogen. Das liest sich im Vertragstext folgendermaßen: „Die Bundesrepublik Deutschland und die Deutsche Demokratische Republik gehen von dem Grundsatz aus, daß die Hoheitsgewalt jedes der beiden Staaten sich auf sein Staatsgebiet beschränkt. Sie respektieren die Unabhängigkeit und Selbständigkeit jedes der beiden Staaten in seinen inneren und äußeren Angelegenheiten."

Damit war auch die „Demarkationslinie" zwischen Deutschland und Deutschland anerkannt. Als Feigenblatt und Verschleierungsvehikel hatte sich die BRD in einem „gesonderten Brief zum Vertragswerk festzustellen beehrt, daß „dieser Vertrag nicht im Widerspruch zu dem politischen Ziel der Bundesrepublik Deutschland steht, auf einen Zustand des Friedens in Europa hinzuwirken, in dem das deutsche Volk in freier Selbstbestimmung seine Einheit wiedererlangt".

Von sofort an mußte nicht – wie vorher zwingend vorgeschrieben – in allen Gesprächen und Zitierungen „sogenannte" DDR gesagt werden. Das „sogenannte" konnte entfallen. Die Zweistaaten-Theorie war zur Praxis zweier Staaten geworden und alle Welt sah dies als Sanktionierung der bestehenden Umstände an.

Die DDR und die BRD hatten nach den Worten von Egon Bahr „Staat gespielt". Die Staatssekretäre Bahr und Kohl hatten das Unmögliche möglich gemacht. Die Führungen beider Seiten hatten dem durch ihre Unterschriften zugestimmt. Nach der Unterzeichnung am 21. Dezember 1972 trat dieser Vertrag der Spaltung am 21. Juni 1973 in Kraft. Fernseh- und Pressekorrespondenten wurden in der DDR und der BRD akkreditiert. Eine Grenzkommission hatte die Innerdeutsche Grenze zu markieren und am 18. September 1973 wurden beide deutsche Staaten in die UNO aufgenommen und anerkannten die „Menschenrechtsakte der Vereinten Nationen".

Wilhelm Stoph wurde am 3. Oktober 1973 zum Vorsitzenden des Staatsrates ernannt, Horst Sindermann avancierte zum Vorsitzenden des Ministerrates, und am 5. November servierte die DDR der BRD eine neues „AS", indem sie die Mindestumsätze für Besucher aus den nichtsozialistischen Ländern verdoppelte.

Der 2. Mai 1974 sah die Eröffnung der Ständigen Vertretungen in Bonn und Ostberlin, das Ostgeld mauserte sich zur „Mark der DDR" und im „Gesetz zur Ergänzung und Änderung der Verfassung der DDR vom 7. Oktober 1974" wurde durch die Volkskammer der Begriff „Deutsche Nation" gestrichen. Nach dem Rücktritt Otto Winzers als Außenminister der DDR wurde Oskar Fischer dieses Amt übertragen. Am 1. August erfolgte die Unterzeichnung der Schlußakte des KSZE-Gipfelkonferenz in Helsinki für beide deutsche Staaten. Die Gespräche zwischen Bundeskanzler Helmut Schmidt und Staatsratsvorsitzendem Erich Honecker gestalteten sich „zufriedenstellend".

Die Parteidiktatur der SED über die DDR hinderte keinen Staat der Erde daran, nunmehr mit der DDR diplomatische Beziehungen aufzunehmen. Zwar waren die Menschenrechte verbrieft und in der UNO auch von der DDR beschworen worden, doch die Wirklichkeit im SED-Staat wurde dieser hehren Auffassung in keiner Weise gerecht. Nunmehr stellte die Staatsführung der DDR sogar das Absingen der Nationalhymne unter Strafe, weil deren vierte Zeile „Deutschland einig Vaterland!" lautete. Das war der Höhepunkt einer schizophrenen Haltung und der eine Irrsinn.

Darauf sattelte die bereits genannte Korrektur des Artikels 1 der DDR-Verfassung noch einen drauf, denn darin hieß es nunmehr: „Die Deutsche Demokratische Republik ist ein sozialistischer Staat der Bauern und Arbeiter." Damit war alles, was auch nur mit einem Wort an Deutschland oder an Einheit erinnerte, aus der DDR-Geschichte getilgt. In den Herzen der Menschen aber sah es ganz anders aus.

Die DDR-Medien unter Honecker

Um die Arbeit der Medien auf einen Nenner zu bringen, hatte das ZK der SED eine Agitkommission eingesetzt. Diese tagte einmal in der Woche und gab ihre Anweisungen bekannt, die dann an die Chefredakteure weitergegeben wurden, die sich im Presseamt versammelt hatten. Diese schrieben dann im vorgegebenen Sinne.

Damit waren alle Medien fest in die Kontrollorgane der SED eingebunden. Als offizielles Sprachrohr nach außen diente das Allgemeine Deutsche Nachrichtenbüro ADN. Das Politbüromitglied und gleichzeitg der Sekretär des ZK, Albert Norden, war Leiter der Agitation. Er war es, der über ein Jahrzehnt jene Hetzparolen ausgab, die eilfertig von deutschen Medien bestimmter Färbung übernommen und verbreitet wurden, ohne daß auch nur die geringste Überprüfung der „Fakten" vorgenommen worden wäre.

So wurde auch Heinrich Lübke, nachdem er Bundespräsident geworden war, von diesem Herrn mit Schmutz beworfen. Daß die Baracken, die auf Initiative Heinrich Lübkes von einem Architekten erbaut worden waren, nicht für ein Konzentrationslager, sondern als Gärtner-Gerätehaus für einen Stadtpark in Deutschland bestimmt waren, erfuhren die Moderatoren in Fernsehen und Funk natürlich auch, aber sie haben ihre Anklagen gegen das deutsche Staatsoberhaupt nie zurückgezogen.

Auf die gleiche Art und Weise wurden Globke und Oberländer, Kiesinger, Filbinger und viele andere exponierte Politiker verunglimpft, ohne daß nach Bekanntwerden der Wahrheit jemals eine Richtigstellung erfolgt wäre. Gekonnte und von den Westmedien übernommene Fälschungen wurden mit „riesigen Sauf- und Freßgelagen im DDR-Presseamt gefeiert". (Siehe Berg, Hermann von: Vorbeugende Unterwerfung)

Den Herren Norden und Schnitzler fiel es nicht schwer, der BRD den Stempel „Nazideutschland" aufzuprägen, weil die deutschen Medien nur zu begierig waren, diese Anschuldigung so oft und so breit wie möglich zu verkünden. Die „Antifaschisten" in Ostberlin, die an dieser Meinungsmache drehten, waren in Wahrheit die alten unverbesserlichen Nazis. So auch der Chef des DDR-Presseamtes Blecha.

Lediglich jene Akte, die über Fritz Erler angelegt worden war, gab Norden zunächst an von Berg weiter, der Erlers Aussagen vor der Gestapo las und sie für so brisant hielt, daß er sie mit Nordens Billigung dem Chef der Senatskanzlei des Westberliner Senats, Dieter Spangenberg, übergab. Dieser reichte sie an Willi Brandt weiter, der diese Akte behalten wollte.

Norden war dies nur zu recht. Dazu von Berg: „Als er [Norden] dies hörte, höhnte er: Sehr gut, wenn es in einigen Jahren paßt, geben wir Brandts potentiellem Nachfolger die Brandt-Akte im Auszug, wo der geile Sack, der sich von Schütz und Co. nur Weiber zutreiben läßt, 1946 bei uns anfragte, was er werden kann wenn er in der SED mitzieht." (Siehe Berg, Hermann von: Seite 146–147 a. a. O.)

Albert Norden, Sekretär für Agitation im ZK, ließ sich aus dem Fond des Gesamtdeutschen Ministeriums eine Unmenge neuer Bücher aus dem Westen beschaffen, um über alle Dinge auf dem laufenden zu sein. Norden war es auch, der einen beiderseitigen Zeitungsaustausch vorschlug, obwohl er wußte, daß dies überhaupt nicht möglich war. Er wollte das „Neue Deutschland" nach dem Westen schaffen, und der Westen sollte „Die Zeit", die ihm am ungefährlichsten schien, herüberschikken.

Unter ihm arbeiteten neben Blecha auch die Exnazis Karl Eduard von Schnitzler und Frankenberg. Sie gaben sich zwar alle als Widerstandskämpfer aus, hatten aber als Absolventen der NAPOLA oder als Mitarbeiter der Propagandakompanie eifrig für die andere Seite „gepinselt", bis sie es für nötig fanden, sich ein neues Image als Widerstandskämpfer zu schneidern.

Norden war es auch, der Herbert Wehner diffamierte, als dieser zu einem Redneraustausch nach Ostberlin kommen wollte. Er ließ verbreiten, daß der SSD Wehners Sicherheit nicht garantieren könne, weil viele SED-Genossen als Opfer seines Verrates von ihm der Gestapo ausgeliefert worden seien: „Diese würden ihn umlegen, falls er käme!" (Siehe Berg, Hermann von: a. a. O.)

Hier ist festzuhalten, daß es nicht Wehner war, der diesen Verrat übte, sondern die KPD-Führung selber, die mit Stalin gemeinsam alle ihm unbequemen Genossen an die Gestapo verrieten, um sie für immer los zu sein.

Nordens Vertreter und persönlicher Sekretär Lamberz, der die Delegation der DDR-Journalisten vorbereitete, welche die Begegnung Stoph-Brandt in Kassel begleiten und für das „Neue Deutschland" berichten sollten, schärfte allen Journalisten ein, daß sie „in Feindesland fahren". Er selber, Zögling der NA-POLA, riet seinen Kumpanen, „die Geschwätzigkeit, die Wichtigtuerei und die Geldgier dieser verkommenen Sauf- und Hurenböcke, die dort in der Presse tätig sind", auszunutzen, wo immer dies möglich sei. Damit könnten sie am besten „am beschleunigten Untergang der Bourgeoisie mitarbeiten".

Der Leiter der Sicherheitsgruppe fühlte sich darüber hinaus bemüßigt, zu warnen: „Jeder Verräter stirbt. Es gibt Autounfälle genug. Die Weisung ist klar und die Warnung auch." Als ob dies nicht jedem Anwesenden bekannt gewesen wäre.

Wie aber war es nach dem Amtsantritt des „Ersatzrussen" Honecker mit den Menschenrechten in der DDR bestellt? Hörten die Drangsale der Bevölkerung auf? Wurde der Staat zum Hüter seiner Menschen, oder blieb er weiter nur ihr Kerkermeister?

Die „große Amnestie" vom Oktober 1972

In einem Zeitungsinterview gab Erich Honecker am 25. November 1972 bekannt, daß sich vor der Amnestie 30 564 Strafgefangene und 7162 Untersuchungshäftlinge in DDR-Gewahrsam befunden hätten. In der großen Amnestie vom Oktober anläßlich des 23. Gründungstages der DDR wurden 25 351 Strafgefangene entlassen und von den 7162 Untersuchungshäftlingen 6344 in Freiheit gesetzt.

Von allen Inhaftierten waren etwa 6000 politische Häftlinge.

Bis zum Jahre 1975 befanden sich bereits wieder 37 000 Häftlinge in Staatsgewahrsam. Unter ihnen 7000 politische, womit der Stand vor der Amnestie wieder erreicht war. Die Situation der politischen Häftlinge aber hatte sich noch unbarmherziger und unmenschlicher verschärft. Es waren vor allem die Fluchthelferprozesse, die nach dem Paragraphen 105 des StGB der DDR als „staatsfeindlicher Menschenhandel" gebrandmarkt wurden. Diese Fluchthilfe hat jedoch nicht das geringste mit Menschenhandel zu tun. Keiner der von Fluchthelfern in den Westen geschleusten Flüchtlinge ist gegen seinen Willen aus der DDR geschafft worden, ganz im Gegenteil! Stets wollten sie die Flucht, weil ihnen eine legale Ausreise aus dem „größten Zuchthaus der Welt" verwehrt war.

Am 5. November 1975 wurde vom Stadtgericht in Großberlin das Urteil gegen die „Menschenhändler" Hetzschold und Runge mit dem Urteilsspruch von sieben und elfeinhalb Jahren Haft abgeschlossen.

Als der Fluchthelfer Rainer Schubert Ende 1975 vor Gericht gestellt wurde, erhielt er 15 Jahre Zuchthaus, weil er für schuldig befunden wurde, „97 Personen bei der Flucht aus der DDR über Transitstrecken ins Bundesgebiet oder nach Westberlin unterstützt" zu haben. Der Sabotage für schuldig erklärte man Schubert, weil er „das DDR-Gesundheitswesen durch die Ausschleusung von 17 Ärzten und 16 medizinischen Fachkräften gezielt geschädigt", habe.

Als der Angeklagte im Beisein einer Reihe westlicher Journalisten darauf hinwies, daß die DDR die „Deklaration der Menschenrechte unterzeichnet" habe, erhob sich keine Stimme für ihn. Auch nicht in der späteren „Ausschlachtung" des Prozesses. Und die Reaktion der Bundesregierung der freien BRD?

Sie ließ durch ihren Sprecher Klaus Bölling erklären, daß die DDR „durch ein derartiges Terrorurteil weiterhin brutal die elementaren Menschenrechte und Grundfreiheiten verletzt" hätte. Aber: sie wolle die „kommerziellen Fluchthilfeorganisationen nicht mit diesen Worten rechtfertigen".

Dies ganz im Gegensatz zu jenen Worten, die Willi Brandt bereits im Jahre 1952 äußerte, als er vor dem Bundestag ausführte: „Wer der Bevölkerung der Sowjetzone Hilfe bringt, macht sich um das Wohl von Volk und Staat verdient!"

Die letzte Phase

Noch im Jahre 1989 ging die Schießerei an der Grenze, gingen Schikanen aller Art weiter. Generalleutnant Klaus-Dieter Baumgarten, der im Juni 1979 Nachfolger von Generalleutnant Erich Peter als Oberbefehlshaber der Grenztruppen geworden war, hatte mit seinen 50 000 Soldaten, darunter 6000 Offiziere, übergenug zu tun.

Die Einführung des neuen Grenzüberwachungssystems im Jahre 1981 veranlaßten den Oberstleutnant und Kommandeur des Grenz-Regiments „Florian Geyer", Klaus-Dieter Rauschenbach, am 2. Juni in die Bundesrepublik überzutreten. Hier wurde er von „seinen Leuten" wieder umgedreht und kehrte am 4. Juni freiwillig (?) in die DDR zurück.

Das von der DDR-Volkskammer am 25. März 1982 verabschiedete Grenzgesetz, das am 1. Mai in Kraft trat, sah die ersten Erleichterungen vor. Im Fernsehen erklärte Erich Honekker, daß damit begonnen werde, die Selbstschußgeräte an der innerdeutschen Grenze abzubauen. Dies wurde denn auch bis Ende November 1984 getan, woraufhin die DDR-Führung knapp ein Jahr später der BRD meldete, daß nunmehr auch die Bodenminen, die viele Menschen so fürchterlich verstümmelt hatten, aufgenommen worden seien.

Damit verband die DDR die Hoffnung, daß nunmehr die Zentrale Erfassungsstelle in Salzgitter abgebaut werden könne. Im Bonner Bundestag wurde dadurch jene beschämende Diskussion ausgelöst, was mit dieser Behörde werden solle. Der DDR stellte man wenig später in Aussicht, daß man sie schließen werde, wenn die DDR den Schießbefehl abschaffen würde.

Im September 1987 besuchte der Staatsratsvorsitzende Erich Honecker die BRD. Alles deutete darauf hin, daß sich die Lage beruhigen werde. Doch entgegen den Beteuerungen Honeckers dauerten die Schikanen weiter an, wurden weiter Menschen in die Zuchthäuser und Strafanstalten eingewiesen. Die „Sperrbrecher" – wie die Flüchtlinge genannt wurden, welche die Metallgitterzäune zu überwinden trachteten – wurden nun bereits weit vor den Sperranlagen im Hinterland gestellt und verschwanden.

Am 6. Februar 1989 knallte es an der Berliner Mauer in Neukölln wieder einmal – zehn Schüsse –, ob Menschen getroffen wurden, blieb ungeklärt.

Die Meldung der Deutschen Presseagentur vom 10. März 1989 beweist, daß DDR-Grenztruppen drei Bewohner von Ostberlin den Weg in den Westen der Stadt an der Demarkationslinie bei Spandau durch Schußwaffengebrauch verwehrten. Von den drei Flüchtlingen wurde einer blutend abgeführt. Am 16. April 1989 ertrank ein 18jähriger Schornsteinfegerlehrling bei dem Versuch, die Spree zu durchschwimmen. Zwei Boote der Grenztruppen verfolgten ihn und seinen Freund.

Dieser Freund bestätigte, daß sie beide kurz vor Erreichen des Ufers von einem Boot der DDR-Truppen erkannt und verfolgt worden seien. Er erklärte: „Als ich mit den Händen zunächst an der Uferböschung abrutschte, war mein Freund noch neben mir. Als ich dann Land unter den Füßen hatte, war mein Freund verschwunden."

Das Absetzen ging weiter. Bürger und Soldaten der DDR verließen fluchtartig ihre Heimat. Bereits im Februar 1989 war Martin Notev durch die Spree schwimmend nach Westberlin geflohen. Schon auf westlichem Ufer wurde er von Grenzsoldaten in einem verfolgenden Patrouillenboot gefaßt und nach Ostberlin verschleppt. Darüber meldete die Frankfurter Allgemeine Zeitung am 21. Juni 1989, daß die drei westlichen Schutzmächte eine öffentliche Stellungnahme abgegeben habe: „Man sei nicht mehr gewillt, diesen völlig unakzeptablen Fall hinzunehmen. Falls nicht eine baldige Lösung zustande komme, werde erwogen, Besuche in der DDR abzusagen."

Die DDR-Grenzsoldaten hatten, indem sie aus dem Boot ausstiegen, das Westufer der Spree betreten, den Flüchtling losgerissen und in das Patrouillenboot geworfen, womit der Tatbestand der Entführung erfüllt war. Martin Notev wurde bereits Ende April zu vier Jahren Haft und zu 40000 Mark Geldstrafe verurteilt. Sein Verteidiger, Rechtsanwalt Vogel, empfahl ihm, auf eine Revision des Urteils zu verzichten, um die Freikaufaktion für ihn nicht zu gefährden. Doch dieser Freikauf fand nicht statt.

Selbst dem britischen Außenminister Howe war es nicht gelungen, in seinem Gespräch mit dem sowjetischen Außenminister Schewardnaze in Wien, den Mann freizubekommen. Die Pariser Menschenrechtskonvention sah einen britisch-amerikanischen Antrag, der ebenfalls negativ beschieden wurde. Nicht Deutschland, sondern Spanien erklärte auf einer EG-Sitzung im Mai 1989, daß dieser Fall sofort bereinigt werden müsse. Der spanische Botschafter, der zu dieser Zeit den Vorsitz im EG-Ministerrat hatte, trug einen Protest „gegen mehrere Fälle von Schußwaffengebrauch an der Berliner Mauer" vor und verlangte die sofortige Freilassung Notevs.

Die Antwort aus der DDR lautete: „Dies ist eine Einmischung in die inneren Angelegenheiten unseres Landes. Wir haben das Recht und die Pflicht, unser Land zu schützen." Dieses Vorkommnis wurde in alliierten Kreisen als „einzigartig böse" verurteilt. Es stehe „im krassen Gegensatz zu den ständigen Verhandlungen zwischen dem Regierenden Bürgermeister von Berlin, Walter Momper, und Erich Honecker über die Verbesserungen in und um Berlin. Man trug vor: „In diesem Jahr (1989) sind bereits mindestens drei Deutsche aus der DDR und Ostberlin bei dem Versuch, die Berliner Mauer zu überwinden, ums Leben gekommen, oder von DDR-Grenzsoldaten getötet worden."

Jene Kommandeure der DDR-Grenztruppen, die an der Grenze befehlsführend waren, sind:

Generalleutnant KLAUS-DIETER BAUMGARTEN – Stellvertreter des Ministers für Nationale Verteidigung und Chef der Grenztruppen sowie Kandidat des ZK der SED.

Generalleutnant GERHARD LORENZ – Stellvertreter des Chefs der Grenztruppen und Chef der Politischen Verwaltung der GT.

Generalleutnant KARL LEONHARDT – Stellvertreter des Chefs der Grenztruppen und zugleich Chef des Stabes derselben.

Generalmajor HEINZ-OTTOMAR THIEME – Stellvertreter des Chefs der Grenztruppen und Ausbildungschef der GT.

Generalmajor GÜNTER GABRIEL – Stellvertreter des Chefs der Grenztruppen und Chef der rückwärtigen Dienste der GT.

Generalmajor JOHANNES FRITSCHE – Kommandeur des Grenzkommandos Nord.

Generalmajor HEINZ JANSHEN – Kommandeur des Grenzkommandos Süd.

Generalmajor ERICH WÖLLNER – Kommandeur des Grenzkommandos Mitte.

Generalmajor HARALD BÄR – Kommandeur der Offiziershochschule „Rosa Luxemburg" der GT in Suhl.

Generalmajor WALTER TANNER – Kommandeur der Unteroffiziersschule „Egon Schultz" der GT in Perleberg.

Sie gaben die Kommandos! Sie erließen die Befehle, auf die hin die Grenztruppen hörten und – schossen.

Das Ende des SED-Staates

Die Fluchtwelle schwappt über

Als ungarische Soldaten am 2. Mai 1989 damit begannen, ihren Grenzzaun zu Österreich abzubauen, sollte dies der Welt gegenüber als Geste dienen, als ein Zeichen, gesetzt zum Signal für alle Völker des Ostblocks. Nun waren auch sie aufgerufen, ihrerseits die Grenzen durchlässiger zu machen und den Frieden an diesen Grenzen wiederherzustellen.

Während die deutschen Druckmedien noch verschiedene Meinungen differenziert zum besten gaben, war dies in der DDR, dort, wo das Volk wohnte – nicht in den Regierungspalästen der SED und in den Zentralen dieses Unrechtsstaates – ein Signal, nicht nur „Sinnbild des Wandels", wie die „Welt" zu berichten wußte und schon gar nicht „eher von nur symbolischer Bedeutung", wie der „Spiegel" dies formulierte, sondern Realität.

Von nun an würde es keine neuen Mauern mehr geben. Jene, die noch standen, würden, mußten fallen. Gemeint waren jene Stacheldraht- und Metallgitterzäune entlang der deutsch-deutschen Grenze von der Ostsee bis hinunter zur Tschechoslowakei. Jene 1378 Kilometer schier unüberwindlicher Palisaden, mit denen 17 Millionen Menschen hinter Zuchthausmauern gehalten wurden.

Diese Menschen waren es, die mit ihren Autos in Zügen und per Anhalter dorthin reisten, wo sich ihnen die Chance bot, ihrem „Heimatland der Bauern und Arbeiter" den Rücken kehren zu dürfen, ohne gleich mit einer Kugel im Rücken liegenzubleiben.

Sie fuhren mit ihren „Trabis", den „Wartburgs", auf Fahrrädern, Mopeds und Motorrädern in Richtung ungarisch-österreichische Grenze. In deren Nähe ließen sie ihre Fahrzeuge zurück, auf die sie in der DDR oftmals ein Jahrzehnt hatten warten müssen. Sie opferten darüber hinaus alles, was sie an materiellen Gütern in der DDR besaßen, nur um 'rauszukommen.

Zwar wurde die Grenze immer noch bewacht, zwar mußten sie auch hier Obacht geben, nicht einer Grenzstreife in die Hände zu laufen, aber man schoß nicht auf sie. Es fiel kein einziger Schuß, obwohl viele Flüchtlinge von den Grenzwachen gefaßt und zunächst mit einem Stempel im Paß ins Land zurückgeschickt wurden. Jene, die mit einem solchen Stempel in die DDR zurückkehrten, erwartete bereits der Stasi. Nach tagelangen Verhören ging es ins Gefängnis.

Ein Großteil der so „Gebrandmarkten" blieb jedoch in Ungarn. Sie suchten Zuflucht in der deutschen Botschaft. Auch in der DDR war es einigen kleineren Gruppen gelungen, in die Ostberliner deutsche Botschaft zu gelangen und in den Westen entlassen zu werden, nachem in Geheimverhandlungen der Preis für sie gezahlt worden war. Inzwischen mußte diese Botschaft aber wegen Überfüllung geschlossen werden. Die Botschaften in Polen, in der CSSR und in Ungarn aber blieben geöffnet.

Bis zum 4. August waren es 150 Personen aus der DDR, die in der deutschen Botschaft in Budapest auf ihre Freilassung warteten. Zwei Tage darauf war ihre Zahl auf 200 angewachsen. In diesem Bauwerk aus dem 19. Jahrhundert waren die sanitären Einrichtungen nicht einmal für 50 Personen sichergestellt. Manche der Räume in dem Palais waren nur bis zu 15 Quadratmeter groß. Es gab im gesamten Haus zwei (!) Toiletten. Hinzu kam, daß die DDR-Bürger bei ihrer Flucht alles behindernde Zeug weggeworfen oder in den Pensionen zurückgelassen hatten.

Der deutsche Botschafter und sein Personal halfen nach Kräften. Der Bundesgrenzschutz wurde eingeschaltet, um für die Menschen, deren Zahl sich von Tag zu Tag mehrte, einzukaufen. Von Windeln für die mitgenommenen Kleinkinder bis zum Anzug und Spielsachen mußte alles beschafft werden. Am 13. August mußte auch die Botschaft in Budapest geschlossen werden, weil es einfach nicht möglich war, auch nur noch einen Menschen aufzunehmen. Die Stimmung stand auf dem Siedepunkt. Noch kämpfte die ungarische Regierung mit sich und mit ihren Freunden. Noch erschien ihr das Risiko eines Alleinganges in dieser Sache zu groß.

Am 19. August entschied sich alles scheinbar von allein, als Otto von Habsburg, Sohn Kaiser Karls I. von Österreich und Erbe aller Ansprüche seines enteigneten Vaters, ein Friedenspicknick an der ungarisch-österreichischen Grenze veranstaltete. Er wollte damit im Namen der „Paneuropa Union", der er vorstand, ein Zeichen zum Frieden setzen. Bei Sopron sollte das große Fest gestaltet werden. Als die noch immer zu Hunderten in Ungarn sitzenden Flüchtlinge davon erfuhren, reisten sie in Taxis und in Freundeswagen an.

Als dann ein hölzernes Grenztor für eine nach Österreich gehende ungarische Delegation geöffnet wurde, drückten Hunderte Bürger der DDR nach. Sie riefen in Sprechchören jenen Satz, der von da an zum Fanal wurde: „MACHT DAS TOR AUF!"

Auf der österreichischen Grenze versuchten die dort wartenden Delegierten den Strom zu stoppen und das Tor wieder zu schließen. In dieser Sekunde, da alles auf des Messers Schneide stand, geschah es. Die ungarischen Grenzsoldaten traten einfach zurück. Sie gaben den Weg frei. Das Tor ging auf, und über 600 Deutsche jenseits des Zaunes brachen aus Ungarn nach Österreich durch. Sie hatten den Weg in die Freiheit gefunden. Österreich, so viel stand fest, würde sie niemals in die DDR zurückschaffen lassen.

Inzwischen hatten sich auch in Prag Hunderte deutscher Flüchtlinge aus der DDR in die deutsche Botschaft geflüchtet. Sie mußte abenfalls geschlossen werden. Dies geschah am 22. August 1989.

In Budapest aber walteten in der Nacht zum 24. August Helfer des Roten Kreuzes ihres Amtes. In der Budapester Botschaft stempelten sie die „Permits de Voyage" in die ungarischen Passierscheine. Alle Flüchtlinge in der Budapester Botschaft konnten nun ausreisen.

Es herrschte eine Stimmung unter den hier wartenden Menschen, die einfach unbeschreiblich war. Sie würde sich nie wiederholen, weil dies das erstemal war, daß sie aus einem anderen Land ohne Gefahr für Leib und Leben in das Land ihrer Wahl, in die Bundesrepublik Deutschland, einreisen durften.

Daß sich diese Passierscheinorganisation noch am 24. August wie ein Lauffeuer durch die ganze DDR herumsprach, war kein Wunder, sondern das Zeichen für einen unbeschreiblichen Exodus.

Am 10. September gab die ungarische Regierung nach langen internen Verhandlungen bekannt, daß ab Mitternacht alle DDR-Bürger aus Ungarn ausreisen dürften.

Es war der Freiheitswille der DDR-Bürger, die zu Tausenden für dieses Recht kämpften und alle ihre Habe dafür aufs Spiel setzten, der dies bewirkte. Zugleich aber auch der schwere Entschluß der ungarischen Regierung, über ihren eigenen Schatten zu springen und allen Pressionen aus dem Östlichen Lager zu trotzen.

Unmittelbar nach Freigabe der Grenze fuhren sie in hellen Scharen aus den ungarischen Grenzgebieten los. Dicht bei dicht aufgeschlossen erreichten am ersten Tage der Ausreise 8100 Menschen den freien Westen. Damit erschöpfte sich der Flüchtlingsstrom noch lange nicht, wie der zweite Tag unter Beweis stellte. Am 13. September waren es bereits 17000 geworden, die diesen Weg in die Freiheit wählten. Die übergroße Erleichterung, nicht nur des Botschaftspersonals, sondern auch des deutschen und ungarischen roten Kreuzes, machte sich in vielen Freudenkundgebungen Luft.

Anders sah es in Warschau und Prag aus. Die Bonner Botschaft in Warschau hatte sich ebenfalls gefüllt. Hunderte Bürger der DDR durchschwammen die Oder, einige die Neiße, um nach Polen zu gelangen. Die dortige deutsche Botschaft füllte sich mit 400 Menschen, die sie trotz der Gefahr von seuchenartigen Krankheiten nicht verlassen durften. Polnische Grenzsoldaten hielten immer noch Wache und schickten jeden aufgegriffenen DDR-Flüchtling sofort in den SED-Staat zurück. Noch am 28. September 1989 wurden 90 junge DDR-Bürger an der polnischen Grenze gestellt und zurückgeschickt. Sie verschwanden in den Verhörzimmern des Stasigebäudes auf der Normannenstraße.

In der Prager Botschaft befanden sich am 24. September 1989 bereits 700 Personen. Sie kampierten teilweise im Garten. Die Zahl der dort auf die Freiheit wartenden Menschen betrug bis Ende September 1989 3500. Weitere Tausende warteten vor der Absperrung darauf, doch noch in den Botschaftsgarten zu gelangen.

Jeder Meter Boden war in der Botschaft genutzt. Selbst auf den Fluren lagen Menschen auf Matratzen. In jedem Bett schliefen mindestens zwei, manchmal auch drei oder gar vier. Für jeweils 300 Menschen stand eine einzige Toilette zur Verfügung. Um dorthin zu gelangen, galt es, lange Warteschlangen zu überwinden. Der gleiche Zustand herrschte an den Wasserstellen.

Die meisten Männer hatten sich im Botschaftsgarten eingerichtet. Dort wurden Zelte aufgerichtet. Die ersten Kinder erkrankten an Durchfall. Sehr rasch breitete sich diese Krankheit mit unheilvollen Folgen für alle aus. Lebensmittel wurden knapp. Schließlich mußten sie auf die Frauen und Kinder aufgeteilt werden. Es waren tschechische Soldaten, die in aller Heimlichkeit ihren Mitmenschen Brot und Wurst zusteckten.

Die Botschaft war ebenfalls längst wegen Überfüllung geschlossen worden. Alles spielte sich nun unmittelbar vor dem Botschaftszaun ab. Hier versuchten die tschechischen Soldaten, die Menge abzudrängen. Unter ihnen auch Beamte der Staatssicherheit der DDR, die sogar einen Beratungswagen aufgefahren hatten, um die Bürger zur Rückkehr in die DDR zu überreden. Nur sehr wenige machten von diesem Angebot Gebrauch. Sei es, weil ihre Kinder erkrankt waren oder weil ihre Kraft und ihr Durchhaltewille am Ende waren.

Trotz der Überfüllung gelangten immer noch Menschen – den Wachkordon der Polizei durchbrechend – zum Zaun und hangelten sich hinüber. Es gab dabei Rangeleien mit den Wachen und einige Verletzte durch Stürze und Rißwunden. Kinder wurden über den Zaun auf das Botschaftsgelände herübergereicht; die Eltern versuchten nachzukommen.

Im Umkreis von fünf Kilometern um das Botschaftsgebäude blockierten die Trabants der DDR-Bürger alle Bürgersteige und Stellplätze. Ihre Autoschlüssel hatten die Menschen einer im Botschaftsgarten stehenden Statue um den Hals gehängt.

Die deutsche und tschechische Diplomatie arbeitete im stillen an einer Lösung der prekären Lage, die sich mehr und mehr zuspitzte. Am 30. September abends fuhr Außenminister Gen-

scher nach Prag und verkündete vom Balkon des Botschafter-
gebäudes den wartenden Menschen, daß sie die Ausreisegeneh-
migung erhalten würden: „Wir sind zu Ihnen gekommen, um
Ihnen mitzuteilen, daß heute Ihre Ausreiseerlaubnis erteilt
wurde."

Das war eine unbeschreibliche Freudenkundgebung! Menschen, die einander nicht kannten, fielen sich in die Arme. Es
war genau 19.00 Uhr, als Minister Genscher jene Worte sprach,
die die Freiheit bedeuteten. In Sonderzügen durften die Menschen durch die DDR in die Bundesrepublik einreisen. Erst kamen jene aus Prag, dann auch alle aus Warschau.

Die Strecken und die Bahnhöfe in der DDR wurden von
Volkspolizei und Militär scharf bewacht. Dresden, Chemnitz
und Plauen sah diesen Freiheitszug. Junge Leute versuchten
überall dort, wo der Zug seine Fahrt verlangsamte, aufzusprin-
gen. Andere säumten die Bahnsteige und die Strecke. Sie hielten
Kerzen in den Händen und riefen immer wieder „vergeßt uns
nicht!"

Insgesamt waren es über 10 000 Menschen aus der CSSR,
18 000 aus Ungarn und 4800 aus Polen, die auf diese Art und
Weise die Freiheit erlebten.

Der 40. Jahrestag der Staatsgründung

Während der Strom der Flüchtlinge aus Ungarn nicht abriß, bereitete sich der SED-Staat auf den 40. Jahrestag seiner Gründung vor. Der große Tag fand am 7. Oktober statt. Unmittelbar
vorher und etwa zur gleichen Zeit rollten noch immer die letzten der acht Sonderzüge durch die DDR nach Westen. Sie wurden mehrfach von Demonstranten aufgehalten, die mit diesen
Zügen ebenfalls in den Westen entkommen wollten.

In der Umgebung des Dresdener Hauptbahnhofes waren es
schließlich über 5000 Menschen, die in Sprechchören immer
wieder skandierten: „Wir wollen raus! Wir wollen raus!"

Als sie versuchten, ins Bahnhofsgebäude einzudringen, wurden sie durch die Sicherheitskräfte mit Schlagstöcken zurückge-
trieben. Dann fuhren auch Wasserwerfer auf. Es kam zu einem

Kampf, denn die Demonstranten rissen Pflastersteine aus dem Untergrund des Bahnhofsvorplatzes und schleuderten sie auf die Vopos. Es gab Verletzte auf beiden Seiten und eine große Zahl an Festnahmen.

Wie am Bahnhofsvorplatz waren auch in der übrigen Innenstadt die Demonstranten auf die Straße gegangen. Auf der Prager-Straße kam es stundenlang zu Auseinandersetzungen; es gab hier auf beiden Seiten Verletzte. Krankenwagen rollten durch die Nacht, um die Blessierten in die Krankenhäuser zu schaffen.

Wie in Dresden, so war es auch in Plauen. Dort hatten sich 1000 Menschen auf dem Bahnhof versammelt, die „Gorbi" und „Freiheit! Freiheit! – Freiheit!" riefen.

Alle jene, die in den Zug zu kommen trachteten, wurden weggerissen und abgeführt. Auch auf freier Strecke versuchten Demonstranten die Züge zu stoppen. Unmittelbar nach Bekanntwerden dieser Demonstrationen ließ der Staatssicherheitsdienst die gesamte Strecke von Frankfurt an der Oder über Berlin, Dessau und Magdeburg weiträumig absperren. Alle Bahnhöfe wurden freigeknüppelt. Damit sollte verhindert werden, daß sich Flüchtlinge auf den noch ausstehenden letzten Zug aus Polen schwingen konnten.

So geschah es am 7. Oktober, dem Tag, an dem die DDR den 40. Jahrestag der Staatsgründung feierlich beging. Michail Gorbatschow ist zur Hilfe gerufen worden, um das in den Grundfesten erschütterte Regime durch seinen nur einige Stunden währenden Besuch zu stützen. Berlin war zur Jubelfeier hermetisch abgeschirmt worden. Die SED-Schergen blieben unter sich. Einige Vertreter der DDR-Kirche fanden endlich den Mut, ihre Beteiligung an diesem Propagandarummel abzusagen. Erich Honecker bekundete an diesem Tage dem Interviewer der PRAWDA: „Ratschläge, das Heil des Sozialismus in einer Rückzugsbewegung zum Kapitalismus zu suchen, halten wir für dasselbe wie die Behauptung, der Regen fiele von unten nach oben."

Der Generalsekretär des ZK der tschechoslowakischen Kommunistischen Partei, Milos Jakes, der ebenfalls an der Jubelfeier teilnahm, bekräftigte dies mit den Worten: „Wir stehen, das möchte ich betonen, an der Seite der Deutschen demokratischen Republik." Daß dies nur noch bedingt den Tatsachen entsprach, sollte sich nur kurze Zeit später auf drastische Weise bestätigen, als auch die Menschen in der CSSR aufstanden und die Kommunistische Partei zur Hölle schickten.

Die starre Haltung des vergreisten, am Rande der körperlichen Zerrüttung stehenden Erich Honecker bewies sich wieder einmal mehr und bestätigte dessen Worte des vorangegangenen Jahres.

Erich Honecker – Ein Mann jenseits von Volk und Staat

Als der nordrheinwestfälische Ministerpräsident Johannes Rau auf der Leipziger Frühjahrsmesse 1988 den Staatsratsvorsitzenden Erich Honecker traf, fragte er ihn, warum die Stimmung in der DDR so ausgesprochen schlecht sei. Honecker erwiderte ohne jedes Zeichen von Verärgerung gelassen und souverän: „Sie irren, Herr Rau! Die Einheit der Massen mit der Partei war noch nie so stark wie heute. Das Volk steht hinter der Partei."

Dabei vergaß der alternde Erzkommunist, daß dies alles ein Ergebnis des SED-Machtmißbrauchs war. Wer nicht hinter dem Staat und hinter der SED als Staatspartei stand, der stand – sobald er dies öffentlich kundgetan oder nachdem ihn ein Spitzel verraten hatte – nicht mehr hinter der Partei sondern hinter Zuchthausmauern. Die Bürger der DDR waren im Jahre 1988 bereits so ausschließlich in das Spitzelsystem eingebunden, daß sie keine eigenen klaren Gedanken mehr fassen konnten. Sie wurden geführt und verführt und merkten es nicht einmal mehr. So war aus zähneknirschender Ergebung in das Schicksal die Gewöhnung und die Hinnahme aller Gewalt geworden.

Erich Honecker stand auf dem Gipfelpunkt seiner Macht. Im Vorjahr war er in der BRD mit „allen militärischen Ehren" empfangen und in Lobeshymnen aufgewertet worden. In Paris wurde er ebenfalls als Staatsgast hofiert. Honecker war im

Geiste bereits auf dem Wege nach England, um von Königin Elizabeth empfangen zu werden. Doch dieser Kelch ging an der Queen zum Glück vorüber.

Das Weiße Haus in Washington hatte ebenfalls Glück, daß die Entwicklung mit Orkangeschwindigkeit über Honecker hinwegfegte, sonst hätten sich dem Erzkommunisten auch diese Tore geöffnet.

Niemand sprach in diesen politischen Hochkrisen von dem Mordregime, wie auch heute noch alles, was darauf hinweist, daß in der DDR Menschen umgebracht wurden, nur weil sie diesem SED-Staat den Rücken kehren wollten, willentlich oder unwissentlich verdrängt und unterdrückt wird.

Erich Honecker wird bereits heute, da die Schreie der Gemordeten noch nicht verhallt sind, als der „liebe Mensch von nebenan" vorgestellt, und kein einziger Mensch – nicht einmal in der DDR – steht auf und schreit die Wahrheit hinaus, daß er als die Nummer 1 dieses Staates das alles zu verantworten hatte.

Mitleid ja, aber nicht ohne Gerechtigkeit für alle jene, die gewaltsam und ohne jede Rechtsgrundlage für Jahre hinter Gitter gebracht, deren Familien auseinandergerissen wurden, die Söhne, Töchter und Männer zu betrauern haben. Honecker war es, der sich mit seinen Versuchen, gegen Glasnost und Perestroika Gorbatschows anzugehen, selbst ins Abseits stellte. Als er im Januar 1989 gefragt wurde, für wann er denn den Abriß der Mauer befehlen werde, lautete seine Antwort: „Sie wird in 50 und auch in 100 Jahren noch bestehen. Das ist erforderlich, um unsere Republik vor Räubern zu schützen."

Diesen Gedanken verfocht er weiter, ungescholten, schweigend akzeptiert. Er bekannte sich zu seinem Wollen: „Wenn man einmal einen als richtig erkannten Weg eingeschlagen hat, dann muß man ihn weitergehen." Er war es auch, der vom hohen Lebensstandard in der DDR sprach und dem Regierenden Bürgermeister von Berlin, Momper, vorhielt, daß dieser in der DDR höher liege als in Westberlin und in der Bundesrepublik. Von Herrn Momper, der es doch hätte besser wissen sollen, kam kein Wort der Erwiderung.

Erst als Erich Honecker am 7. Juli 1989 nach Bukarest flog, um an einer Tagung des Politischen beratenden Ausschusses der

Staaten des Warschauer Paktes teilzunehmen, wurde es für ihn kritisch. Er wollte mit den stalinistischen Regimen im Warschauer Pakt, Bulgarien, Rumänien und damals auch noch der Tschechoslowakei, einen Pakt gegen alle „Abtrünnigen", beispielsweise gegen Ungarn, Polen und selbst gegen die UdSSR schließen.

Mitten in den Vorbereitungen dazu brach er am zweiten Verhandlungstage mit schweren Gallenkoliken zusammen. In einer Sondermaschine wurde der greise Kommunistenführer der SED nach Ostberlin zurückgeflogen. Von nun an verschwand er für einige Wochen von den Bildschirmen und aus der Presse. Zweimal mußte er operiert werden.

In dieser Zeit begann die Fluchtwelle, begann das, was in den westlichen Gazetten als die „Abstimmung mit den Füßen" bezeichnet wurde. Warschau, Ostberlin, Prag und Budapest sah die bereits geschilderten Fluchtoperationen und schließlich die Legalisierung derselben.

Die ersten Anzeichen oppositioneller Kräfte brachen sich Bahn. Honecker war in Zeitverzug geraten; wenn er diese Gefahren im Keime ersticken wollte, mußte er sofort wieder antreten. Er übernahm wieder seine Amtsgeschäfte, empfing am 25. September 1989 als Staatsratsvorsitzender die neu akkreditierten Botschafter der Türkei und Zimbabwes und las mit stokkender Stimme, sichtlich gezeichnet, die Begrüßung vom Blatt.

Alle DDR-Bürger konnten per Fernseher den Verfall dieses Mannes sehen, der 18 Jahre lang das Volk unter die Knute des SED gepreßt hatte. Eine Anfrage bei Margot Honecker zeigte an, was geplant war:

„Auch wenn es seine Gegner nicht wahrhaben wollen, sie werden noch längere Zeit mit ihm auskommen müssen."

Honecker, das war für jeden klar, der in seiner Umgebung arbeitete, wollte mit letzter Kraft das Ruder des strandenden Staatsschiffes noch einmal herumreißen. Dazu schien ihm der große Staatsfeiertag des 7. Oktober der günstigste Zeitpunkt, denn an diesem Tage sollte der 40. Jahrestag des Bestehens der DDR feierlich begangen werden.

Diese Feiern würden die Krönung seiner Tätigkeit als Staatschef werden. Um zu zeigen, daß die DDR zu ihren Freunden halte, entsandte Honecker zum 40. Jahrestag der Volksrepublik China seinen designierten Nachfolger Egon Krenz nach Peking. Dieser hielt dort das Massaker der chinesischen Führung auf dem Platz des Himmlischen Friedens am 4. Juni 1989 für richtig und erntete dafür das Wohlwollen des chinesischen Parteichefs Jiang Zemin, der Krenz sehr „herzlich" dafür dankte, daß die DDR das Blutbad auf dem Platz des Himmlischen Friedens als erster Staat der Welt gutgeheißen hatte.

Die ersten sich regenden Oppositionsgruppen erhielten denn auch durch die Leipziger Volkszeitung den Knüppel vor Augen gehalten, als sich darin der Kommandeur einer Betriebskampfgruppe „Hans Greifert" zu Wort meldete und verkündete, daß seine Gruppe bereit und willens sei, „diese konterrevolutionären Aktionen zu unterbinden. Wenn dies notwendig sein muß, mit der Waffe in der Faust!"

Einen Tag vor Beginn der Jubelfeiern stand Erich Honecker am 6. Oktober 1989 in Berlin-Schönefeld auf dem Flugplatz, um den Kremlchef Michail Gorbatschow zu empfangen. Als Honecker dort von Journalisten gefragt wurde, was es mit den Schlägereien in Leipzig und Dresden auf sich habe, erwiderte er: „In Leipzig und Dresden ist alles normal. Die Genossen gehen ihrer Arbeit nach."

Der 40. Geburtstag der DDR gestaltete sich zu einem „Jubelfest der Stasiknüppler". In Ostberlin, wo über 7000 Menschen auf die Straße gegangen waren, um den Gast aus der UdSSR um Hilfe anzurufen, wurden insgesamt etwa 1000 Menschen verhaftet und an den Haaren in die Gefangenentransporter gezerrt. Als ein Demonstrant ausrief: „Hier ist Klein-China", antwortete ein Offizier der Volkspolizei: „Hier ist bald Groß-China!"

In Leipzig demonstrierten zur gleichen Zeit 20 000 Menschen. Hier zog die Polizei stärkere Seiten auf. Hunde wurden in die Menge gehetzt, mit Elektroknüppeln wurde geschlagen. Eine 76 Jahre alte Frau wurde von vorbeirennenden Polizisten einfach niedergetrampelt.

In Dresden demonstrierten 7000 Menschen am Lenin-Denkmal. Gegen sie wurden Polizisten mit Maschinenpistolen eingesetzt. Nach dem Zusammenprall blieben hier eine Reihe Demonstranten blutüberströmt am Boden liegen.

Zur gleichen Zeit feierte Erich Honecker im Palast der Republik seine DDR und deren „Schönheiten". Er erklärte zum Ende seiner einstündigen, immer wieder stockenden Rede, daß die DDR als „Bollwerk des Sozialismus gegen den Imperialismus als Vorbild" dienen möge. Seine Schlußworte waren: „Vorwärts immer! – Rückwärts nimmer!"

Danach nahm er auf dem Podium Unter den Linden den Fakkelzug einiger Hunderttausend FDJ-Mitglieder ab und sang deren Arbeiterlieder mit, die er ihnen einige Jahrzehnte vorher als „Führer der Jugend" beigebracht hatte: „Freie Deutsche Jugend bau' auf!" Allerdings hatte es außer theoretisch in diesen Liedern nicht mehr in der Praxis zum Aufbau gereicht, wie die folgende Zeit der Inventur zeigen sollte.

Nach Moskau zurückgekehrt, erklärte Kremlchef Gorbatschow vor dem Obersten Sowjet, daß er von der SED-Führung Veränderungen verlangt habe. Er habe viele feurige Befürworter seiner Perestroika gefunden. Dies sei Grund genug für ihn gewesen, „den Parteichef Erich Honecker auf die Notwendigkeit von Reformen hinzuweisen".

Auch der Sprecher des sowjetischen Außenministeriums, Gerassimow, hatte zu berichten gewußt, daß Gorbatschow die Worte zitiert habe: „Wer zu spät kommt, den bestraft das Leben."

Alle Gewalttaten jenes Tages wurden – schlauerweise – unter Ausschluß der ausländischen Presse verübt. Diese war vorher von den Beamten des Staatssicherheitsdienstes mit Knüppeln vertrieben worden. Aufmüpfige Presseleute und Berichterstatter wurden nach allen Regeln der Stasikunst verprügelt, ihre Fotoausrüstungen zerstört, die Filme beschlagnahmt.

Die Politbüro-Sitzungen: „Wir fordern Honeckers Rücktritt!"

Am 10. und 11. Oktober 1989 fand die große Politbürositzung statt, auf der sich die Mitglieder desselben darüber klarzuwerden versuchten, was nun zu geschehen habe. Es war kein anderer als der Minister für Staatssicherheit Erich Mielke, der als erster seine Stimme zur Ablösung Honeckers vom Amt des Staatsratsvorsitzenden erhob. Er sagte anklagend: „Wenn wir ihn nicht ablösen, werden wir einen blutigen Aufstand erleben. Nur: Die Russen helfen uns diesmal nicht." Das Politbüro war nun einstimmig der Meinung, daß ein neuer jüngerer Mann an die Spitze müsse. Man nominierte nach kurzer Aussprache den Lehrer Egon Krenz zum neuen Parteichef.

Die Würfel waren gefallen, wenn auch der Form nach noch das 163köpfige Zentralkomitee diese Wahl bestätigen mußte. Dieses wurde zum 18. Oktober einberufen. Diesmal war auch Erich Honecker zur Stelle. Aber selbst seine flammende Abwehrrede, die von seinen Freunden erwartet worden war, fand nicht statt. Honecker sagte lediglich, daß es ihm seine Krankheit und die überstandenen Operationen nicht mehr erlaubten, den Parteivorsitz und die Führung im Staatsrat innezuhaben. Es fehle ihm die Kraft und die Energie, um die Geschicke der Partei und des Volkes sicher zu lenken: „Deshalb bitte ich das Zentralkomitee, mich von der Funktion des Generalsekretärs des ZK der SED, vom Amt des Vorsitzenden des Staatsrates der DDR, und den Funktionen des Vorsitzenden des Nationalen Verteidigungsrates der DDR zu entbinden."

Danach stand er auf und verließ den Saal, der über beinahe zwei Jahrzehnte wahre Jubelhymnen auf ihn erlebt hatte. Diesmal erhoben sich die Mitglieder des ZK zwar noch einmal von ihren Plätzen, aber der Beifall blieb aus. Es dauerte danach nur eine Viertelstunde, bis alle Stimmen abgegeben und ausgezählt waren. Danach war Egon Krenz neuer Generalsekretär des ZK der SED. Seine Wahl verlief einstimmig. Nur er hatte sich der Stimme enthalten.

Noch am selben Abend protestierte das Volk, daß es den neuen Staatschef nicht gewählt hätte. Die Demonstranten verlangten: „Alle Macht dem Volk!"

Um 20.00 Uhr dieses 18. Oktober wandte sich Egon Krenz über das Fernsehen an alle Bürger der DDR. Er brachte noch einmal jene Rede vor, die er am Nachmittag im Zentralkomitee verlesen hatte. Darin stand nichts über eine Reform in der DDR, kein Wort des Bedauerns über die Knüppelaktionen des

Nach Tränengasbombenwürfen, um die Vopos zu blenden, erreichen diese beiden Flüchtlinge die Freiheit.

Mordschützen haben Peter Fechter am 17. August 1962 mit Lungen-
schuß niedergestreckt und lassen ihn verbluten, ehe er geborgen wird.

Ein Volkspolizist trägt den qualvoll gestorbenen jungen Menschen zurück.

Diese Stacheldrahtzäune wurden bald in Metallgitterzäune mit automatischen Schießanlagen verwandelt.

Stasi. Das ZK der SED hatte lediglich einen Schergen gegen einen anderen vertauscht. Die Gesinnung aber war geblieben.

Am 24. Oktober 1989 wurde Egon Krenz von der 500 Mitglieder umfassenden Volkskammer zum neuen Vorsitzenden des Staatsrates und des Nationalen Verteidigungsrates gewählt. Diesmal zeigten sich jedoch erste kritische Stimmen, was für Wahlen zu diesem Gremium in der DDR völlig neu war. 25 Mitglieder enthielten sich, wobei 26 gegen Egon Krenz stimmten. Unter ihnen auch jene FDJ-Führer, die während der Führung von Egon Krenz in höhere Positionen aufgestiegen waren.

„Sudel-Ede" und Mischa – der Wolf im Schafspelz

Als erster mußte der Fernseh-Agitator Karl-Eduard von Schnitzler seinen Hut nehmen, der in seiner Sendung „Der schwarze Kanal" alles auffuhr, was ihm an schwerem Geschütz für die Hetze gegen Westdeutschland geeignet erschien. Daß er dabei vor Lügen und Verdrehungen und gezielten Halbwahrheiten nicht zurückschreckte, ist allen Insidern und vielen anderen Hörern bekannt gewesen. Daß er dennoch von den deutschen Medien zu Small Talks eingeladen wurde, erschien der Gipfel an Frechheit und Unverschämtheit. Daß er dann aber auch noch in der gleichen Manier, wie er seine Sprecher und Diskussionsteilnehmer niedergemacht hatte, behandelt wurde, war einfach ein unwürdiges Schauspiel.

Plötzlich erwachten auch die ersten Intellektuellen aus dem Tiefschlaf, die sich seit Jahrzehnten mit dem SED-Staat liiert hatten und bei ihm in gutem Lohn und Brot standen. Sie kamen zur ersten Jugendsendung „elf 99", um mit Generaloberst a. D. Markus „Mischa" Wolf zu diskutieren, der sich plötzlich zum „Reformer" emporstilisierte und als solcher im Westen, beispielsweise von Herrn Bahr, als wichtiger Mann für die neue Regierung gepriesen wurde, weil er ja „alles weiß", weil er Zugang zu allem geheimen Material und dementsprechend auch viel zu enthüllen habe. Das helfe wiederum mit, die noch immer in der BRD sitzenden DDR-Spione zu entlarven.

Seit Anfang Februar 1987 nicht mehr im Amt, hatte Generaloberst Wolf in 24 langen Dienstjahren immer wieder Hunderte, ja Tausende Menschen der DDR und der BRD zum Spionagedienst für sein Land erpressen lassen. Er war der Mann im Hintergrund, wenn es darum ging, entlarvte „Spione", die überhaupt keine waren, hinter Gitter wandern oder sie an irgendeinem Ort auf Nimmerwiedersehen verschwinden zu lassen.

Nunmehr trat er als Verfechter eines „geläuterten SED-Sozialismus" auf, bereitete den Sonderparteitag der SED vor, und agierte weiter im geheimen. Der Mann also, der viel zu sagen wußte, den alle auch jetzt noch hofierten, dem vergeben und vergessen oder verdrängt wurde, daß er seit 1982 als Vizeminister für Staatssicherheit an der Seite Erich Mielkes agierte und damit verantwortlich für viele Verbrechen des Stasi zeichnete, verschwand plötzlich nach Moskau. Mit ihm alle Unterlagen über jene noch in der BRD arbeitenden Spione, die nun mit aller Wahrscheinlichkeit in russische Dienste traten, weil dies ja ihr „Job" ist.

Damit bleiben uns diese Widerlinge erhalten, spionieren weiter in westdeutschen Parteibüros, in den Etagen des Bundestages, in Großbetrieben, Forschungslabors und Instituten. Bereits im Jahre 1953 hatte Wolf die Hauptverwaltung Aufklärung aufgebaut, die wenige Jahre darauf fast die gesamte Aufklärung der BRD übernommen hatte und Deutschland-West schwerste wirtschaftliche und politische Schäden beibrachte.

Daß auch er im ARD interviewt wurde, versteht sich. Hatte er doch durch seine Mittelsmänner in der Presse manches Bubenstück für die Sendung in Deutschland vorbereitet. Daß Wolf auch heute noch durch ein Fahndungsausschreiben des Generalbundesanwaltes gesucht wird, in dem von „schwerem Landesverrat" ausgegangen wird, stört diese Herren offenbar nicht im geringsten. Die Sensation muß her, ganz gleich, was sie materiell und vor allem ideell kostet.

Jener Generaloberst, der für die jahrzehntelange Unterdrückung in der DDR verantwortlich war, der eine ganze Reihe von Todesurteilen auf seine Kappe zu nehmen hat, die an „enttarnten Quellen" exekutiert wurden, ist also sowohl für die Elite der Intelligenz des Landes als auch für die Medien in der BRD absolut tragbar. Dies paßt durchaus in jene Linie, die in allen Medien verfolgt wird: In der DDR ist nichts Böses geschehen. Man hat zwar 'mal den einen oder anderen verprügelt und unberechtigterweise eingesperrt, was die Intelligenz vor allem für sich in Anspruch nimmt, aber von den Morden an der Mauer, von den Morden am 17. Juni 1953, von allen Todesurteilen in Zuchthäusern und Konzentrationlagern wegen „Verbrechen", die überhaupt keine waren, weiß man zu schweigen. Eine ganze Mauer des Schweigens – höher als die Metallgitterzäune an der Grenze –türmt sich vor diesen beschämenden und niederschmetternden Fakten auf. Auch jetzt noch – wie später zu lesen sein wird – können sich die versammelnden Dichter und Denker der DDR nicht dazu durchringen, diese Verbrechen gegen die Menschlichkeit beim Namen zu nennen.

Wenn sich ein Generaloberst Wolf heute in der DDR als Garant der Reformbewegungen aufspielt und ihm das auch noch abgenommen wird, dann kann einem um den Geist der Menschen in der DDR Angst und Bange werden. Auch „Mischa" Wolf war im Mai 1945 mit der Gruppe Ulbricht aus Moskau gekommen. Er war Vertrauensmann der sowjetischen Führung gestern und heute geblieben. Dieser Mann ist nach eigenen Aussagen und jenen verschiedener Beobachter mit dem SED-Regierungschef Modrow „freundschaftlich verbunden".

Mit den Dossiers seiner alten Genossen und Topagenten war er in Moskau hochwillkommen. Das von ihm um die BRD gelegte dichte Netz der Ausspäher hätte durch ihn selber zerrissen werden können, wenn er der Mann gewesen wäre, als der er nunmehr hochgelobt wurde. Doch dem war nicht so. Er übergab diesen 4000 Mann starken Kern an jene, die ihn vor 45 Jahren ausschickten in ihrem Sinne tätig zu werden.

Doch zurück zur DDR und dem Zustand nach den Neuwahlen.

Die Parteichefs aller 15 SED-Bezirke wurden nach den Neuwahlen ihrer Ämter enthoben. Dies geschah Zug um Zug binnen weniger Tage in alter SED-Manier. Am 25. Oktober 1989 gründeten Arbeiter des Gerätewerkes „Wilhelm Pieck" in Teltow die „Reform-Gewerkschaft", weil der FDGB für sie eine Marionette des SED-Staates darstellte und selber in eine

Reihe unsauberer Machenschaften verstrickt war, die bis zur Veruntreuung und Beiseiteschaffung von Gewerkschaftsgeldern gingen.

In Erwartung jener Bestrafung, die sie aufgrund ihrer Terror-Regime zu befürchten hatten, griff der Parteichef von Perleberg, Gerhard Uhde, zur Pistole. In Bautzen erschoß sich der Parteiobere Helmuth Mieth. In Köthen war es der Erste Sekretär der SED-Kreisleitung, der Selbstmord beging. Die SED-Zeitung „Freiheit" berichtete darüber, daß Herbert Heser infolge des „übergroßen seelischen Drucks durch die Ereignisse aus dem Leben geschieden" sei. In einem See bei der Ostberliner Sportschule Kienbaum ertränkte sich der Vizepräsident des Deutschen Turn- und Sportbundes, Franz Rydz.

Rücktritte – Neue Männer und ihre Vergangenheit

Am 2. November 1989 traten der Chef des Freien deutschen Gewerkschaftsbundes Harry Tisch und die Ministerin für Volksbildung Margot Honecker zurück. Zwei Tage darauf demonstrierten eine Million Berliner in Ost-Berlin. Dies war die größte Demonstration in der Geschichte der DDR. Die Reformbewegung hatte inzwischen alle Teile der Bevölkerung der DDR erfaßt. In einer Fernseh- und Rundfunkrede kündigte der neue Staatsratsvorsitzende Egon Krenz Reiseerleichterungen und den Rücktritt weiterer Mitglieder des Politbüros der SED an.

Auf einer Vielzahl von Plakaten und Transparenten wurden die Hauptträdelsführer dieses Regimes zum Rücktritt aufgefordert. Auch der Name Egon Krenz befand sich darunter. In einer langen dichten Schar zogen die Demonstranten vom Gebäude des Nachrichtenbüros ADN aus über den Marx-Engels-Platz zum Alexanderplatz. Dort fand die Abschlußkundgebung statt. Hier forderte Manfred Gerlach, der Vorsitzende der Liberaldemokratischen Partei, den Rücktritt der Regierung unter Ministerpräsident Stoph. Auch Stefan Heym trat ans Mikrophon: „Die Jahre der Phrasen, der Dumpfheit, des Miefes und der Taubheit sind vorbei. Das Volk wird künftig die Macht in den

Händen halten." Und an die Adresse der SED gewandt, sagte er:

„Absolute Macht korrumpiert absolut!" (Siehe „Die Welt", Nr. 259 vom 6. Nov. 1989) Das hatte er offenbar soeben erfahren. Doch absolute Macht betrieb die SED-Führung seit 1946, dem Jahr ihrer Gründung. Und seit dieser Zeit korrumpierte sie. Wo blieben in den vergangenen 40 Jahren die Stimmen, die heute lauthals tönen, daß sie immer schon gegen diesen Unrechtsstaat gewesen seien? Diese Haltung erinnert penetrant an jene Menschen, die auch nach Kriegsschluß 1945 schon immer dagegen waren. Frei nach dem Motto:

„Und als man ihn dann wiederfand,
da war er auch beim Widerstand."

Diese Melodie ist so alt wie die Welt, aber Menschen, die von sich behaupten, die „Elite der Nation" zu sein, sollten sich nicht zu solchen Ausflüchten versteigen, denen werden sie nicht abgenommen.

Zum erstenmal tauchte hier auch der Begriff des „Wendehalses" auf. Er wurde von der Schriftstellerin Christa Wolf geprägt, die unter dem Beifall der Menschenmenge ausrief: „Ich warne vor den Wendehälsen!"

Aber die alten SED-Macher traten noch einmal auf den Plan. So Günter Schabowski mit den Worten, seine Partei bekenne sich „spät aber unwiderruflich" zur Umgestaltung. Dafür erntete der ein Pfeifkonzert, wie es ganz Berlin noch nicht gehört hatte.

Neben Berlin waren noch Magdeburg und Rostock Schauplätze ähnlicher Kundgebungen. Plauen und Suhl kamen hinzu.

Geschickt taktierend hatte Egon Krenz bereits am Vorabend dieses großen Demonstrationstages verkündet, daß er weitere fünf Mitglieder des Politbüros noch in der kommenden Woche entlassen werde: Hermann Axen, Verantwortlicher im Politbüro für Außenpolitik; Kurt Hager, Chefideologe der SED; der stellvertretende Ministerpräsident der DDR, Alfred Neumann; der Minster für Staatssicherheit Erich Mielke und der Vorsitzende der zentralen Parteikommision, Erich Mückenberger.

Bereits am Freitag war der Bürgermeister von Leipzig, Bernd Seidel, von seinem Amt geschieden, und sein Bezirkschef, Horst Schumann, hatte ebenfalls „den Hut genommen".

In seiner Rede verkündete Egon Krenz, daß ein ziviler Wehrersatzdienst geschaffen werden würde und damit die Verweigerung des Dienstes mit der Waffe möglich sei. Ein Gerichtshof für Verfassungsbeschwerden werde ebenso eingerichtet, wie eine Wirtschaftsreform in Gang gesetzt. Daß dieses Verhalten der noch im Amt befindlichen SED-Köpfe keinem anderen Zweck diente, als die eigene Macht zu sichern und den Untergang der SED nach Möglichkeit aufzuheben oder zumindest hinauszuschieben, war klar. Egon Krenz versuchte, an die Stelle der abgesägten Herrscher seine Freunde und Vasallen einzubringen, die ihn abschirmen würden.

Dennoch bemerkte Stefan Heym auf dem Alexanderplatz in seiner Rede: „Es ist, als habe einer die Fenster aufgestoßen nach all den Jahren der Stagnation, der geistigen und der wirtschaftlichen, nach all den Jahren der Dumpfheit und des Miefs, des Phrasengewäschs und bürokratischer Willkür."

Nach diesem Gewitter trat am Dienstag, dem 7. November 1989 die gesamte Regierung der DDR zurück. An ihrer Spitze Ministerpräsident Willi Stoph.

Das Politbüro der SED demissionierte geschlossen mit seinen 21 Mitgliedern am nächsten Tag. Binnen weniger Stunden wurde ein neues Politbüro gewählt. Insgesamt 11 Mitglieder sollten nunmehr den Karren aus dem Dreck fahren, die SED erhalten und überdies noch dem Volke genehm sein. Der Chef der Dresdener SED-Spitze, Hans Modrow, war ebenso darunter wie der alte SED-Politmanager Günter Schabowski. Die „Rentnerriege" aber mußte ihre Plätze den unbekannten Chargen freimachen, die nicht so im Brennpunkt der Öffentlichkeit gestanden hatten, wenngleich auch sie im Sinne der SED immer „gute Arbeit" geleistet hatten.

Es gingen Willi Stoph und Erich Mielke. Der Chefideologe Kurt Hager nahm von seinen Pfründen und seiner Machtfülle ebenso Abschied wie der Sekretär für Außenpolitik, Hermann Axen. Volkskammerpräsident Horst Sindermann, seit dem 17. Juni 1953 allen DDR-Bürgern bekannt, mußte ebenso dieses

Gremium verlassen wie Harry Tisch. Am 9. November, es war der Donnerstag nach der großen Berliner Demonstration, wurde auch das Politbüromitglied Hans-Joachim Böhme aus Halle seiner Stellung enthoben. An diesem Tag mußte Egon Krenz das „aus dem Hut gezogene" neue Reisegesetz wieder zurückziehen.

Die Grenze wird geöffnet

Am 7. November 1989 trat also die Regierung der DDR zurück. Einen Tag später folgte das Politbüro und am 9. November 1989 wurde die Grenze der DDR geöffnet. Ein Erdrutsch hatte sich vollzogen. Als der neue Regierungssprecher Wolfgang Meyer bekanntgab, daß die Regierung der DDR unter Ministerpräsident Stoph zurückgetreten sei, verlas er gleich darauf jene Erklärung des DDR-Ministerrates, daß dieser bis zur Wahl einer neuen Regierung seine verfassungsmäßigen Aufgaben weiter wahrnehmen werde.

Der Ministerrat, bestehend aus 45 Mitgliedern, bildete nach der DDR-Verfassung die Regierung des Landes. Im Auftrag der Volkskammer, deren Organ er war, arbeitete er unter der Führung der SED. Seit 1976 stand Willi Stoph an der Spitze dieses Regierungsteams. Von 1964 bis 1973 war er schon einmal Vorsitzender des Ministerrates gewesen. Als Nachfolger von Willi Stoph war bereits am 8. November Hans Modrow im Gespräch – er wurde denn auch gewählt.

Doch das bildete in den Augen maßgeblicher und unmaßgeblicher Sprecher in der DDR nicht das Letzte. Die Regierung müsse geschlossen zurücktreten und für freie Wahlen Platz machen. In dieses Horn stieß plötzlich auch die „Junge Welt", die Zeitung des Jugendverbandes FDJ, die nicht nur den Rücktritt der gesamten Regierung forderte, sondern auch noch das Politbüro abgesägt wissen wollte. Mit den von Egon Krenz angebotenen Opfern der fünf Mitglieder war man nicht zufrieden.

Die am 10. November beginnende Sitzung des ZK der SED hatte den Plan, den Ostberliner SED-Bezirkschef Günter Schabowski als Nachfolger des alten Kontrolleurs der Medien, Joachim Herrmann, in dieses Amt einzuführen. Alexander Schalck-Golodkowski sollte Günter Mittag, den Wirtschaftsfachmann des ZK, ersetzen. Offenbar traute man ihm so einiges in Wirtschaftsdingen zu. Allerdings nicht das, was dann ans Tageslicht drang: Daß Schalck-Golodkowski, einer der größten Geldschieber und Goldhorter der DDR, seit vielen Jahren in unsaubere Warengeschäfte, Groß- und Waffenschiebungen verwickelt war.

Die Verabschiedung eines demokratischen Aktionsprogrammes entpuppte sich als ein weiteres „Feigenblatt", das sich die SED-Führung an diesem Tage anheften wollte. Am Montagabend demonstrierte in Berlin abermals eine Dreiviertelmillion Menschen für den Rücktritt der Regierung, für freie Wahlen und für den Abriß der Mauer.

Im Vorfeld des Sonderparteitages vom 15.–17. Dezember 1989 verkündete die SED-Führung, daß der Generalstaatsanwalt der DDR gegen Erich Honecker und eine Reihe weiterer hochrangiger Politiker Ermittlungsverfahren eingeleitet habe. So auch gegen den Chef des Staatssicherheitsdienstes, Erich Mielke, gegen den ehemaligen Ministerpräsidenten Stoph und gegen die Politbüromitglieder Günther Kleiber, Werner Krolikowski und Hermann Axen. Ihnen wurde vorgeworfen, „durch Amtsmißbrauch und Korruption die Volkswirtschaft schwer geschädigt und sich persönlich bereichert zu haben".

Das Nachrichtenbüro ADN meldete, daß ihre Wohnungen durchsucht worden seien und daß auch gegen den Vorsitzenden der Ost-CDU, Gerald Götting, „wegen finanzieller Manipulationen zum Nachteil sozialistischen Eigentums ermittelt" werde. Der erste außerordentliche Parteitag der SED wandelte sich bereits vorher in ein „Schlachthaus", in dem jene Männer geopfert wurden, die als zu alt und zu schwach gebrandmarkt waren. Für sie sollten neue Kräfte herangezogen werden, um mit ihnen die „letzte Chance der Erneuerung" anzugehen und den SED-Staat zu erhalten.

Genau so, wie man früher mißliebige Mitmenschen einkerkerte, so wurden auch jetzt – wo dies „notwendig" war – die eigenen „Genossen" in die Pfanne gehauen, wie dies in diesen Kreisen immer wieder geübter Brauch war. Der Parteitag würde

„einer Neugründung der SED gleichkommen", verkündete der Dresdener Oberbürgermeister Berghofer und ergänzte diese offensichtliche Entwicklung mit den ebenso offensichtlichen Tatsachen, daß das Volk „keine Reden, sondern Handlungen" wolle.

Haftbefehle wurden ausgestellt – wie eh und je –, diesmal aber die eigenen Genossen hinter Gitter gebracht, die vor Stunden noch das Sagen hatten. Das Chaos griff um sich, verbreitete sich mit der Gewalt eines Hurricanes. Alle Staatsstrukturen brachen schlagartig auseinander. Die „reale Utopie des Sozialismus wurde gegen die utopische Realität getauscht!" (Siehe Hans-Rüdiger Krutz: Die SED am Ende, in „Die Welt" vom 11.12.1989)

Am 13. November, nach Aufhebung der Reisebeschränkungen in der DDR, verkündete der Verteidigungsminister dieses Staates, Heinz Keßler, daß er den „Schießbefehl offiziell aufgehoben" habe. Er habe an die Grenztruppen Befehl erlassen, „alles zu tun, damit der Reiseverkehr reibungslos verlaufe und die Grenze vor Verletzungen geschützt" sei. In den öffentlichen Medien verkündete Hans Modrow während eines Fernsehinterviews mit der BBC: „Die Existenz zweier deutscher Staaten ist die gegenwärtige Grundlage der Stabilität in Europa. Die Gesellschaft der DDR wird sich mit ihrer inneren Struktur in demokratischer, bleibender Weise erneuern."

Währenddessen verhandelten in der sowjetischen Botschaft in Ostberlin der US-Botschafter in Bonn, Vernon Walters, und sein sowjetischer Kollege in der DDR-Hauptstadt, Wlatscheslaw Kotschemassow, über die Fragen der Entwicklung der Lage im „Geltungsbereich des Viermächteabkommens".

Während des SED-Parteitages vom 15. bis 17. Dezember 1989 traten immer noch alte SED-Chargen und hochrangige „Betonköpfe" auf, die sich um das Wohl und Wehe ihrer Partei Sorgen machten, obgleich offensichtlich geworden war, daß das Volk längst sein Urteil darüber gesprochen hatte. Als mehrere jüngere SED-Mitglieder am Vormittag des 17. Dezember ans Mikrophon traten und die Parteiführung zu einem Rechenschaftsbericht über ihre verbrecherischen Aktivitäten aufforderten, ging noch einmal Kurt Hager nach vorne und bat den neuen Parteivorsitzenden Gregor Gysi ums Wort. Er war jedoch nur als Gast zugelassen und erhielt Redeverbot.

Später aber gab er in einem Gespräch mit Detlev Ahlers von „Der Welt" zum besten, was er seinen eigenen Genossen hatte sagen wollen: „Die SED ist bei uns in den fünfziger Jahren geschaffen worden. Die Entwicklung dieser bolschewistischen Partei ist mit dem heutigen Parteitag beendet."

Als er gefragt wurde, wie er die Zukunft der SED sehe, erklärte er: „Das hängt auch von der Entwicklung in der Bundesrepublik Deutschland ab. Die DDR wird es noch im Jahre 2000 geben und darüber hinaus. Ich aber denke nur noch in dem Zeitraum, den ich noch erleben werde." Da er jetzt Rentner sei und gegen ihn kein Ermittlungsverfahren laufe, werde er nun alles das lesen, was er immer schon lesen wollte.

Am Samstag, dem 25. November, berichteten die Printmedien über das erste Fernsehinterview von Egon Krenz mit dem westlichen Fernseh-Journalisten Fritz Pleitgen. Hierbei gab Krenz zum besten, daß „wir alle noch lange mit zwei deutschen Staaten leben" müßten. Krenz erklärte, daß er niemals die blutigen Tage in Peking gerechtfertigt habe und daß von Wahlfälschungen im Mai 1989 nicht die Rede sein könne.

Auf die Schießerei des 9. Oktober angesprochen, erklärte er, daß er den Sicherheitskräften keinen Schießbefehl gegeben habe und daß er diesen nicht einmal kenne. In Leipzig habe man offenbar selbständig gehandelt. Er jedenfalls habe sich stets zur Verhinderung des Schußwaffengebrauchs eingesetzt und jeden Zusammenstoß des Volkes mit der Staatsmacht verhindern wollen.

Er sei es übrigens gewesen, der einige Tage nach diesen Zwischenfällen nach Leipzig gefahren sei, dort mit den Verantwortlichen gesprochen und den Befehl durchgesetzt habe, mit dem das Verbot jeder Gewalt und des Schußwaffengebrauchs verankert worden seien.

Über den Staatssicherheitsdienst wußte er zu berichten, daß dieser „viel dazu beigetragen hat, friedensgefährdende Pläne aufzudecken". Von den Todesschüssen allerorten hatte Egon Krenz keinerlei Ahnung . . . sagte er!

Hans Modrow – Ein Lamm unter Wölfen?

„Bei meiner Wahl zum Ministerpräsidenten am 13. November 1989 und in meiner Regierungserklärung vom 17. November 1989 war die Ausgangsposition eindeutig. Es ging um ein Fortbestehen der DDR. –

Am 28. November trug Stefan Heym vor der internationalen Presse in Berlin den Appell ‚Für unser Land‘ vor. Er rief ebenfalls dazu auf, die Eigenständigkeit der DDR zu bewahren und eine sozialistische Alternative zur Bundesrepublik zu entwikkeln."

Das Fortbestehen der DDR wurde gefordert! Das Fortbestehen von Terror und Bespitzelung, von Schießbefehl und Denunziation, von Rechtlosigkeit und Unmenschlichkeit.

Die Bürger dieses Staates sollten weiter schuften, während eine kleine Schar Privilegierter und der „große Bruder" in Moskau von ihnen schmarotzten.

„Die DDR war seit jeher ökonomisch der interessanteste, alles in allem auch zuverlässigste und militärisch der wichtigste Verbündete des Sowjetstaates."

Hans Modrow, der diese Erkenntnis in seiner Persilscheinrede und in deutschen Gazetten verkaufte und sich darin als echter Sohn Stalins darstellte, vergaß einiges nicht schmückende Beiwerk. So die Tatsache, daß die UdSSR die DDR 45 Jahre lang bis aufs Blut ausgesogen hat.

Sein verehrter Führer Stalin, der Bankräuber aus Tiflis, alias Jossif Wissarionowitsch Dschugaschwili, aus dem Priesterseminar vertriebener Mörder der Kulaken *und* „jener sieben deutschen Offiziere, die wegen der ‚Morde von Katyn‘ im Kriegsverbrecherprozeß von Leningrad" 1945 zum Tode durch den Strang verurteilt wurden, dieser Stalin hat auch die DDR ausplündern lassen.

Er war es auch, der nach dem Muster des KGB den Stasi in der DDR etablierte und seine willfährigen Henkersknechte als Führer desselben einsetzen ließ.

Unter diesen willfährigen Helfern eines Gewaltstaates war jener Hans Modrow, der als siebzehnjähriger Volkssturmmann erste Bekanntschaft mit russischen Truppen machte und bei

„Erbsensuppe mit umrahmender Balalaikamusik" zum Russen mutierte. „Schon damals baute sich ein menschliches Verhältnis auf."

Dieses steigerte sich noch im Wald von Uwarowka vor Moskau, als er „bei wenig schwerer Arbeit physisch wieder auf die Beine kommen konnte".

„Welch eine Wohltat! Man ließ ihn wieder auf die Beine kommen!" Man behielt ihn zwar in Sklavenarbeit, aber das war offenbar das *ganz Normale*. Er wurde von bekannten Antifaschisten umgedreht. Einige seiner Kameraden aus damaliger Zeit wissen zu berichten, daß er es gut mit diesen konnte und deshalb auch „gut über die Runden kam", während um ihn herum Abertausende krepierten, die er offenbar überhaupt nicht wahrgenommen hat.

Daß er seine eigenen Kameraden ausgehorcht und denunziert habe, wird zwar gemunkelt, ist jedoch nicht bewiesen. Es bleibt zu hoffen, daß er dies nicht tat, sondern sich nur zum begeisterten Antifaschisten umdrehen ließ.

Hier lernte er bereits die ideologisch gespaltene Zunge benutzen, die ihn später dazu befähigte, als Leiter der Abteilung Agitation des ZK der SED von 1971–73 in seiner neuen Heimat DDR seine Schmutzkübel über die eigenen Landsleute und über jene in der Bundesrepublik lebender Politiker, „Republikflüchtlinge und Feinde des Volkes" auszugießen und sie mit seinem Geifer zu besudeln.

„Die Russen waren nie meine Feinde!"

Aber das Volk der DDR war es! Jene 19 600 Bürger seines Bezirkes Dresden, die im Laufe der Jahre hinter Gitter gebracht wurden. Nicht etwa weil sie Verbrecher waren, nein! Sie waren Republikflüchtlinge, sie haben „den Staat zersetzt", weil sie die Knebelung nicht willenlos hinnahmen.

Hans Modrow aber wurde zur Antifaschule nach Rjasan spediert, wo Robert Neumann Leiter war, der Fabrikdirektor und Matrose, Agitator und Dekan der Humboldt-Universität zu Berlin. Er wurde bald selbst „dazu ausersehen, Seminarstunden abzuhalten und Konsultationen zu erteilen", was seiner Eignung zum Top-Beschmutzer des Westens neue Facetten hinzufügte und ihn dazu befähigte, auch „unter der Jugend politische

Arbeit zu leisten" und sie zu vergiften. Er zählte zu den Studenten der Hochschule des Komsomol in Moskau, die im November 1952 Stalin zujubelten und „Joe" verehrten, als „Fortsetzer und Vollender der Ideen Lenins und als Feldherrn, der die Nazis besiegt hatte".

Daß dieser seine politischen Gegner, selbst die nur vermeintlichen Widersacher, in der „Tschistka" von 1935 bis 1938 vernichten ließ, störte Modrow offenbar nicht weiter. *So mußte* mit Systemkritikern umgegangen werden. Ebenso wurde es denn auch in der DDR praktiziert, in der er eine tragende Rolle spielte, als ZK-Sekretär in Berlin und Parteichef in Dresden.

Er hatte nach Stalins Tod „das Gefühl eines furchtbaren Verlustes". Seine Erschütterung und Trauer „um diesen lieben Mann, die Vaterfigur schlechthin, war unbeschreiblich".

Aber als gelehriger Sohn dieses Vaters hatte er gelernt, wie man einen Staat regiert und mit aufmüpfigen Staatsbürgern fertig wurde. Das bewies er in der Führungsriege von Honecker und Co.

Das „Synonym für Stärke, Sicherheit und Vertrauen" – Josef Stalin – war dahingegangen. In seinem Geiste hieß es weiterzuarbeiten.

Was Wunder, daß Modrow die Sowjetunion als „seine zweite Heimat" ansah, wo er „Wurzeln schlug und immer wieder Freunde" fand.

Während anderthalb Jahrzehnte war seine Stadt und sein Bezirk Dresden in Partnerschaft mit Leningrad verbunden, wo sieben deutsche Offiziere für die von den Sowjets auf Stalins Befehl ermordeten 15 000 polnischen Offiziere gehenkt wurden. Eine Stadt mit „guter stalinistischer Tradition" also.

In den fünf Monaten seiner Regierungszeit war er denn doch „nur dem Volk der DDR und dem eigenen Gewissen verantwortlich". Wie aber war es mit den 15 vergangenen Jahren? Er war immer noch überzeugt, daß die „Demokratisierung ein Prozeß" sei, „der den Sozialismus in der DDR stärken werde".

Aber es war in Wahrheit die Demontage eines Systems, das Millionen Menschen zu Spitzeln gemacht, Hunderttausende hinter Zuchthausmauern geschleppt und Zigtausende hatte ermorden lassen.

Das ist der Mann Hans Modrow, „ohne den die Partei der PDS keine Chance hat", wie Gregor Gysi es formulierte.

Am 22. Februar 1990 hatte Modrow noch eine große Delegation der Vertreter aller Bezirksvorstände in seiner Residenz, in der Klosterstraße, versammelt. Sie bestürmten ihn, als Hoffnungsträger der PDS erneut anzutreten.

Am anderen Morgen fuhr er nach Hamburg, um dort auf Einladung des Ersten Bürgermeisters, Henning Voscherau, an der Matthiae-Mahlzeit teilzunehmen. Auch hier erwies sich Hans Modrow als ausgebuffter Polit-Redner, als er ausführte: „Ich bin sehr gern gekommen, weil ich weiß, daß die menschliche Begegnung zu den wichtigsten Dingen des Lebens zählt."

Das hatten er und seine Kumpane in der DDR Regierung bis dahin streng geheimgehalten und mit Mauer, Stacheldraht, Metallgitterzäunen und Schießanlagen verhindert.

Welche unheilige Einfalt, daß diesem Schmonzes auch noch applaudiert wurde.

Hans Modrow kandidierte nicht mehr für den Parteivorsitz. Er hielt sich von diesem Tage an im Hintergrund, um bereit zu sein, wenn gesamtdeutsche Wahlen mit der PDS als etablierter Partei anstehen. Dann wird er wieder aus der Versenkung auftauchen. Möglicherweise hat er dann abermals in Rußland gute alte Freunde zur Seite.

Der Staatssicherheitsdienst nach dem Zusammenbruch

Der PDS-Ehrenvorsitzende Modrow hat zwar immer beteuert: „Ich bin nie ein Mann gewesen, der Aufträge an die Stasi gegeben hat. Von dort sind auch keine Aufträge organisiert worden, die mit mir zu tun hatten. Zwischen Stasi und SED hat es stets eine klare Abgrenzung gegeben."

Dazu Wolfgang Ullmann, Vertreter der Bürgerschaftsbewegung im Kabinett Modrow: „Es muß alles raus!"

Was er damit meinte: „Eigentlich muß auch der Spitzenkandidat der PDS, der bei den DDR-Bürgern beliebte Übergangspremier Hans Modrow, gehen. Selbstverständlich gibt es auch über ihn eine umfangreiche Stasi-Akte. Er war ja kraft seines Amtes zur Information des Schildes und des Schwertes seiner Partei – der Stasi – verpflichtet. *Nur er selber*, nicht einmal seine Akte, *kann enthüllen*, ob er *persönlich dabei auch Opfer zu verantworten hat.*"

Gregor Gysi, Chef der SED-Nachfolgepartei, und sein Spitzenkandidat, wenn es um kommende gesamtdeutsche Wahlen geht, Hans Modrow, machten den Bürgern der DDR das Schreckgespenst vom Sozialabbau und aufgezwungener Wiedervereinigung vor. Mit diesem Buhmann als Helfer gelang es der „Partei des Demokratischen Sozialismus" – trotz aller Verbrechen, die an ihrer Mutterpartei, der SED, hängen –, zur starken Oppositionspartei zu werden.

Das ist das Paradoxe an der DDR: Die Erben der stalinistischen SED, die vierzig Jahre lang das gesamte DDR-Volk geknechtet, mißhandelt, unterdrückt und vernichtet hat, erklärt sich jetzt dazu bereit, darüber zu wachen, „daß die neuen demokratischen Herren des Landes nicht leichtfertig mit der dank des Einsatzes der Bürger errungenen Freiheit umgehen". Die Vernichter der Freiheit, die Schöpfer des KZ, das DDR heißt, haben sich zu Kontrolleuren der Demokratie aufgeschwungen. Wenn das nicht der Treppenwitz des Jahrhunderts ist!

Die SED-Konkursverwalter machten sich eilfertig an die Arbeit. In ihrer Parteizentrale am Werderschen Markt in Ost-Berlin schüttelten sie den Ballast der Vergangenheit ab, vergaßen ihre eigenen Verbrechen und schwangen sich dazu auf, die neue Demokratie zu überwachen, die beherzte Bürger schufen.

Der Staat im Staate mit Namen Stasi, mit dem Ministerium für Staatssicherheit, MfS, als Führungskader, seinem Minister General Mielke und den 45 000 hauptamtlichen Mitarbeitern, seinen 250 Kreisdienststellen in der gesamten DDR und den insgesamt zwei Millionen Zuträgern (!) war für Herrn Modrow offenbar eine völlig unbekannte Größe.

Daß der Chef der Hauptverwaltung beim MfS, Mischa Wolf, ebenso wie Modrow, seit Jahren das Vertrauen der sowjetischen Führung besaß und in allen die UdSSR und den KGB betreffende Fragen enger Verbindungsmann zu Modrow und neuerlich zum PDS-Chef Gysi ist und beide auch weiterhin unterrich-

tet und ständig ins Bild setzt, ist zwar geklärt. Doch Herr Modrow weiß von nichts. Immer nach dem Motto: „Man soll die
Sowjetunion lieben, von ihr lernen und für sie sterben."

Noch im April 1990 wurde bekannt, daß das Büro Modrow eifrig bemüht ist, Teile des MfS wieder zusammenzuführen und
daß Modrow dazu seinen Staatssekretär Möbis eingesetzt hat.
Die Kernbestände des MfS waren noch gar nicht aufgelöst, als
sie schon wieder festgefügt wurden. *Sie stehen bereit!* Für welchen Fall auch immer! Zu einem großen Teil in der Nationalen
Volksarmee. Darüber hinaus hat der Parteichef der PDS, Gysi,
den Aufbau eines eigenen Sicherheitsapparates in Auftrag gegeben, der sich wiederum aus dem MfS rekrutiert. Dieser hat die
Aufgabe, die Spitzen der PDS abzuschirmen, Akten über sie
verschwinden zu lassen und Aufklärungsarbeit zu leisten, die
der Partei nützt. Darunter fällt auch die Beschaffung von Akten
mißliebiger Gegner.

„Das von der SED rücksichtslos beherrschte Zuchthaus, das
sich Staat nannte, hat diesen Staat in einen fürchterlichen Ab-
grund hineingetrieben, der nur noch von den Menschen der
DDR in jahrelanger Arbeit wieder aus den Tiefen herausge-
schuftet werden kann. Ein weiteres Mal müssen sich die Menschen in Mitteldeutschland ins Geschirr legen. Diesmal aber
nicht für eine korrupte menschenverachtende Banditenschar.
Daß die SED darüber hinaus auch die widerwärtigen Misseta-
ten der Luftverpestung zu verantworten hat, die das Leben aller
DDR-Bürger um Jahre verkürzt – im Raum um Bitterfeld um
acht (!) Jahre –, das grenzt an Mord, wie Gerd Bucerius am
25. Mai in der ZEIT berichtete. Er regte an, die Verantwortlichen, zum Beispiel Gysi und Modrow, um Aufklärung aufzufordern.

Justizwillkür und der Begriff des „Makels"

Die neue DDR-Regierung will den bekannten 330000 Opfern
der politischen Justizwillkür, von denen 19600 allein aus dem
Bezirk Dresden stammen und auf Herrn Modrows Kappe kom-

men, rehabilitieren und ihnen den Makel nehmen, verurteilt worden zu sein.

Diesen Menschen, die unschuldig teilweise viele Jahre lang in den Zuchthäusern geschmachtet haben oder aus ihren Ämtern entfernt wurden, denen man im Zuge ihrer Verurteilungen auch noch ihr Eigentum fortnahm, haben *keinen Makel* aufzuweisen.

Der Makel, *das sei eindeutig festgestellt*, trifft alle *jene*, die sie verurteilten und gegen jedes Recht in die Zuchthäuser warfen. Darunter auch den Bezirkssekretär Hans Modrow.

Sie haben das Recht mit Füßen getreten. Sie haben darüber hinaus mit ihrer Agit-Prop-Methode der Denunziation verstanden, alle übrigen Menschen mundtot zu machen und sie wie Marionetten hin und herzuschieben, sie auszunützen und zu demütigen.

Diesen Makel gilt es auszulöschen! Diesen Drahtziehern, den Richtern und deren Vollstreckern, ist der Prozeß zu machen. Dann erfolgt die Rehabilitierung der unschuldig Verurteilten von selber.

Ein vollkommenes Unfähigkeitszeugnis stellte sich bei diesem Versuch der „Rehabilitierung der Unschuldigen" der neue DDR-Minister für Justiz, Dr. Kurt Wünsche, aus. Er, der als Nachfolger der berüchtigten „Bluthilde Benjamin", für die Verschärfung der DDR-Strafjustiz verantwortlich ist, stellte den Antrag, von 1945 bis 1949 unter dem Regime des KGB in der sowjetischen Besatzungsmacht gefällten Urteile aus der Rehabilitierungsgruppe *auszugrenzen*. Dr. Wünsche sagt allen Ernstes, diese Menschen möchten sich direkt an den sowjetischen Generalstaatsanwalt in Moskau wenden.

Um nicht auch noch die Enteignung der „Junker und Nazis" nach 1945 entschädigen zu müssen, hat die Übergangsregierung der DDR erklärt: „Die von den Sowjets durchgeführte Bodenreform wird anerkannt, inklusive aller anderen alliierten Rechtsprechung."

Dies alles im „Dienst am Gemeinwohl für die Freiheit und Würde der Bürger" und zur „konsequenten Hinwendung der Organe der DDR des Justiz-Ministeriums zu Menschenrechten und Gemeinwohl".

Allerdings soll auch das „Vermögen der SED-PDS auf seine Rechtmäßigkeit hin überprüft und gegebenenfalls enteignet und für Wiedergutmachungsleistungen verwendet werden".

Sie können jede Wette darauf eingehen, daß das Vermögen „rechtmäßig" erworben wurde.

Ausblick auf morgen

Damit die PDS, als deren Geheimfavorit – vor allem für gesamtdeutsche Wahlen – Hans Modrow gilt, für einen Wahlkampf in der Bundesrepublik Deutschland mit den notwendigen Zechinen versorgt ist, hat der amtierende Ministerpräsident der 150 Tage mit dieser Partei, der er angehört, folgendes vereinbart: Für ihre Zeitungen und Druckereien, welche die PDS dem Kultusministerium übergeben hat, erhält sie einen noch festzusetzenden Kaufpreis, wenn ausländische Unternehmen sich an diesen mit mehr als 49 Prozent beteiligen.

Das Übergabeprotokoll vom 2. März 1990 weist aus, daß für die dort namentlich aufgeführten Objekte nach dem Vorliegen der Abschlußbilanzen zum 28. 2. 1990 ein Kaufpreis vereinbart wird. Dieser wird gestundet und nur dann fällig, wenn Auslandsbeteiligungen an diesen Verlagen, Druckereien und deren Einrichtungen 49 Prozent überschreiten.

Für die PDS wurde dieses Protokoll des Diebstahls am „Volkseigentum" vom Generaldirektor der ZENTRAG (zuständige PDS-Verwaltung für das Druckereiwesen) sowie der damaligen stellvertretenden Kultusministerin Brigitte Weiß unterzeichnet.

Die in dem Papier genannte Liste enthält die Namen von 22 Verlagen.

Darüber hinaus sind darin 27 Druckereien, die von der ZENTRAG verwaltete Berliner Poliklinik und deren neun Ferienheime aufgeführt. Sie alle sollen in Volkseigentum überführt und der Unternehmensvereinigung Polygraphie zugeordnet werden.

Damit hat die DDR Kultusministerin *jede* folgende DDR-Regierung gebunden, der PDS einen noch zu vereinbarenden

Kaufpreis zu zahlen, wenn sie gegen einen Passus dieser Verordnung verstößt.

Diese „Krawatte" hat die Regierung Modrow ihrem Volk noch umgelegt, um ihm damit die Kehle zuzudrücken.

Zwar verkündete der Vorsitzende der PDS noch im Juni 1990 in einem Zeitungsinterview, daß er nunmehr einen Überblick über das Vermögen der ehemaligen SED – und damit über jenes der PDS – habe und ausschließen könne, daß nunmehr noch Unregelmäßigkeiten und Unterschleife vorkommen könnten.

Karl-Heinz Gerstenberger, Professor an der Hochschule für Ökonomie, wurde vom Modrow-Ministerrat als kommissarischer Leiter des Bereiches kommerzielle Koordinierung und für dessen Auflösung eingesetzt. Er teilte am 21. April dem „Neuen Deutschland" mit, daß es sich bei diesen Großobjekten *nicht* um Parteibetriebe gehandelt habe.

Dagegen aber hat der ehemalige Leiter dieses Geldbeschaffungskartells, Oberst der Stasi Alexander Schalck-Golodkowski, am 9. Dezember 1989 seinem „lieben Genossen Honecker" eine Aufstellung der Firmen in der BRD und in den übrigen kapitalistischen Ländern geschickt.

Von den Valutaeinnahmen habe er „54,1 Millionen DM dem disponiblen Fonds der Partei zugeführt".

Damit habe sich „dieser Fonds auf 108,2 Millionen DM erhöht". Die Abwicklung der Geldtransfers lief über die Chemo-Plast-AG in Berlin, die INTEM-AG in Essen, die Firma Wittelsbacher und Co., ebenfalls in Essen, die DHG West-Ost in Berlin, die Firma R. Ihle in Hamburg und die Druckerei HESKA in Portugal.

Die im Parteibesitz befindlichen Firmen wurden in einer anderen Anlage genannt. Unter ihnen neun in Vaduz, eine Firma in Lugano und andere.

Fünf Monate lang regierte der SED-treue Gefolgsmann des Honeckerschen Verbrecher-Regimes das Volk, das sich von seinen Tyrannen befreit hatte.

Fünf Monate waren dem überzeugten SED-Mann Modrow Zeit gegeben, alle ihn belastenden Akten – zu denen er jederzeit

Zugriff hatte – verschwinden zu lassen und mit blütenweißer Weste dazustehen.

So konnte er vollmundig im April 1990 erklären: „Die Bilanz meiner Regierung besteht auf ökonomischen Gebiet darin, den aktuellen Schaden aus dem Scheitern der Kommandowirtschaft begrenzt, die Wirtschaft in Gang gehalten, die Versorgung gesichert zu haben.

Das letztgenannte ist wesentlich das Verdienst der fleißigen Bauern, die sich nun, wie zum Hohn, einem Wildwuchs an Agrarimporten ausgesetzt sehen."

Den Schaden, der aus der Kommandowirtschaft entstand, hat er *selber* mit zu verantworten. Daß die fleißigen Bauern nicht einmal soviel verdienten, um sich gutes Saatgetreide und Erntemaschinen zu kaufen, daß sie in ihren landwirtschaftlichen Produktionsgenossenschaften „soviel" produzierten, daß unter anderem die BRD mit Getreidelieferungen zum Nulltarif sowie anderen Warenlieferungen aushelfen mußte, daß Sklaven an die BRD verkauft wurden, um den Bewohnern des Paradieses der Bauern und Arbeiter wenigstens zu Weihnachten ein paar Bananen zu „bescheren", ist ebenfalls Modrows „Verdienst", der in vierzigjähriger Treue zum Regime stand und als Agit-Prop-Chef der SED seine Dreckschleudern in Richtung BRD in Gang hielt und sie mit einer Flut von widerlichen und verlogenen Haßtiraden überschüttete.

Wenn Hans Modrow in seiner Saubermann-Rolle bekennt, daß alle Drecksarbeit, auch im Bezirk Dresden, wo er über 1,2 Millionen Menschen gebot und diese immer hart am Zügel hielt, von den Stasileuten ausgeführt wurden und daß er als Bezirkssekretär nichts damit zu tun gehabt habe, so ist das als Zwecklüge entlarvt.

Am 25. April 1990 wurde das Gegenteil offenbar, als die Akte eines SED-Bezirkschefs von den „DDR-Untersuchungsausschüssen zur Stasivergangenheit" veröffentlicht wurde. Dazu der Untersuchungsausschuß:

„Rund 80- bis 100mal im Jahr informierte der Stasi-Bezirkschef in seinen Dossiers, die mit dem Stempel „streng vertraulich" versehen waren, die Bezirkschefs der SED, also auch

Herrn Modrow in seiner Eigenschaft als SED-Bezirkschef in Dresden. Kernpunkt dieser Dossiers waren die Bespitzelung der Bürger des Bezirks und der Stimmung in der Bevölkerung.

Damit ist erhärtet, daß der Stasi Ausführungsorgan seines Auftraggebers, der SED-Bezirksleitungen, war.

„Dies stellt sich völlig klar dar!" berichtete auch ein Mitglied des Untersuchungsausschusses.

Damit ist geklärt, daß Hans Modrow – Bezirkssekretär – genau über die Spitzeleien und Verhaftungen in Dresden, die während der Zeit seiner dortigen Regierungszeit zu Tausenden zählten, informiert war, daß sie auf seine Kappe kommen.

Dazu noch einmal der Untersuchungsausschuß: „Brutalität, Zynismus und Schwarz-weiß-Denken prägten den Gedankenaustausch zwischen SED und Stasi-Bezirkschefs in den Parteiinformationen."

Wie die eigenen Genossen über den Weißmacher-SED-Chef Modrow und Stasi-Decker denken, das zeigte sich am Donnerstag, dem 5. April 1990, als es bei den Wahlen zu den Stellvertretern der Volkskammer-Präsidentin Sabine Bergmann-Pohl ging.

Die Abgeordneten der Volkskammer lehnten jene zwei Repräsentanten des Überganges radikal ab, weil sie alle wußten, daß beide genügend Dreck am Stecken hatten, um sie für immer zu diskreditieren.

So wurde Hans Modrow, der gehofft hatte, wieder ganz vorn mitmischen und seine Position für den bevorstehenden Wahlkampf in Westdeutschland stärken zu können, durch einen Schachzug seiner Mitkandidaten ausgeschaltet.

SPD und CDU setzten jenen Wahlmodus durch, der jede Fraktion in Pflicht nahm, *zwei* Kandidaten zu präsentieren. Jeder Abgeordnete mußte von jedem Fraktionsvorschlag einen durchstreichen.

Der erste Vorschlag der PDS, Ministerpräsident Hans Modrow, erhielt 95 Stimmen der versammelten Abgeordneten. Seine als Nummer zwei gesetzte Gegenkandidatin, die Berliner Ärztin Käthe Niederkirchner, wurde von 249 Abgeordneten gewählt. Das war eine niederschmetternde Erkenntnis für Hans Modrow: daß trotz seiner unermüdlichen Versuche, sich als

Saubermann zu präsentieren, alle wußten, wes Geistes Kind er war und ist.

Die Rote-Armee-Fraktion – RAF – in der DDR

Nach der überraschenden Festnahme der Terroristin Susanne Albrecht in der DDR keimte dort sehr bald der Verdacht, daß die Stasi ihr nicht nur Unterschlupf und eine neue Identität gegeben haben könne, sondern daß sich noch weitere Mitglieder dieser kriminellen Vereinigung in der DDR aufhalten könnten.

Daß und *wie* sich dieser Verdacht dann binnen zweier Wochen zur Tatsache erhärtete, übertraf selbst die schlimmsten Befürchtungen. In schneller Folge wurden in den darauffolgenden Tagen insgesamt sieben weitere mutmaßliche Terroristen gefaßt.

Susanne Albrecht, zum inneren Kern der RAF gehörend, war nach offizieller Version in den Libanon abgetaucht. Dies jedoch stellte sich als geschickt von der Stasi eingefädelte Finte heraus, der die führenden Männer des Bundeskriminalamtes in Wiesbaden aufsaßen.

Nachdem westdeutsche Ermittler seit etwa 1982 ergebnislos hinter falschen Fährten herhetzten, zeigte sich acht Jahre darauf, daß man – wie allerdings bereits seit 1986 bekannt – in der DDR hätte suchen müssen.

Erst nach den neuesten Erkenntnissen scheint gesichert zu sein, daß die Morde an dem Rüstungsmanager Ernst Zimmermann 1985, dem Vorstand der Siemens AG, Karl Heinz Bekkurts, ein Jahr später und das teufliche Sprengstoff-Attentat auf den Chef der Deutschen Bank, Alfred Herrhausen, im vergangenen Jahr mit an Sicherheit grenzender Wahrscheinlichkeit in der DDR geplant und vorbereitet wurden.

Der „Fall Albrecht" als Anfang einer Kette von Festnahmen bestätigte diese Theorie und zeigt auf, daß der SED-Staat jene RAF-Angehörigen aufgenommen hat. Erkannter Drahtzieher war das Ministerium für Staatssicherheit unter Armeegeneral Erich Mielke.

Daß Erich Honecker eine „Art schwärmerischer Liebe für die meistgesuchten Terroristen Europas, die westdeutsche RAF, entwickelt" habe, wurde von einem ehemaligen SED-Funktionär aus der Führungsetage verkündet. Dieser schilderte, daß der „Chef des MfS, Armeegeneral Mielke, von Honecker den Auftrag erhielt, diesen Leuten zu helfen, wenn sie mal in Schwierigkeiten stecken sollten". (Siehe Spiegel Nr. 25/1990.)

So wurden sie denn alle – die inzwischen enttarnten acht Terroristen *und* jene, die es noch zu fassen gilt – freizügig mit einer neuen Identität ausgestattet. Sie erhielten Arbeitsplätze und Wohnungen. Ihnen wurden Autos zur Verfügung gestellt, so daß sie von der DDR aus rasch zu jener „Fuchshöhle" gelangen konnten, die zwischen Sonnenberg in Thüringen und Meilschnitz bei Coburg in Gestalt einer 40 Meter langen Betonröhre unerkannten Ausschlupf in den Westen ermöglichte. Durch sie konnten sie dann nach getaner „Arbeit" wieder in das warme Nest der DDR zurückkehren. „Die Firma Stasi und RAF hat den Terroristenhort DDR ganz komfortabel und auf Dauer eingerichtet", wie der Spiegel zu melden wußte. Allerdings hätte niemand damit gerechnet, daß die Mauer einmal fallen würde, weil das Volk der DDR es so wollte.

Der nachvollzogene Weg der Susanne Albrecht zeigt, daß sie zunächst in die Tschechoslowakei fliehen konnte. Von dort aus ging sie in die DDR, wo sie als Ingrid Jäger in Marzan bei Berlin eine Wohnung erhielt. Sie wurde von einem in den Westen übergelaufenen Stasimann, gewissermaßen als Einstand, verraten.

Nach der Albrecht gingen am Donnerstag, dem 14. Juni 1990, in der DDR abermals sieben Personen ins Netz der Fahndung, von denen vier identifiziert werden konnten. Es waren Monika Helbig und Ekkehard Freiherr von Seckendorff-Gudent sowie Werner Lotze und Christine Dümlein. Jene drei zusätzlich Festgenommenen waren nicht mit den gesuchten Barbara und Horst Meyer sowie Sabine Elke Callsem identisch. Frau Dümlein mußte wieder entlassen werden, weil ihr Haftbefehl bereits verjährt war.

Diese genannten RAF-Mitglieder und die folgenden, die in den nächsten Tagen gefaßt wurden, lebten bereits seit acht bis zehn Jahren in der DDR und hatten auch die DDR-Staatsbürgerschaft erhalten.

Monika Helbig und von Seckendorff-Gudent sind miteinander verheiratet. Sie lebten unter dem Namen Elke und Horst Winter in Frankfurt an der Oder.

Auch das zweite Pärchen, Christine Dümlein und Werner Lotze, ist verheiratet und lebte unter dem Namen Katharina und Manfred Jensen in Senftenberg.

Am 13. Juni 1990 bereits erfolgte dann die Festnahme der 46jährigen Inge Viett. Sie war in der BRD als „Honda-Lady" bekanntgeworden und hatte sich mit einer Reihe von Sprengstoffanschlägen, Morden und Mordversuchen „verdient" gemacht. Ihr war in Berlin-Steglitz, wo sie in Untersuchungshaft saß, gemeinsam mit Juliane Plambeck und Gabriele Rollnick der Ausbruch gelungen. Der seinerzeitige Justizsenator Hermann Oxfort mußte deswegen „den Hut nehmen".

Seit dieser Zeit gab es keine Spur mehr von ihr.

Nachdem schließlich am 18. Juni Silke Maier-Witt und Henning Beer in Neubrandenburg gefaßt wurden, Beer vor seiner Wohnung und Maier-Witt am Arbeitsplatz, sind acht RAF-Terroristen der ersten Garnitur in Haft. Beer hatte seit 1982 unter dem Decknamen Dieter Lenz gelebt, während Maier-Witt seit Oktober 1980 als Sylvia Bayer in der DDR lebte. Diese letzten Verhafteten wurden aufgrund der Aussage eines früheren leitenden Mitarbeiters der Hauptabteilung 22 des MfS – Terrorbekämpfung – festgenommen.

Am 15. Juni bereits hatte Justizminister Diestel vor der Presse zugeben müssen, daß es ein Objekt des Ministeriums für Staatssicherheit gebe, das zwischen Berlin und Frankfurt/Oder liege, daß aber der Ort noch nicht bekannt sei. Heute wissen wir, daß es sich bei diesem unbekannten Ort um ein als Ferienheim getarntes Aufnahmeheim am Rande der Ortschaft Briesen nahe Frankfurt/Oder handelt. Dieser Bereich „mit einer Reihe militärischer Geheimeinrichtungen hat dem Chef des Amtes, General Markus Wolf, unterstanden", ohne daß dieser mit der Aktion RAF-Terroristen zu tun gehabt habe.

Dort erhielten alle RAF-Mitglieder neue Namen; die Verständigung untereinander geschah nur mittels Decknamen.

Selbst die Vornamen wurden verschlüsselt. Hier habe das MfS „die Identität für RAF-Übersiedler organisiert und erledigt". Siegried Sternebeck wurde in Schwedt/Oder gefaßt.

Daß der Stasi nicht nur die in der DDR lebenden RAF-Angehörigen warnte und ihnen im Gefahrsfalle neue Identitäten verschaffte und neue Namen, ist bekannt. Nun sickerte aber auch durch, daß er auch die in der BRD untergetauchten Mitglieder der RAF vor nahender Gefahr warnte, wie der Exterrorist Michael Baumann offenbarte. Von einem weiteren aussagewilligen RAF-Angehörigen – Peter-Jürgen Book – wissen wir, daß Dr. „Horst Winter", alias von Seckendorff-Gudent, mit am Runden Tisch gesessen habe, um über Stasi-Greuel und SED-Untaten zu richten. Dies fand selbst Generalbundesanwalt a. D. Rebmann als „überraschend negativ", zeigt aber allen Bewohnern der DDR, daß immer noch und überall die alten Verbrecher am Werke sind. Sechs Monate nachdem Bürger der DDR den friedlichen Aufstand nicht nur geprobt, sondern auch durchgeführt haben, gibt es immer noch starke Kader der SED und der Stasi, die ihre Arbeit ungeniert und ungehindert fortsetzen.

In diesem Zusammenhang ist es den Menschen in der DDR einfach unverständlich, daß das Berliner Stadtgericht Mitte die Unverfrorenheit besaß, Haftbefehle gegen mutmaßliche RAF-Terroristen abzulehnen mit der Begründung, daß dem Antrag ihrer Generalstaatsanwaltschaft die *Beweise* gefehlt hätten.

Wäre nicht sofort erneut die Festnahme befohlen worden, wären diese des Mordes Verdächtigten inzwischen längst untergetaucht.

Dieselben Stadtrichter haben zu Mauermorden und den Tötungen an der Spree und in der Bernauer Straße, in Tunnels und anderswo an der deutsch-deutschen Grenze nicht nur geschwiegen, sondern sogar die Unschuldigen schuldig gemacht und hinter Gittern verschwinden lassen. Sie wissen natürlich ganz genau, daß diese Männer und Frauen der RAF seit vielen Jahren per Steckbrief gesucht werden, was sie nicht daran hinderte, deren Entkommen in die Wege zu leiten, wie sie auch den Weisungen der SED-Obrigkeit stets getreu gefolgt sind.

„Es darf keine Hetzjagd auf die Richter geben", verkündete der neue Justizminister Wünsche, seinerzeit Nachfolger der

„Bluthilde Benjamin". Kann sich aber ein neuer Staat solche Richter leisten?

„Wir sind 16 Millionen Bürger der DDR, aber keiner von uns ist nicht entsetzt über das, was nun alles noch herauskommt!" verkündete der „Mann auf der Straße", womit er allen seinen Mitbürgern aus der Seele gesprochen haben dürfte.

Das Fazit

Welche Verbrechen wären *nicht* geschehen, *wenn* die Mauermörder nicht auch die Mörder diesseits der Mauer für ihre eigenen Zwecke eingesetzt hätten? Wenn es nicht diese „teufliche Verbindung zwischen Stasi und DDR-Führung gegeben hätte?" wie Minister Diestel dies formulierte.

Wir wissen es nicht!

Eines aber ist einhellige Überzeugung aller Menschen in der DDR und auch in der BRD: Alles dies kann nicht einfach zu den Akten gelegt werden. Daß die RAF-Terroristen mit der SED-Führungsspitze und deren Wissen aus der DDR heraus agiert haben, kann nicht ungeklärt bleiben. Zwar hat der Sprecher der DDR-Generalstaatsanwaltschaft, Dieter Plath, bekundet, *daß* man untersuche, „ob sich Mächtige in Partei und MfS im strafrechtlichen Sinne schuldig gemacht haben", aber was sollte nicht schon alles untersucht werden, was nicht geschah? Angefangen von dem nach wie vor emsigen Walten der Stasi-Funktionäre bis hin zu der Absicht der DDR-Führung, Enteignungen aus den Jahren 1945–1949 nicht anzuerkennen, *und* dem völligen Verschweigen der Sühne für die Morde an Zonengrenze und Mauer!

Leider haben auch die westdeutschen Medien die Mauermorde unauffindbar vergraben. Sie wurden erste wieder mobil, als das gemeinsame Ränkespiel der Mauermörder mit der RAF ruchbar wurde, obgleich doch *jedes* Opfer der Schergen der SED und der Stasi an der Mauer, auf den Flüssen und entlang des über 1000 Kilometer langen Todesstreifen der Metallgitterzäune und der Selbstschußanlagen ebenso nach Sühne schreit.

Wenn sich alle deutschen Politiker – wie jetzt geschehen und durchaus anerkennenswert – eindeutig von diesen grausigen Dingen distanzieren, so hätten sie dies auch in bezug auf die anderen Opfer tun müssen, was leider unterblieb.

Daß nunmehr alle von der früheren SED-Führung begangenen oder befohlenen „Verbrechen gegen die Menschlichkeit" vor ein internationales Gericht sollen, ist ein richtiger Schritt auf dem Wege zur Sühne. Daß die Stasi zur „verbrecherischen Organisation" erklärt werden soll, ein weiterer richtiger Schritt.

Falls dies geschieht, woran viele zu zweifeln wagen, wäre auch die Möglichkeit gegeben, einige Hunderttausende aus der DDR aufatmen zu lassen, die Opfer dieser beiden Gruppen waren.

Dies würde schließlich auch dazu führen, daß jene Männer, die Schuld auf sich geladen haben, *nicht* mehr in führende Staatsstellungen gelangen.

Wenn eine PDS – die dann ebenfalls haftbar gemacht werden könnte – den Versuch unternimmt, einen Hans Modrow zum Ministerpräsidenten des neuen Bundeslandes Mecklenburg-Vorpommern aufzubauen, oder ihn gar als Zugpferd für ihren möglichen Wahlkampf in Westdeutschland einzusetzen, dann würde dies durch die oben genannten Maßnahmen vereitelt. Es ist dann angezeigt, „nach der Feststellung des verbrecherischen Charakters des Staatssicherheitsdienstes und der SED auch die PDS-Zulässigkeit zu prüfen", wie Johannes Gerster dies als innenpolitischer Sprecher der CDU/CSU-Bundestagsfraktion gefordert hat.

Das Mördermonopol

Der Verdacht, daß auf Befehl des früheren Ministers für Staatssicherheit, Erich Mielke, auch Bürger der BRD ermordet wurden, hat sich erhärtet, wenn auch noch direkte Beweise fehlen. Der Hamburger Speditions-Manager Uwe Harms, Geschäftsführer der SED-Firma Ihle, wurde 1987 umgebracht. Sein Tod konnte zwar nicht restlos aufgeklärt werden, doch die Recherchen ergaben, daß der Vertraute von Erich Honecker und langjähriges DKP-Mitglied Harms sich geweigert hatte, Waffen in die Krisengebiete zu liefern. Dadurch zog er sich den Zorn Mielkes zu.

Daß er von Stasispitzeln überwacht wurde, erkannte die deutsche Verfassungsschutzbehörde sehr schnell. Die Firma Ihle unterstützte die DKP mit Geld, dies war einer der drei Hauptzwecke, welche die DDR-Firmen im Ausland und damit auch in der BRD – die für *sie* Ausland war – verfolgte. Die europäischen Sicherheitsdienste haben diese drei Aufgaben beschrieben:

1. Spionagezentralen in den betreffenden Ländern zu sein.
2. Als Devisenbringer für die DDR zu arbeiten.
3. Die jeweiligen kommunistischen Untergrund-Apparate in den betreffenden Ländern aufzubauen.

Im September 1981 starb der frühere Geschäftsführer der SED-Firma INTEMA GmbH in Essen, Karl-Heinz-Nötzel. Er war nach Leipzig befohlen worden. Im „Interhotel" der Messestadt fand er einen mysteriösen Tod.

Ebenfalls in die DDR befohlen wurde im August 1982 sein Nachfolger J. F. Bruns. Er kam am 20. August dieses Jahres im Ostberliner Hotel „Metropol" auf ebenso rätselhafte Weise ums Leben. Beide Manager wurden von Stasi-Topagenten observiert.

In weiteren drei nachgewiesenen Fällen hat der Stasi-Chef Mielke Mordbefehle gegen Bürger der BRD gegeben. Gift, tödliche Schüsse und Bergunfälle wurden geplant.

Die MfS-Mordkommandos waren auf diesem Gebiet perfekt.

Als der bekannte DDR-Fußballspieler Lutz Eigendorf von Dynamo Berlin von einem Freundschaftsspiel gegen den 1. FC Kaiserslautern nicht mehr in die DDR zurückkehrte, wurde vom MfS die Chance gesucht, ihn umzubringen. Die Operation „Verkehrsunfall" nahm ihren Lauf, und auf der Heimfahrt von der Bar „Cockpit" zu seiner Wohnung fuhr Eigendorf mit seinem Alfa Romeo gegen einen Baum. Sein Tod wurde als Ursache eines „Unfalls unter Alkoholeinwirkung" zu den Akten genommen. Die Meldungen aber, die nach dem Ende der DDR in den Westen drangen, stellten fest, daß er durch ein Kontaktgift, mit dem er bei Berühren des Türgriffs Kontakt erhielt, vergiftet wurde, so daß er während der Fahrt das Bewußtsein verlor.

Am Freitag, dem 30. 4. 1976, wurde der 32jährige Michael

Gartenschläger an der deutsch-deutschen Grenze zwischen Bröthen und Bürgerhof, im Begriff, einen weiteren Selbstschuß-Apparat von der Todesgrenze abzubauen, von hellem Scheinwerferlicht erfaßt und aus zwei Maschinenpistolen zusammengeschossen.

Zwei Freunde Gartenschlägers, die sich auf Bundesgebiet aufhielten, wurden ebenfalls beschossen. Es waren Soldaten des 8. NVA-Grenzregiments, die diesen heimtückischen Mord verübten. Ihre Namen: Unterfeldwebel des MfS Fleick und MfS-Unteroffizier Lieberau. Beide erhielten für diesen heimtückischen Mord, der „Sondereinsatz" genannt wurde, einen Orden.

Gartenschläger war in einen Hinterhalt gelockt worden, nachdem einer seiner Freunde ihn an die NVA verraten hatte. Er hatte bereits im Frühjahr 1976 innerhalb von vier Wochen zwei Selbstschußanlagen vom Metallgitterzaum abmontiert und diese als Beweismittel der westdeutschen Presse vorgelegt.

Sein Verräter stellte sich wenig später den Hamburger Sicherheitsbehörden und gab zu, SSD-Agent gewesen zu sein und nun von den Freunden Gartenschlägers – die ihn enttarnt hatten – bedroht zu werden.

Ein weiterer Fall, der jedoch keine westdeutschen Bürger betraf, war dennoch nicht minder verabscheuungswürdig. Es waren zwei Brüder aus Südamerika, die in der BRD studierten und gleichzeitig als Agenten des Staatssicherheitsdienstes tätig waren. Sie wurden von einem Major des MfS in die DDR befohlen, dort in eine Sandgrube – dem Treffpunkt – gelockt und erschossen.

Der Major gab jahrelang die „Meldungen" der beiden Brüder im Ministerium beim Boß Mielke ab und kassierte deren Honorar. Als diese Sache aufflog, ließ Erich Honecker den Mann erschießen. Es wurde strengstes Stillschweigen befohlen. Die Eltern der beiden Studenten erhielten bis heute noch keine Nachricht über das Schicksal ihrer Söhne.

Am 13. August 1990 bestätigte die Bundesregierung der Zeitung „Die Welt", daß ihr seit einiger Zeit vertrauliche Hinweise darauf vorlägen, daß das MfS geflüchtete DDR-Bewohner habe ermorden lassen.

Von der DDR-Justiz wurde bis heute kein einziges Wort zu diesen und vielen anderen, noch im dunkeln liegenden Verbrechen verlautbart. Noch weniger wurde versucht, sie aufzuklären und die entsprechenden Akten des MfS sicherzustellen. Kein Wunder: Dort sitzen immer noch die gleichen Schergen in den alten Positionen und warten – wie einige der Herren kundtaten – darauf, daß sich die Probleme Honecker, Mielke und anderer altgedienter Meuchler auf „biologische Art und Weise lösen" würden. In diesem Apparat der Schreckensjustiz sitzen *immer* noch die alten Schreibtischtäter. Die Betroffenen können nur noch auf die rasche Wiedervereinigung warten. Der 3. Oktober wird der Stichtag werden für eine Stunde der Wahrheit, für den Beginn einer Zeit, in der Recht und Gerechtigkeit walten wird, *Wenn nicht* beide Regierungen unter der Hand jene oft beschworene Amnestie erlassen, die alles unter den unendlichen Teppich kehren wird. Ansätze dazu sind vorhanden.

Die Delegationen des Einigungsvertrages

Bis Anfang August 1990 waren die Staatssicherheitsakten – soweit sie nicht bereits spurlos verschwunden sind, was für hochkarätige Politiker der DDR, die sich auch im wiedervereinigten Deutschland eine gute Chance ausrechnen, der Fall ist – immer noch nicht Gegenstand der Besprechungen der beiden Delegationen , die den Einigungsvertrag auszuhandeln hatten. Ungeklärt war, wer amnestiert werden sollte und wer nicht. In der DDR gibt es für dieses hochbrisante Thema folgende Generallinie, die auch von Minsterpräsident de Maizère und seinem Stellvertreter, Innenminister Diestel, wie auch von Manfred Stolpe von der Evangelischen Kirche der DDR vertreten wird:

Amnestiert werden sollen im Gesamtdeutschland zunächst *alle* Mitarbeiter der Hauptabteilung Aufklärung des SSD. Ihnen sollte „der Kombattantenstatus ehrbarer Offiziere" zuerkannt werden. Es soll aus Bonn eine Zusicherung geben, daß man so verfahren werde.

Die informellen „Schnüffler der Stasi" – etwa 500 000 – könnten ohnehin nicht belangt werden, da Denunziation keine

Straftat sei. Man will durch die Veröffentlichung der Schnüffel-Richtlinien der Stasi dem Bürger weismachen, daß sich diese Menschen alle in einem permanenten Befehlsnotstand befunden hätten. Damit würden auch diese Schnüffler und Agenten in den vollen Genuß ihrer ausgehandelten Ruhestandsbezüge oder Abfindungen gelangen, die jedes erträgliche Maß übersteigen.

Alle jene aber, die durch sie und die Stasi ebenso wie durch das MfS festgesetzt und zu Zwangsarbeit verurteilt wurden, jene, die bei einer bis zu zwölfstündigen Schufterei, bei unzureichender Ernährung, 30 bis 60 Mark im Monat erhielten, haben *keine* Chance, eine Entschädigung zu bekommen, wie die Staatsanwaltschaft Cottbus, hier als Beispiel zitiert, im Falle des „Sträflings" Alexander W. Bauersfeld aus Steinwedel dokumentierte, der im VEB Sprela zu Zwangsarbeit gepreßt wurde.

Und jener Stellvertreter des Herrn Mielke, Markus Wolf, weiland Generaloberst des MfS, bekundete in allen Medien, daß er keinen seiner Mitarbeiter verraten werde, denn sie hätten sich „gutgläubig der Stasi anvertraut, und ihre Anzeige widerspreche den Normen der Moral!"

Hier wird im Zusammenhang von Moral gesprochen mit einer Institution, die niemals von einem Schimmer von Moral „angekränkelt" war. Die Stasi als Hüter der Moral – so soll sie in Zukunft auch von der PDS „verkauft" werden, der Nachfolgepartei der SED, jener Apparat, der die im folgenden Abschnitt veröffentlichten grausigen Verbrechen zu verantworten hat.

Die Hölle auf Erden: DDR-Psychiatrie

„Als meine Kollegen und ich im August 1990 (!) erfuhren, daß die in Mühlhausen eingelieferten Psychiatriekranken fürchterlichen Mißhandlungen ausgesetzt waren, liefen uns Schauder des Entsetzens über den Rücken. Solche Greueltaten hielten wir noch einige Monate vorher für unvorstellbar."

Dies sagte der ehemalige Oberarzt Dr. Norbert Fröhlich, der seit Juni 1990 Direktor des Psychiatrischen Krankenhauses in Mühlhausen-Pfafferode in Thüringen geworden war. Die Enthüllungen über diese Anstalt, aber vor allem auch über die glei-

chen Anstalten Waldheim und des psychiatrischen Großkrankenhauses Hochweitzschen in Sachsen, sind den Bürgern der
DDR bisher weitgehend verheimlicht worden. Dazu Dr. Fröhlich:

„Zu uns schickte der Stasi politisch unbequeme Bürger. Man
erkannte sie sofort" (also auch *er* erkannte sie, denn er hatte als
Oberarzt ständig mit ihnen zu tun). „Sie sahen verstört aus,
denn sie wußten nicht, warum sie hierhergeschafft wurden. Wir
mußten sie einige Tage zur Einschüchterung hierbehalten.
Wenn wir sie entließen, holte der Stasi sie ab. Was mit ihnen
geschah, wußten wir nicht."

Heute ist alles bekannt. Nach Waldheim wurden die „gewalttätigen Geisteskranken" geschafft. Der dortige Klinikchef, Dr.
Wilhelm Poppe, hatte mit der Stasi einen Kooperationsvertrag
abgeschlossen. Er hatte sich als Arzt und Helfer der Kranken
mit deren Mördern liiert.

Die Mitglieder der anfangs August 1990 (!) eingesetzten Untersuchungskommission des DDR-Gesundheitsministeriums
fanden heraus, daß an „gesunden Menschen in Waldheim Gehirnoperationen durchgeführt wurden". In Leipzig und Chemnitz sei es ähnlich gewesen. „Die Ärzte in den genannten Anstalten hatten Kastrationen mit Röntgenstrahlen vorgenommen,
die den gesamten Organismus der solcherart gequälten Menschen schädigten und ihm unheilbare Wunden schlugen. Dazu
hatten sie noch *gefälschte* Freiwilligkeitserklärungen der Betroffenen vorgelegt." Poppe, „Meister des Teufels" genannt, hatte
in Mühlhausen seine Facharztpraxis durchlaufen und konnte
bei seinen Experimenten aus dem vollen schöpfen. DDR-Bürger beispielsweise, die einen Ausreiseantrag gestellt hatten und
immer wieder nach dessen Bearbeitung fragten, wurden für
„verrückt erklärt". Sie wurden in Waldheim eingewiesen und tagelang nackt in eine dunkle Zelle ohne Waschgelegenheit und
Toilette eingesperrt. Entmenschte Ärzte und deren Helfer lie
ßen ihnen Schaumspray anstelle von Augentropfen in die Augen
sprühen. Anstelle beruhigender Hustentropfen erhielten sie
scharfe Nasentropfen, die sie außerdem schlucken mußten, wobei sie sich lebensgefährlich verätzten.

Man glaubt es nicht, aber die Fakten sind erhärtet: „Ihnen

wurde mit Feuerzeugen die Fußsohlen angesengt, Zigaretten wurden auf ihrer nackten Haut ausgedrückt. Man spritzte ihnen das Brechmittel Apomorphin, das einen stundenlangen Brechreiz auslöste."

Der SED-Genosse Poppe, dem Eid des Hippokrates verschworen, Vorstandsmitglied der DDR-Gesellschaft für Psychiatrie und Neurologie – der „Mengele der DDR", so der Volksmund –, war ein Menschenverächter von höchsten Graden und gleichzeitig auch ein willfähiger Befehlshaber seiner Henkersknechte; und Befehlsempfänger der Stasi zugleich.

In den Psychiatrischen Anstalten von Mühlhausen-Pfafferode mit 20 Häusern waren ständige 1200 „Patienten" eingeschlossen. Sie lebten hier nicht im Vorhof, sondern im Zentrum der Hölle.

Der Stasi, die „ehrenwerte Gesellschaft des Markus Wolf", wies sie ein: alle, die sich mißbeliebt machten. Wer das „Paradies der Bauern und Arbeiter" verließ, der *mußte* doch verrückt sein!"

Die Namen aller Ärzte dieser Kliniken – neben den genannten kommen noch Eberswalde, Neuruppin und Ost-Berlin hinzu, um die hauptsächlichsten zu nennen – sind bekannt. Zwar hat Dr. Fröhlich getönt, er habe von allem bis einige Wochen vorher nichts gewußt, aber im gleichen Atemzuge bekennt er, daß er Oberarzt in einer solchen Klinik war und daß er „immer wieder versuchte, die von der Stasi zu Unrecht eingewiesenen Menschen so schnell wie möglich nach Hause zu schicken. Viele kamen trotzdem nicht frei."

Darüber hinaus sagte er: „Unser Archiv ist der *bestgehütete Schatz* der Klinik."

In diesem Archiv lagern alle Dossiers und „Krankenberichte". Sicherlich sind auch welche von Dr. Fröhlich dabei. Hier ist die Dokumentation des Schreckens verwahrt, um die sich die DDR-Justiz bis heute *nicht gekümmert* hat. Nun will der neue Chefarzt diesen „bestgehüteten Schatz" auswerten. Daß er sich und seine Freunde ausnehmen wird, dürfte sicher sein.

Daß er und alle anderen Ärzte nichts davon gewußt hätten, wird von der Sekretärin des ärztlichen Direktors in Mühlhausen ad absurdum geführt. Wenn *sie* davon wußte, sollten dann der Chefarzt und die „behandelnden Ärzte" nichts gewußt haben?

Die DDR-Bürger, aus dem Lebensalter der „Märchenstunden" hinaus, wissen es sicher besser.

Nunmehr will man durch die Schließung der psychiatrischen Höllen deren Zustand und Aufgabenerledigung vertuschen. Der Chefarzt Dr. Poppe, der sich in die Schweiz abgesetzt hatte, tauchte wieder in der DDR auf, als er erfuhr, daß die Akten „in sicheren Händen" waren. Wetten, daß er bald wieder die Leitung einer neuen psychiatrischen Klinik übernehmen wird? Schließlich ist er ja dafür qualifiziert!

Der Mantel des Vergessens

Als der Generalstaatsanwalt der DDR, Dr. Günter Seidel, Ende Juni – sechs Monate zu spät – Mordanzeige gegen Honecker erstattete und sein Sprecher, Dieter Plath, am 29. Juni 1990 erklärte, daß die Anzeige von Amts wegen verfügt worden sei, ließ der Herr Generalstaatsanwalt nachdenken, ob Honecker als Vorsitzender des Nationalen Verteidigungsrates für die Schüsse an den Grenzen zuständig und damit verantwortlich sei. Er fügte hinzu, daß Honecker nicht vernehmungsfähig sei.

Solche Fürsorge der DDR-Justiz wurde den geschundenen Brüdern und Schwestern, den Genossen Arbeitern und Bauern, *nicht* zuteil. Sie wurden die Opfer der KL und der soeben genannten Anstalten, *ganz gleich,* in welch einer körperlichen Verfassung sie sich befanden.

Erich Honecker alle Morde anzuhängen, um dann nach seinem Tode die Akten zu schließen, ist ein weiteres Verbrechen an den geschädigten und eingekerkerten Menschen dieses Landes, das nun wieder unser Land geworden ist. Die Menschen an der Mauer wurden nicht durch Honecker „umgelegt". Da gab es Kommandeure und Staatsstellen und deren ausführenden Organe, die die Orden für Morde an eigenen Brüdern verteilten. Da gab es das Politbüro und das ZK, den Stasi und das MfS, die diese Weisungen formulierten, sie weitergaben und für die Ausführung sorgten. Sie alle gehörten dazu: die Wolfs und Krenz' und Modrows, um nur einige der Riege zu nennen.

Die alte und die neue DDR war nicht in der Lage, der Gerechtigkeit zum Siege zu verhelfen. Was alle Bürger der Noch-DDR erwarten, ist, daß nach der Wiedervereinigung am 3. Oktober 1990 *endlich* der Rechtsstaat zu greifen beginnt, daß es dann Richter und Staatsanwaltschaften gibt, die jene Mörder und bestialischen „Ärzte" dingfest und ihnen einen gerechten Prozeß machen. Vor allem jene, die seit 40 Jahren im Namen des Rechts Schandurteile unterschrieben haben.

Wenn beispielsweise der bisherige DDR-Generalstaatsanwalt erklärt, er wisse von dem Mord an Peter Fechter *nichts*, dann ist zu durchleuchten, was er gewußt und gegebenenfalls zu verantworten hat.

Wenn der bisherige DDR-Militärstaatsanwalt in einem Fernsehbericht dafür plädiert, daß es eine Amnestie für Todesschützen geben *müsse*, um ihnen „eine Brücke zu bauen, sich zu offenbaren", dann gilt für ihn dasselbe.

Es gilt nicht Brücken zu bauen, sondern die Akten über diese Todesschützen aus Salzgitter (es liegen dort 150 vor) durchzuarbeiten und Schützen, Hintermänner und Befehlsgeber zu erkennen und das Wirken der Militärstaatsanwälte in dieser „Todessparte" zu durchleuchten.

Allen Tätern ist der Prozeß zu machen!

Diese Möglichkeit besteht spätestens ab dem 3. Oktober 1990. Alle betroffenen Bürger sehen diesen Tag herbei, an dem ihnen nicht von ihren eigenen Vergewaltigern die Rehabilitierung verweigert, sondern von einem unabhängigen Gericht Gerechtigkeit *und* Rehabilitierung zuteil wird.

*

Aufruf: Alle Bürger Mitteldeutschlands, die von ihrem Staat Unrecht und Benachteiligungen erfahren haben, sollten sich umgehend beim Verlag dieses Werkes melden.
Die Anschrift: TÜRMER-VERLAG,
      D-8137 Berg/Starnberger See.
      Kennwort: SED-Verbrechen

Quellenangabe und Literaturverzeichnis (im Auszug)

Arndt, Hans-Joachim: Die Besiegten von 1945, Berlin 1978

Ausschuß für Gesamtdeutsche Fragen: Bericht der 8. Ausschußsitzung, Drucksache Nr. 2019, 3256

Autorenkollektiv beim Institut für Marxismus-Leninismus: Geschichte der Sozialistischen Einheitspartei Deutschlands, Berlin (Ost) 1978

Bundesministerium für Gesamtdeutsche Fragen: Mitten in Deutschland – Mitten im 20. Jahrhundert – Die Zonengrenze, Bonn 1965

Bundesministerium für Innerdeutsche Beziehungen: Das DDR-Handbuch, 2 Bde., Köln 1985

Badstübner, Rolf: Geschichte der DDR, Berlin (Ost) 1981

Borkowski, Dieter: Erich Honecker – Statthalter Moskaus oder deutscher Patriot?, München 1987

Brandt, Heinz: Ein Traum, der nicht entführbar ist – Mein Weg zwischen Ost und West, Berlin 1977

Deutsche Demokratische Republik: Das Strafgesetzbuch der DDR vom 12. Januar 1968, Berlin (Ost) 1968

Deutsches Institut für Militärgeschichte: Militärgeschichte der DDR 1949–1969, Berlin (Ost) 1969

Finn, Gerhard: Die politischen Häftlinge der Sowjetzone, Ilmenau Verlag 1960

–: Politischer Strafvollzug in der DDR, Köln 1980

Fischer, Alexander; Katzer, Nikolaus (Hrsg.): Die DDR – Daten, Fakten – Analysen, Ploetz, Freiburg/Würzburg 1988

Flade, Hermann: Deutsche gegen Deutsche, Freiburg 1963

Forster, Thomas M.: NVA – Die Armee der Sowjetzone, Köln 1966

Fricke, Karl Wilhelm: Opposition und Widerstand in der DDR, Köln 1984

Gerig, Uwe: Morde an der Mauer, Böblingen 1989

Gniffke, Erich W.: Jahre mit Ulbricht, Köln 1966

Grotewohl, Otto: Im Kampf um die einige DDR – Reden und Aufsätze, Bd. 3, Berlin (Ost) 1954

Hoffmann, Heinz: Sozialistische Landesverteidigung. Aus Reden und Aufsätzen 1963–1970 (Febr.), Berlin (Ost) 1971

–: dito, 1970–1974, Berlin (Ost) 1974

–: dito, 1974–1978, Berlin (Ost) 1979

Hildebrandt, Rainer: Der 17. Juni, Berlin 1981

–: Berlin – von der Frontstadt zur Brücke Europas, Berlin 1989

– (Hrsg.): Es geschah an der Mauer, Berlin 1988

Honecker, Erich: Zuverlässiger Schutz des Sozialismus. Aus Reden und Aufsätzen 1963–1970, Berlin (Ost) 1977

Hornstein, Erika von: Staatsfeinde – Sieben Prozesse in der DDR, Köln–Berlin 1963

Jänicke, Martin: Der dritte Weg – Die antistalinistische Opposition gegen Ulbricht seit 1953, Köln 1964

Klimow, Gregory: Berliner Kreml, Köln 1953

Kurowski, Franz: Bedingungslose Kapitulation – Inferno in Deutschland, Leoni 1983

–: Alliierte Jagd auf deutsche Wissenschaftler, München 1982

–: Endkampf um Deutschland, Friedberg 1987

Lehmann, Hans-Georg: Chronik der DDR 1945/49 bis heute, München 1987

Loth, Wilfried: Ost-West-Konflikt und die deutsche Frage. Historische Ortsbestimmungen, München 1989

Meyer, Michel: Freikauf. Menschenhandel in Deutschland, Wien–Hamburg 1978

Ministerium für Nationale Verteidigung: Handbuch Militärisches Grundwissen, Berlin (Ost) 1981

Myagkov, Aleksei: KGB intern, Stuttgart 1977

Peter, Erich (GenLt.): 30 Jahre zuverlässige Sicherung der Staatsgrenze der DDR, Berlin (Ost) 1975

Rühle, Jürgen: Die Schriftsteller und der Kommunismus in Deutschland, Köln–Berlin 1960

Saunders, Hrowe, H.: Forum der Rache, Leoni 1986

Schöneburg, Karl-Heinz (Hrsg.): Errichtung des Arbeiter- und Bauernstaates der DDR, Berlin (Ost) 1983

Shukow, Georgi Konstantinow: Erinnerungen und Gedanken, Berlin (Ost) 1976

Skribik, Heinz:	Sozialistischer Strafvollzug – „Erziehung durch Arbeit", Berlin (Ost) 1969
Stern, Joachim, R.:	Und der Westen schweigt. Erlebnisse – Berichte – Dokumente über Mitteldeutschland 1945–1975, Preußisch Oldendorf 1976
Strauss, Wolfgang:	Aufstand für Deutschland – Der 17. Juni 1953, Leoni 1983
Ulbricht, Walter:	Grundfragen der Politik der SED, Berlin (Ost) 1957
Venohr, Wolfgang:	Die roten Preußen. Vom wundersamen Aufstieg der DDR in Deutschland, Erlangen–Berlin–Wien 1989
Vogelsang, Thilo:	Das geteilte Deutschland, München 1976
Weber, Hermann:	Geschichte der DDR, München 1985
Zimmer, Dieter:	Auferstanden aus Ruinen, Stuttgart 1989

Der besondere Dank des Autors gilt allen ungenannten Freunden und Helfern aus der Frontstadt Berlin, besonders der Gruppe Hottengrund. Zu danken ist dem Museum am Checkpoint Charlie und dessen Leitung, die nicht nur Grundlagenmaterial und Hinweise gab, sondern auch den Großteil der Bilder zur Verfügung stellte.
Dank vor allem der Arbeitsgruppe 13. August, Berlin.
In Gedenken an meine Freunde aus Berlin, denen ich seit 1942 verbunden bin.
Berlin im März 1990
Hanns-Heinz Gatow

Abkürzungsverzeichnis

ALSOS	Abwehrmission zur Enthüllung der deutschen Atomforschung
BDM	Bund Deutscher Mädchen
BRD	Bundesrepublik Deutschland
CDUD	Christlich Demokratische Union Deutschlands (Ost-CDU)
DDR	Deutsche Demokratische Republik
DGP	Deutsche Grenzpolizei
DVP	Deutsche Volkspolizei
EVG	Europäische Verteidigungsgemeinschaft
FDP	Freie Demokratische Partei
GESTAPO	Geheime Staatspolizei während des Dritten Reiches
GPU	Geheime Staatspolizei in der Sowjetunion während der Stalinära
KGB	Sowjetischer Geheimdienst bis in die Gegenwart
KPD	Kommunistische Partei Deutschlands
KVP	Kasernierte Volkspolizei
KZ = KL	Konzentrationslager
LDPD	Liberaldemokratische Partei Deutschland (Blockpartei)
NATO	Nordatlantisches Verteidigungsbündnis (North Atlantic Treaty Organisation)
NDPD	Nationaldemokratische Partei Deutschlands (Blockpartei)
NKWD	Volkskommissariat für Innere Angelegenheiten in der Sowjetunion
NSDAP	Nationalsozialistische Deutsche Arbeiterpartei
NSKK	Nationalsozialistisches Kraftfahrkorps
NVA	Nationale Volksarmee
OB	Oberbefehlshaber
RIAS	Amerikanischer Sender in Berlin

SA	Sturmabteilungen
SED	Sozialistische Einheitspartei Deutschlands (ab 1990 PDS = Partei des Demokratischen Sozialismus)
SMA = SMAD	Sowjetische Militäradministration in Deutschland
SBZ	Sowjetische Besatzungszone
SS	Saalschutz
SSD	Staatssicherheitsdienst
SMT	Sowjetisches Militärtribunal
SPD	Sozialdemokratische Partei Deutschlands
Tbc	Tuberkulose
UdSSR	Union der Sozialistischen Sowjet-Republiken
UNO	Vereinte Nationen
UHA	Untersuchungshaftanstalt
USA	Vereinigte Staaten von Amerika
VEB	Volkseigene Betriebe